첫 번째 이야기

그린카드

Green Card

靑山 박영희 지음

明文堂

당신에게 그린카드Green card를 선물한다면?

2024년 아시안컵 축구대회 조별리그 1차 바레인전에서 대한민국은 무려 5장의 옐로yellow카드를 받았다. 중국 주심의 옐로카드 난발이 참으로 이해하기 힘들다. 옐로카드를 받은 선수들은 아무래도 활동이 위축되고 조심스럽게 경기에 임할 수밖에 없다. 또다시 옐로카드를 받으면 퇴장당하거나 레드카드를 받을 수도 있기 때문이다. 결국 선수들은 몸을 사리기 시작하고 투지와 활력이 위축된다. 그러나 대한민국은 8강전 호주와의 대결에서 후반까지 1:0으로 지고 있었다. 황희찬의 만회 골로 연장전까지 가게 된다. 그리고 연장전에서는 손흥민의 멋진 페널티 킥으로 2:1 역전승을 거두고 4강에 오른다.

한 인간의 삶도 축구 경기의 카드와 유사하다는 생각이 든다. 축구 경기에서 옐로카드를 받는 것처럼 나이 들면 현직에서 물러난다. 노년의 황혼기를 맞으면 병고에 시달리다가 삶을 마감한다.

축구 경기로 치면 레드카드를 받게 되는 셈이다. 인생의 옐로카드와 레드카드는 축구 심판이 주는 것이 아니고 신神이 모든 사람들에게 똑같이 내려준 카드가 아닐까?

그러나 나는 신神이 주신 옐로카드와 레드카드를 내려주기 전前에 내 자신에게 [그린카드Green Card]를 먼저 발급했다. 현재 나의 직업은 농부, 교수, 작가, 칼럼니스트, 수필가다. 농장에서 사과대추 키우며 강의하고 글을 쓴다. '적자생존 쓰자불멸'의 좌우명으로 전원생활하면서 살고 있다.

이러한 활동을 꾸준히 할 수 있었던 이유는 나에게 주어진 [그린카드Green Card] 덕분이다. 내 삶을 완성하는 날 신에게 [그린카드Green Card]를 반납하고 지구를 떠나겠다.

'지금 당신은 푸른 꿈을 성취할 당신만의 [그린카드Green Card]를 하나 갖고 있습니까? 당신의 꿈은 오로지 당신만이 이룰 수 있습니다. 당신이 포기하면 그 누구도 그 꿈은 실현시킬 수 없습니다. 당신만의 전매특허이기 때문입니다. 한 번뿐인 삶에서 당신의 꿈을 위해 희생하지 않으면 꿈은 희생될 수밖에 없습니다. 모든 책임은 오롯이 당신의 손에 달려 있기 때문입니다.'

세상 속에서 좌충우돌하면서 느낀 삶의 궤적을 모두 담았다. 삶에서 얻은 작은 행복과 숲에서 배운 지혜들이다. 우리 민족의 아픈 역사 속에서 얻어진 교훈과 사람 사는 모습들도 함께 담았다.

만약 고구려 장수왕과 적도의 성자 슈바이처(Ludwig Philipp Albert Schweitzer, 1875~1965) 박사, 김형석 교수가 가지고 있던 [그린카드Green Card]를당신에게 그린카드를 선물해 준다면 100세 시대를 어떻게 살아가시겠습니까?

대한민국 성인 57%가 일 년에 책 한 권도 읽지 않는 우리 국민의 독서실태가 안타 같습니다. 책을 읽지 않는 이런 풍토 때문에 에세이는 출간하지 않는다는 명문당 사장님의 고뇌가 마음에 와닿습니다. 어려운 여건하에서도 [그린카드Green Card] 출판을 흔쾌히 허락해 주신 김동구 명문당 사장님의 결심과 배려에 진심으로 감사드립니다. 자료를 검토해 주시고 꼼꼼히 편집해 주신 명문당 편집진과 이명숙 선생님께도 감사드립니다.

2024년 갑진년 가을,
덤아돌 서재에서 **박영희**朴永熙

|목차|

제2부 역사의 시간(History)

제3부 행복한 삶(Happiness)

사람 사는 모습

수단의 슈바이처, 쫄리 신부님...
당신은 사랑입니다.

故 이태석 신부의 감동 휴먼 다큐멘터리
울지마 톤즈

제작 KBS 한국방송 가톨릭마산교구 제작 미운민픽쳐스
감독 구수환 글·구성 윤정화 내레이션 이금희

9월, 그를 만나러 갑니다

당신은 누구를 사랑해 보셨습니까?

I

일상

Everyday

1. 새날 아침

오늘도 하루가 열렸다. 삼봉산과 거북산 계곡에 하얀 눈이 쌓였다. 창문에 하얗게 서린 성에가 추위를 감싸고돈다. 주변의 겨울 풍광이 또 하나의 아침의 문을 열고 있다. 사람들은 새로운 한 해가 또 열렸다고 좋아한다. 좋지 않았던 지난 기억과 이루지 못한 일들에 대한 아쉬움, 미련 때문이 아닐까 싶다. 반복되는 일상인데도 이렇게 받아들이는 것은 새로운 한 해에 대한 자신만의 기대와 바램을 가지고 있기 때문이다.

늘 같은 일상이지만 자신을 바꾸고 새로운 나를 만나기 위해 새로운 환경을 만든다. 나는 매년 새해에 두 가지 계획을 세운다. 1년에 책 100권 읽기와 1년에 1,000km 뛰기이다. 1년에 책 100권 읽으려면 최소 한 달에 8권, 한주에 두 권은 읽어야 한다. 그리고 1년에

1,000km를 뛰려면 하루에 약 3km를 꾸준히 뛰어야 한다. 그러나 때로는 연초에 세운 계획을 다 이루지 못할 때도 있다. 그러나 꾸준히 1년간 시행하다 보면 최소 60% 이상 실천하게 되었다. 진정한 새날을 맞이하려면 자신의 마음가짐에 따라 새날이 되기도 하고 평범한 일상이 되기도 한다.

불교 최고의 경전인 『화엄경華嚴經』의 중심사상으로 "일체유심조一切有心造"란 말이 있다. 모든 것은 마음먹기에 달렸다는 뜻이다. 새날이 내 마음가짐 속에 있는 것처럼 오늘 하루도 새날처럼 느끼고 살아야 새날이 된다. 다른 날들과 똑같이 느끼고 행동한다면 그것이 과연 새날일까? 새날은 눈과 몸으로만 맞이해서는 새날이 될 수 없다. 새로운 각오와 가슴이 터질 것 같은 멋진 꿈을 가질 때 진정한 새날이 온다. 과연 내 마음과 머릿속에도 새날이 왔을까? 동해안 일출 보고 보신각 타종 소리 들었다고 새날은 오지 않는다. 하루하루 새날을 새로운 마음가짐으로 살아가야 한다. 마음먹기에 따라 1년 365일이 하루하루가 새날이 될 수도 있다. 그동안 새해에 세운 계획을 꾸준히 실천해 온 덕분에 아직도 건강한 몸을 유지하고 있다. 책도 몇 권 출간했고 대학에서 강의할 수 있는 기회도 가질 수 있었다. 감사하고 고마운 일이다.

2024년도 새로운 기대와 꿈을 펼칠 새날 아침이 열리고 있다. 올해도 또 강물처럼 그냥 무의미하게 흘려보낼 것인지? 아니면 내 인생을 새롭게 전환 시킬 멋진 한 해로 만들 것인지? 그 선택은 오로지 내 자신에게 달려 있다. 오직 살아 숨 쉬는 지금 이 순간만이 내 삶의 역사를 새롭게 쓰게 할 것이다. 꿈만 꾸며 죽어가는 사람보다 행동하며 치열하게 살다가 죽어가는 삶을 택하겠다. 내가 세상에 태어날 때 나는 울고 세상은 기뻐하였다. 그러나 내가 세상을 떠날 때는 세상은 슬퍼하고 나는 웃고 떠나겠다.

2. 좋은 습관 길들이기

한 번뿐인 삶이다. 좀 더 가치 있고 보람되게 살고 싶다. 평소 생활 속에서 좋은 습관 하나쯤 만든다면 멋진 삶이 되지 않을까? 사람마다 신체 리듬과 생활 방식은 제각각 다르다. 일률적으로 강요할수는 없지만 나만의 소박한 새해 다짐을 소개한다.

일찍 자고 일찍 일어나는 아침형 인간되기!

아침 일어나서 공복에 따뜻한 물 한 잔 마시기!

아침 운동 30분~1시간하기!

식사할 때 50번 이상 잘 씹어서 넘기기!

식사 전후 30분 이내 물 안 마시기!

하루 50페이지씩 책 읽기!

하루 열 줄 이상 글쓰기!

하루 한 번 이상 이웃돕기!

하루 세 사람 이상 칭찬하기!

감사 일기 쓰기!

이런 일들을 매일 생활한다면 제법 괜찮은 삶이 되지 않을까 싶다? 최소한 오후 10시 정도 잠자리에 들면 7~8시간의 숙면을 취할 수 있다. 충분한 숙면은 인간에게 최고의 치유 효과를 가져다준다. TV와 너무 친하지 말고 일찍 자고 일찍 일어나는 아침형 인간이 될 수도 있다. 누구에게도 방해받지 않는 아침 운동을 생활화한다면 평생 건강을 유지할 수 있다. 아침에 일어나 따뜻한 물 한 잔 마시는 습관도 좋다. 그리고 50번 이상 잘 씹어 먹는 먹는 식습관을 가진다면 평생 위장병에서 해방될 수 있을 것이다. 하루 50페이지 이상 독서와 열 줄 이상 글을 쓴다면 치매 예방에도 도움이 될 것이다. 하루에 한 번 이상 어려운 사람을 도와주자. 그리고 세 사람 이상 칭찬하는 습관을 들이면 자신의 내면은 더욱 건강해지고 세상은 밝아질 것이다. 하루를 반성하는 일기를 매일 쓴다면 성인의 반열에 들어갈 수도 있을 것 같다. 우리 인생은 단 한 번뿐이다. 어떤 생활 습관에 길들여지느냐에 따라 자신의 삶이 결정될 것이다. 좋은 습관 하나로 당신만의 색깔로 물들여본다면…

좋은 습관과 좋은 생활 태도는 자신의 삶을 바꾸고 인생을 바꿀 수도 있다. 작심 3일이라도 상관없다. 계속해서 작심 3일씩 실천해서 한 달만 추진해 보자. 무계획보다 뭔가 하나라도 새롭게 시작하는 그것이 새해에 대한 최소한의 예의가 아닐까? 시간은 결코 사람을 기다려주지 않는다. 올해는 좋은 습관 한두 가지라도 꼭 내 것으로 만들어 보자. 멋진 삶을 위해 좋은 습관 하나쯤 가져보는 것도 남는 장사가 되지 않을까?

3. 이 순간에 감사

입춘이 지났는데도 봄은 차가운 겨울의 혹한을 밀어내지 못하고 밖에서 서성거린다. 이른 새벽 문밖에 나가보니 아침의 차가운 공기가 옷깃을 파고든다. 현관에 설치된 온도계 수은주가 영하 14도까지 내려가 있다. 동장군은 아직도 철수할 기미가 보이지 않는다. 그러나 계절은 이미 땅 밑과 계곡의 얼음장 밑에서부터 서서히 봄을 준비하고 있다.

그동안 지구촌을 강타한 코로나 사태로 세계 경제가 얼어붙었다. 그리고 북한의 미사일 발사로 남북 관계는 더욱 경색되었다. 이런 연유로 젊은이들의 취업난은 더 힘들어지고 있다. 2024년 새해가 힘겹게 열리고 오늘부터 4일간의 설 연휴가 시작됐다. 고향을 찾는 사람들도 있고, 취업, 결혼 등의 질문이 싫어서 아예 고향에 가지 않는 사람들도 많다. 발 빠른 상술은 이런 나홀로족을 위해 상품 홍보에 열을 올리고 있다. 그러나 자신의 삶을 되돌아보면 지금까지 살아온 나의 삶은 내가 이룬 것이다. 현재 내가 살아 있다는 것 그 자체가 바로 희망이다.

러시아의 톨스토이가 던진 삶에 대한 세 가지 질문이 머리를 스친다.

첫째, 이 세상에서 가장 중요한 시간은 언제인가?
둘째, 이 세상에서 가장 중요한 사람은 누구인가?
셋째, 이 세상에서 가장 중요한 일은 무엇인가?

이 질문에 대한 첫 번째 답은 "지금 이 순간"이다. 두 번째 답은 "내 앞에 있는 사람이다." 그리고 세 번째 답은 "지금 내 앞에 있는 사람에게 최선을 다하는 일"이다. 그동안 우린 살아오면서 희망과 꿈에만 매달렸다. 현실을 돌아보지 못하고 먼 미래에만 초점을 맞추고 살아오지 않았는지 한 번쯤 자신을 되돌아볼 필요가 있다. 그렇다고 자기 자신을 너무 과대평가할 필요는 없고 너무 과소평가할 필요도 없다. 일단 살아있다는 것만 해도 큰 소득이다. 젊은 사람들은 시간이란 큰 자산을 가지고 있다. 그리고 나이 드신 분도 살아온 경험과 연륜이 큰 자산이다.

긴 연휴 동안만이라도 먼 미래에서만 답을 찾지 말자. "지금, 이 순간 자신과 만나고 있는 사람들에게 최선을 다할 때" 해답은 쉽게 찾을 수도 있다. 이 세상에서 가장 중요한 시간인 이 순간에 먼저 감사하자. 최소한 현재 살아 숨 쉬고 있다는 것은 다시 시작할 수 있다는 보증수표다.

지금 당장은 힘들고 어렵다. 하지만 이 시련만 잘 극복하고 나면 더 좋은 일이 기다리고 있을 것이라는 희망을 갖자. 찬란한 새봄과 함께 현재의 내 삶에 감사하자. 살다 보면 힘든 일도 있겠지만 아름다운 삶도 만날 수 있다. 때를 기다리는 인내도 아름다운 삶의 조건이 될 수 있다. 하지만 막연히 때만 기다리지 말자. 기회는 기다린다고 해서 찾아오지 않는다. 내 스스로 기회를 만들어야 한다. 가고자 하는 방향으로 준비하다 보면 기회는 반드시 찾아올 것이다. 그리고 그 순간에 감사하자.

4. 시간 여행

어제 어느 TV 방송에서 '미래에로의 시간 여행' 프로그램이 방영됐다. 몇 사람을 사전 선정하여 앞으로 30년 후 2055년의 나의 모습을 미리 돌아보는 프로그램이다. 30년 후 자신의 실제 변할 모습으로 분장하고 그 시대를 살아보는 것이다. 안정환 선수를 비롯한 몇 사람을 사전 선정해 현재 자신들의 삶을 한번 뒤돌아본다. 그리고 앞으로 어떻게 살아야 할지를 미리 생각해보는 프로그램이다. 자신의 삶을 되돌아볼 수 있는 좋은 시간이었다.

이 지구가 형성된 지 46억만 년의 세월이 흘렀다. 그동안 푸른 별 지구에 태어나서 영원불멸의 삶을 살아간 사람은 단 한 사람도 없었다. 영원한 삶을 살 것처럼 모두가 최선을 다해 살아왔다. 하지만 누구도 그 꿈을 이루지 못했다.

중국 천하를 통일하고 최초의 통일국가를 세운 진시황도 불로장생을 꿈꾸었다. 불로초를 찾기 위해 3,000명의 동남동녀를 제주도 서귀포까지 보냈다고 한다. 이처럼 불로장생을 꿈꾸던 진시황도 영원불멸의 인간은 없다는 것을 알고 사후 자신이 통치할 지하 세계를 건립한다. 고작 50세로 생을 마감하면서 힘없는 백성들을 자신의 지하 왕국 건설에 강제 동원한다. 지하 세계 건립을 위해 귀한 사람들의 고혈을 짜내고 무려 70여만 명의 생명을 죽이는 만행을 저지른다. 그리고 자신이 죽고 나서도 자신의 시신과 함께 사람들을 지하 세계에 생매장한다. 이처럼 불로장생을 꿈꾸었던 진시황이나 부자나 가난한 사람 모두 다 때가 되면 지구를 떠난다. 영원한 삶을 살아간 사람은 단 한 사람도 없었다. 그러기 때문에 더욱더 시간의 중요성과 함께 현실에 대한 소중함을 느끼고 살고 있다. 사람들은 평소 가치 있는 삶, 보람 있는 삶, 의미 있는 삶을 추구한다. 그러나 현실 세계는 우리들의 생각과는 다르게 전개된다. 작은 이해타산과 쥐꼬리만한 자존심, 그리고 돈, 명예, 권력 때문에 죽어 간다. 진정한 삶의 소중한 가치들은 망각한다. 그리고 어느 날 자신의 의지와는 무관하게 삶을 마감한다. 30년 후 나의 모습은 과연 어떻게 변해있을까? 그때 나는 무엇을 하고 있을까? 그때도 나는 지금처럼 살아있을까? 그렇다고 보면, 지금 내 앞에 다가온 현실 그 자체가 가장 중요한 시간이고 의미 있는 시간이 될 것이다.

"우린 늙어가는 것이 아니라, 조금씩 익어가는 겁니다."라는 노랫말이 있다. 조금씩 익어가는 삶을 살아가기 위해서는 나에게 주어진 하루하루를 좀 더 지혜롭게 살자. 언제까지 사느냐보다는 어떻게 사느냐가 훨씬 더 중요할 것이다. 30년 후 나의 삶의 궤적은 과연 어떤 모습으로 그려질까? 그 그림의 출발점인 이 순간이 무엇보다 소중하다. 이 시간을 어떻게 보내느냐에 따라 내 삶의 색깔과 가치가 결정되기 때문이다.

5. 풍요로운 삶을 만들어줄 좋은 습관

아침에 일어나면 습관처럼 따뜻한 물 한 잔 마시고 하루를 시작한다. 그리고 아침에 떠오르는 단상 하나를 끄집어내어 글을 쓴다. 한 페이지 분량의 짧은 글을 하나 적어 블로그에 올린다. 그 시작이 2010년 3월이었으니 햇수로 따져보니 벌써 15년이 흘렀다. 그리고 게재 횟수도 벌써 1,000여 회를 돌파했다. 제법 좋은 습관을 만든 것 같다. 이 글을 써서 신춘문예에 당선을 기대하거나 노벨문학상을 받는 거창한 꿈을 가진 것도 아니다. 그저 내가 좋아서 쓴 글이다.

인생을 살아가면서 가장 좋은 습관 세 가지를 내 것으로 만들고 싶다. 어떤 것들이 있을까? 보통 사람들처럼 일과 운동, 공부가 될 수 있다. 일은 먹고 살기 위해 반드시 해야 한다. 그런데 그 일에 재미를 못 붙이고 노는 데에만 정신을 판다거나 혹은 일확천금을 벌기 위해 엉뚱한 일을 벌이다 보면 인생이 비참해진다. 건전한 일을 통해 생계를 유지하는 방안이 가장 좋은 습관이고 바람직한 삶이다. 현재 자기가 하는 일이 재미있는 사람은 최고의 삶을 살고 있다는 것이다.

또 하나는 운동 습관이다. 아무리 많은 돈과 권력 높은 명예를 가지고 있더라도 건강을 잃으면 아무 소용이 없다. 건강은 건강할 때 지켜야 한다. 평소 꾸준히 운동하는 습관을 들여 그 습관이 일상화된다면 그보다 더 바람직한 일은 없을 것이다.

마지막으로 공부하는 습관이다. 평소 안부 전화할 때마다 책 많이 보라고 입버릇처럼 말씀해 주신 스승님이 계신다. 우리나라 사람들의 독서 수준은 청소년기에는 세계 1~2위 수준인데, 50대 중반을 넘어서면 꼴찌라고 한다. 종종 나이 든 분들에게 책을 자주 보느냐고 물어보면 "시력이 나빠서, 이 나이에 공부해서 어디다 쓰려고." 하는 등의 핑계와 자기 합리화를 자상하게 설명한다. 우선 책을 읽으면 새로운 지식과 더 넓은 세상을 볼 수 있다. 진취적이고 창의적인 아이디어도 얻을 수 있다. 특히 나이 들어 책을 읽으면 치매를 예방할 수도 있다. 그리고 책을 통해 즐거움을 얻을 수도 있다. 노후의 삶이 무료하지 않고 즐거워질 것이다. 그리고 책 읽고 공부하는 것이 습관화된다면 평생 외롭지 않을 것이다. 이 기회에 좋은 습관 하나 만들어 보자. 운동이 일상이 된 좋은 습관이나 공부하는 습관도 괜찮다. 이런 습관들은 살아가면서 외롭거나 질병으로 고통받는 삶도 어느 정도 구제받을 수 있을 것이다.

이처럼 좋은 습관 하나가 우리의 인생을 풍요롭게 해줄 수 있다. 오늘부터 좋은 습관과 친해보자. 삶이 훨씬 더 즐겁고 풍요로운 삶이 될 것이다. 습관의 한자 '습習'은 깃털 '우羽' 자와 스스로 '자自'에서 변형되어 '흰 백白'으로 구성된 글자다. 알을 깨고 나온 어린 새는 날기 위해 백 번의 나래짓을 해야 날 수 있다는 의미다. 좋은 습관 하나를 길들이기 위해서는 어린 새처럼 100번의 나래짓이 필요하다. 최소 100일은 꾸준히 실천해야 좋은 습관이 내 것이 될 수 있다는 뜻이다.

　　좋은 습관 하나가 당신의 인생을 바꿔줄 것이다.

6. 나만이 가질 수 있는 것

아침 햇살에 수줍게 얼굴을 드러낸 거북산의 자태가 무척이나 평화롭다. 사람들은 먹고살기 위해 도시를 떠나지 못한다. 그리고 편한 문명의 이기와 문화생활을 즐기기 위한 것도 그들의 발목을 잡는다. 그러나 간혹 푸른 하늘과 여유롭게 흘러가는 흰 구름과 밤하늘의 별들과 함께 살고 싶어 자연으로 온 사람들도 있다. 이런 사람들은 도시를 포기한 대가로 신이 주신 멋진 선물을 받고 살아간다.

그동안 이곳에 살면서 즐길 수 있는 자연의 정취가 마음을 부자로 만들어 주었다. 시시각각 변하는 자연의 얼굴이 계절별로 파노라마처럼 펼쳐진다. 차가운 밤공기가 옷깃을 파고든다. 한밤중에 일어나 하늘을 쳐다보니 금방이라도 쏟아질 것 같은 밤하늘의 무수한 별을 본다. 검푸른 빛 속에서 빛나는 별빛과 끝없이 펼쳐지는 광대무

변한 밤하늘의 정취에 숨이 막힌다. 이른 새벽 골짜기에서 피어오르는 물안개가 산허리를 감싸고돈다. 신선이 모여 사는 무릉도원의 풍광도 이와 같은 모습일 것이다. 눈 내린 겨울 아침 앞산의 나뭇가지에 핀 눈꽃의 자태도 빼놓을 수 없는 겨울 정취의 백미다. 간혹 눈 덮인 앞산을 헤집고 다니며 먹이를 찾는 고라니와 노루들의 살아 움직이는 모습도 볼 수 있다. 이런 자연 생태계의 생생한 모습을 거실에서 바라볼 수 있는 행운도 자연이 준 또 하나의 선물이다.

꽃샘추위가 기승을 부리는 봄에는 산 정상 주변에 펼쳐지는 멋진 상고대의 모습도 이곳에서는 자주 볼 수 있다. 그리고 봄이 되면 계곡 주변에 줄지어 서있는 키 큰 팥배나무, 귀룽나무, 산사나무, 소태나무들의 하얀 꽃들의 화려한 축제에도 감사하다. 화사한 꽃이 피면 온 세상은 꽃향기에 빠져든다. 바람이 스쳐가면 눈꽃처럼 휘날리는 낙화의 모습이 한겨울 백설의 모습과 많이 닮아있다. 가을날 원앙지 물가에 서있는 신나무의 황금색과 붉은색의 조화로운 단풍 모습도 압권이다. 파란 하늘과 함께 원앙지 물속에 빠진 단풍 모습은 자연이 준 최고의 선물이다. 그러나 가장 감사하고 고마운 것은 맑은 공기와 함께 인체에 유익한 피톤치드를 24시간 마시고 살 수 있다는 것이다. 그리고 땅속에서 길어 올린 자연 생수를 마시며 사는 행복도 빼놓을 수 없다. 아침마다 잠자리에서 깨어나면 들리는 새소리, 물소리는 덤으로 받는 신神이 주신 선물이다.

때로는 자연이 인간에게 피해를 주고 삶의 터전을 망가뜨리기도 한다. 인간들도 자연에 불필요한 훼손을 하지 말아야 한다. 인간들이 자연을 보호한다면 자연재해도 일부 피해 갈 수 있을 것이다. 자연은 우리에게 이처럼 아름답고 환상적인 모습을 매일 선물해 준다. 아직도 꽃샘추위가 기승을 부리고 있다. 그동안 자연이 준 선물 하나하나를 되새겨 본다. 이런 자연을 벗 삼아 살아가게 해주신 신神에게 감사하다. 이런 삶이 신이 주신 특별한 선물이 아닐까 싶다.

7. 소풍 가는 날

유년 시절 소풍 가는 날은 온종일 축제였다. 마을 뒷산 금탑사 절 주변에 비자나무숲이 있었다. 그곳은 우리들이 자주 소풍 갔던 장소였다. 사시사철 푸르름을 간직한 비자나무숲이 떠오른다. 그 숲은 항상 알싸한 숲 특유의 냄새와 함께 그늘이 짙게 깔려있었다. 살아오면서 수많은 소풍과 산책, 여행들이 있었다. 하지만 유독 유년 시절 갔던 그 비자나무숲은 종종 꿈속에서 나를 초대한다. 비자나무숲 소풍은 아직도 아름답고 즐거웠던 유년 시절의 소중한 추억으로 남아 있다.

숲을 찾아가는 길은 우마차가 다니는 큰길을 따라 한참을 간다. 산길을 따라 걷다 보면 숲속으로 이어지는 작은 길로 들어선다. 그리고 어느 구간은 작은 개울을 건너야만 갈 수 있는 곳이었다. 봄 소풍 때에는 진달래와 철쭉이 곱게 피어 있었다. 가을 소풍 때에는 하얀 갈대와 노란 은행잎이 함께 한 아름다운 길이었다. 길가 풀숲은 개미들과 방아깨비, 여치, 사마귀들의 놀이터였다. 개울을 지나면서 송사리 떼와 무당개구리들의 자맥질을 한참 들여다보다가 대열에서 뒤처지기도 했다. 소풍 가서 빼놓을 수 없는 것은 어머니가 정성껏 싸주신 도시락을 먹는 즐거움이다. 평소보다 추가되는 것은 파란 부추가 듬성듬성 들어간 노란 계란말이와 김밥, 그리고 찐 달걀도 한두 개씩 간식으로 넣어주셨다. 꿀맛 같은 점심 식사가 끝나고 나면 이번에는 보물찾기다. 상품 이름이 적힌 종이쪽지를 풀숲과 돌틈 사이에서 찾아내는 것이다. 상품은 노트, 연필 등의 단순한 학용품이었지만 찾는 순간 그 기쁨은 말로 표현할 수가 없었다. 집으로 돌아올 때는 부모님이 그날 주신 용돈에서 반드시 얼마를 남겨 할아버지 담배를 사 와서 선물해 드렸다. 지금 어른이 돼서 되돌아보니 그것은 할아버지의 건강을 해치는 좋지 못한 선물이었다. 이처럼 소풍 가는 날은 그 전날부터 밤잠을 설치게 되고 가슴 뛰는 행복한 날이었다. 또 소풍 가는 날은 유난히 하늘은 높았다. 걷다 보면 쾌청하며 상쾌한 바람이 코끝을 스치고 지나간다. 그러니 콧노래가 절로 나오고 웃음꽃이 만발할 수밖에 없었다.

그런데 요즘은 더 좋은 곳을 찾아 해외 나들이까지 가보았다. 아무리 맛있는 진수성찬을 먹어도 가슴이 뛰거나 감동이 느껴지지 않는다. 나이 든 것만큼 감정도 메말라지고 둔감해진 탓이 아닌가 싶다. 비록 어렵고 힘든 세상살이지만 꿈과 희망을 가지고 즐겁게 살자. 어느 분의 말처럼 "즐거워서 웃는 것이 아니고, 웃다 보니 즐거워진다."고 했다. 즐겁게 웃고 살다 보면 남은 삶도 늘 소풍 가는 날처럼 즐겁고 행복해지지 않을까? 이번 주말에는 가족들과 함께 집주변 산책로라도 한 바퀴 돌아보자. 걸으면서 담소를 나누는 것만으로도 소풍 가는 분위기를 잠시라도 느껴 볼 수 있지 않을까 싶다.

매일매일 소풍 가는 날처럼 가슴 뛰며 웃고 살았으면 좋겠다.

8. 고요한 아침

최근 낙엽송 수백 그루를 베어낸 뒷산 거북산의 산허리가 무척 추워 보인다. 그동안 큰 나무 밑에서 자라고 있던 잡목들과 이름 모를 잡초들만이 큰 나무들이 잘려 나간 빈터를 지키고 있다. 그 덕분에 산이 벌거벗었다는 느낌이 없어서 천만다행이다. 봄날 아침 햇살이 거북산 중턱에 걸려 있다. 따사로운 햇살은 개미들과 새들, 그리고 꽃들의 환영을 받고 있다. 어제 오후 내내 세찬 봄바람이 화난 사람처럼 끊임없이 불어댔다. 그러나 오늘은 바람 한 점 없는 고즈넉한 아침이 열리고 있다.

겨우내 잠자고 있던 대지와 나무들을 깨우느라 봄바람도 어제는 수고가 참 많았다. 지난 며칠간 건조기를 보관할 창고를 짓느라 철제 판넬 자르는 소리가 세상을 깨운다. 그리고 건너편 밭 언덕과 뒷산 낙엽송을 베어내는 기계톱 소리까지 가세해 시끄럽게 울려 퍼진다. 공사현장과 같은 시끄러운 소음이 계곡을 울린다. 며칠간 울려 퍼진 소음이 오늘은 그쳤다. 새소리와 계곡 물소리만 들리는 검단천 계곡의 아침 고요함이 오히려 이상하게 느껴진다. 며칠간 정상적인 백색소음이 비정상의 기계 소리와 둔탁한 소음들에게 밀려났다. 그래도 늘 번잡한 도시 사람들의 일상보다는 여유롭다. 이처럼 때로는 산골도 무척 분주하고 복잡하고 시끄러울 때도 있다. 모처럼 찾아온 평화와 오늘 아침의 고요가 무척 반갑다. 앞산 삼봉산은 거센 봄바람에 잠이 깬 상수리나무와 갈참나무들의 봄맞이가 한참이다. 이번 주말쯤이면 나무들이 모두 연초록빛의 새싹의 눈을 틔울 것 같다. 따스한 봄날의 아침 햇살이 창을 두드린다. 부지런한 새들과 다람쥐들이 아침부터 먹이 찾기에 분주한 모습이다. 살아있는 숲을 보는 것 같아 보기 좋다. 모처럼 찾아온 아침의 고요다. 이런 아침은 혼자 사색할 수도 있고 자연과 대화할 수도 있다. 대지 속에 은은히 퍼지는 봄꽃들의 꽃향기가 무척 싱그럽다. 숲은 아침의 고요함을 선물해 주고 사람의 영혼까지 정화시켜주는 것 같다. 마당 끝을 돌아나가는 계곡 물줄기가 잠시 쉬어간다. 원앙지의 쪽빛 물에 화창한 파란 하늘과 흰 구름이 함께 내려앉아 한 폭의 수채화를 보는 것 같다. 원앙지鴛鴦池에 발 담그고 있는 천년바위 틈새마다 돌단풍의 하얀 꽃이 무척 청초해 보인다. 봄은 사람들의 분주함 속에서도 이처럼 소리 없이 열리고 있다. 모든 것을 내려놓고 자연과 한 몸 되어 사는 것도 괜찮은 삶이다.

노욕과 과욕, 탐욕을 버리지 못하고 망가져가는 사람들을 본다. 황새와 백로 같은 긴 다리와 긴 부리를 가진 새들은 뼛속이 비어있어서 몸이 가볍다고 한다. 인간들도 돈, 명예, 권력을 버리면 비굴, 추함, 망신에서 벗어나 백로처럼 가벼워진 몸으로 하늘을 날 수도 있지 않을까? 그리고 자유, 평화 여유로움도 함께 취할 수 있을 것이다. 계곡 물소리와 새들의 지저귐이 더욱 정겹다.

모처럼 찾아온 봄날의 아침 고요함이 더없이 고맙고, 감사한 이유다.

9. 황금연휴

계절의 여왕 5월이 열렸다. 그리고 오늘 노동자의 날을 시작으로 무려 5일이나 되는 황금연휴가 시작된다. 그러나 직업이 없고 돈이 없는 사람들은 오히려 스트레스 받는 연휴가 아닌가 싶다. 인천 공항은 해외여행 가는 인파로 공항에 발 디딜 틈이 없다고 한다. 이 동네도 온 들판과 산에는 지천에 꽃이 피어 있다. 꽃향기가 천지를 진동한다. 그러나 직업이 없거나 경제적 여유가 없는 사람들은 황금 연휴가 오히려 부담스러울 수 있다. 도서관이나 집안에만 죽치고 있기에는 너무 아까운 연휴다.

1950년대 우리나라 직업의 숫자는 약 2천 개 정도 되었다고 한다. 그러나 최근에는 1만 5천여 개로 7배나 증가했다. 오늘날은 전 세계 직업의 숫자는 약 2만여 개 정도 된다. 우리나라 기업들도 정년 연장으로 인해 채용인원은 예전만 같지 못하다. 경기 침체 탓으로 대기업들이 신규채용을 금년에는 5.5%나 줄인다고 한다. 청년 백수 260만 시대라는 우울한 이야기도 들린다. 그러나 실제 건설 현장에서는 일할 사람이 없다. 젊은 사람들이 대기업만 선호하고 대도시에서 할 수 있는 편한 일자리만 찾기 때문이다. 그러다 보니 실제 산업 현장에서는 필요한 사람 구하기가 힘들다고 한다. 건설 현장에서는 40대 이상 장년층만 계속 늘어나고 20~30대는 찾아볼 수가 없다. 단순 근로자는 외국인들을 고용해서 해결할 수 있다. 하지만 건설업 분야의 전문 기술과 책임을 전수해 줄 젊은이들이 없다고 하니 참으로 걱정스럽다. 원래 직업이란 직職과 업業이 결합된 단어이다. 직職의 의미는 직장에서 자신의 직책이며 명함이다. 그리고 그 직職의 단어 속에는 공동체 구성원으로서 맡아야 하는 역할인 봉사와 희생이란 뜻도 함께 내포되어 있다. 그리고 업業은 내가 세상에 온 이유이고, 하늘이 나에게 내려준 사명이다. 업業을 찾는 일은 인생의 보물찾기이다. 그리고 내가 좋아하고 잘할 수 있는 일을 발견하는 것이다. 직職만 쳐다보면 업業을 잃을 수가 있다. 그러나 업業을 찾아 매진하다 보면 자연스럽게 직職은 나를 찾아올 것이다. 내가 좋아하는 일을 찾고 그 일을 통해 자신의 생계를 유지할 수 있다. 그리고 자신의 꿈을 실현할 수 있다면 참으로 좋은 직업이다. 젊은이들은 취업이 안 된다고 한다. 그러나 산업현장의 현실을 보면서 젊은이들이 갖는 직업에 대한 인식이 궁금해진다.

문득 거창고등학교의 직업 10계명이 떠오른다. "월급이 적은 곳을 택하라 내가 원하는 곳이 아니라, 나를 필요로 하는 곳을 택하라, 그리고 남들이 앞 다투어 모여드는 곳은 절대 가지 말고, 아무도 가지 않는 곳으로 가라. 왕관이 아니라 단두대가 있는 곳으로 가라." 단순히 생활 수단이나 물질적 행복만 찾지 말자. 직업을 통해서 자기 발전을 추구하자. 그리고 지구 시민의 한 사람으로서 소명의식을 가져야 할 것이다. 이번 황금연휴가 젊은이들의 백수 탈출의 기회가 되길 기원해본다. 화창한 날씨가 가난하기에는 너무 아까운 황금연휴다.

10. 일상의 소중한 것들

　　세상 살다 보면 해 뜨면 하루가 시작되고 평온한 일상이 이어진다. 그리고 그 하루는 크게 신경 쓰지 않아도 24시간은 순조롭게 흘러간다. 그러나 톱니바퀴 같은 이런 일상이 무언가 문제가 생기면 모든 균형이 깨어진다. 그리고 일상생활에도 발목을 잡는다. 농막에 문제가 생겨 전기가 들어오지 않는다. 전선에 문제가 있는 것인지 아니면 전기 용량 초과로 과부하가 걸린 것인지 모르겠다. 전원을 올리자 어디서 새어 나오는지 모르는 연기가 스멀스멀 피어오른다. 그리고 연기가 방안을 꽉 채운다. 전선 피복이 타는 매캐한 냄새가 방안에 진동한다. 황급히 전원을 차단했다. 그리고 전기 전문가에게 확인했더니 내부 전선을 모두 걷어내고 배선을 새로 해야 한다고 조언한다.

지역에 하나밖에 없는 전기공사전문업체에 전화를 걸어 공사를 부탁했다. 그런데 지금은 바빠서 2주 후에나 가능하다는 답변이 돌아왔다. 그러나 2주 동안이나 기다릴 여유가 없다. 당장 오미자 농장에 물도 줘야 하고 농약도 쳐야 한다. 물이 나오지 않으니 아무것도 할 수가 없다. 전기가 차단된 농막은 우선 물을 사용할 수가 없고, 이 가뭄에 오미자 농장에 물도 줄 수가 없다. 전등도 켤 수가 없고 공사용 전기드릴도 충전시킬 수가 없다. 하다못해 청소기조차도 돌릴 수가 없다. 그동안은 별문제가 없다 보니 평소 전기의 소중함이나 중요성을 전혀 느끼지 못하고 살았다. 그동안은 벽에 붙어 있는 스위치만 올리면 불이 켜졌다. 그리고 충전이 필요하면 콘센트에 꽂아 놓으면 충전이 되었다. 그리고 수도꼭지만 틀면 언제든지 맑은 물이 쏟아졌다. 그런데 전기에 문제가 생겨 전기를 사용할 수가 없다. 그 어느 때보다 전기의 소중함을 절감하면서 잠시 주변의 일상을 뒤돌아본다. 조물주가 우리에게 선물한 공기, 물, 햇볕, 하다못해 바람까지도 그동안 전혀 의식하지 못하고 살아왔다. 24시간 언제든지 마실 수 있는 맑은 공기도 단 몇 분 동안만 마시지 못하면 인간은 살 수가 없다. 그리고 물이 없으면 인간들이나 동식물들도 생존할 수 없다. 또한 햇볕과 바람의 역할도 무엇보다 소중한 요소다. 우리는 평소 이런 소중한 것들을 모두 잊고 산다. 다행히 전기 전문가의 협조를 받아 어제 전기공사는 모두 마무리했다.

스위치를 올렸더니 다시 불이 켜지고 물도 나온다. 평소 느끼지 못했던 전기의 소중함에 감사한다. 그동안 일상이 아무런 문제없이 이처럼 잘 굴러갈 수 있었던 것에 대해서도 다시 한번 감사하다. 우리가 평소 의식하지 못한 것들이 모두 조물주의 도움 덕분이다. 그동안 고마움과 감사함을 절감하지 못하고 당연한 것처럼 생각하고 살았기 때문이다. 이 세상에 당연한 것은 없다. 생활 속에서 불편함 없이 살았던 것도 모두 조상들이 창조한 문명의 이기들 덕분이다. 매사에 감사하고 빚진 마음으로 살자.

이 아름다운 세상을 즐겁고, 가치 있고, 보람되고 행복하게 「즐, 가, 보, 행」의 자세로 살아가자. 일상을 대하는 삶의 자세를 생각해 본다.

11. 미켈란젤로 현상

야외에 설치된 나무 탁자와 의자 관리는 무척 신경 쓰인다. 나무로 만든 가구는 야외에 1년 동안만 방치하면 나무에 물이 스며들고 햇볕에 색깔이 바랜다. 그러나 목재를 보호해주는 오일 스텐을 발라주면 방수 효과로 나무 수명이 오래간다. 특히 야외에서 사용하는 식탁은 2~3년 주기로 오일스텐을 칠해주는 것이 좋다. 그리고 여력이 있으면 요트 바니쉬를 칠해주면 햇볕과 습기에도 보호가 된다. 최소 2~3년에 한 번씩만 칠해줘도 습기와 햇볕의 침투를 억제해 준다. 제작했을 당시보다는 못해도 어느 정도 초기 목재 상태를 유지할 수 있다.

현재 집에서 사용하고 있는 야외 나무 식탁과 의자는 이런 방법으로 10여 년간 잘 사용하고 있다. 3~4cm 두께의 나무 판재인데도 시간이 지나다 보니 나무판이 뒤틀린다. 판 자체가 뒤틀리다 보니 다리의 수평이 맞지 않는다. 나무 속성상 어쩔 수 없는 일이라고 치부하면서도 그 원인이 궁금했다. 문제의 원인이 탁자와 의자의 보이지 않는 부분에 대한 관리 소홀 결과로 판명되었다. 눈에 잘 보이는 상판 부분은 오일스텐과 요트 바니쉬를 세심하게 칠해줬다. 그 덕분에 햇볕과 수분을 차단해 나무판의 부식과 뒤틀림을 예방할 수 있었다. 그런데 눈에 잘 보이지 않는 뒷부분은 제대로 칠이 되지 못했다. 그러다 보니 물과 습기가 목재에 스며들었다. 이런 이유로 나무판과 다리가 뒤틀리고 상판은 수평이 맞지 않았다. 어제는 일부 탁자의 상판 오일스텐 칠을 했다. 그리고 탁자와 의자들의 아랫부분과 잘 보이지 않는 부분까지도 칠을 세심하게 해줬다. 눈에 보이는 부분은 누구나 정성스럽게 관리를 잘해준다. 그러나 목재가 제대로 관리되려면 잘 보이지 않는 곳도 칠을 꼼꼼하게 해줘야 한다. 그래야 수분 침투를 방지하고 뒤틀림과 부식을 막을 수가 있다.

보통 사람의 눈에는 보이지 않지만 어떤 사물의 내면에 잠들어 있는 모습을 다른 사람이 끄집어내는 현상을 "미켈란젤로 현상"이라고 한다. 심리학에서 이런 말이 나오게 된 배경은 미켈란젤로가 〈다비드상〉을 조각한 이후 나온 용어다. 〈다비드상〉은 이스라엘의 위대한 왕 다윗(David)의 청년 시절 모습을 조각한 상像이다. 그 크기가 무려 5.17m나 되는 대작이다. 미켈란젤로가 손대기 전까지 이 대리석은 무려 40여 년 동안이나 아무도 거들떠보지 않았다. 다른 사람의 눈에는 보이지 않은 다윗(David)의 모습을 미켈란젤로는 돌 속에서 찾아내 그것을 조각해냈다.

　이런 작은 가구 하나 관리하는데도 이처럼 신경 쓰고 손볼 일이 의외로 많다. 기업이나 공공기관의 조직을 관리하는 CEO도 "미켈란젤로" 현상을 염두에 두고 사람을 관리한다면 건강하고 알찬 조직으로 거듭날 수 있을 것이다. 이번 일을 통해 세상 모든 일에는 보이는 것만이 전부가 아니란 사실을 새삼 깨달았다. 40여 년 동안이나 버려진 대리석을 알아본 미켈란젤로의 혜안이 돋보인다. 천재 조각가의 눈 밝은 예술성에 박수를 보낸다.

12. 타임 푸어 Time Poor

어떻게 사는 삶이 가장 행복한 삶일까? 돈이 많은 사람, 권력을 가진 사람, 시간이 많은 사람 아니면 지식이 많은 사람, 친구가 많은 사람? 그러나 사람은 누구나 단 한 번밖에 살 수 없다. 한정된 시간 속에서 사람들의 욕심과 욕망은 끝없이 펼쳐진다. 대다수 사람들은 돈, 명예, 권력 등 모든 것을 다 갖기 위해 치열하게 살아간다. 그러다 어느 순간 별로 이룬 것도 없이 나이 들고 병들어 삶을 마감한다.

치열한 삶을 살기 위해서는 무엇보다 시간과의 싸움이 중요하다. 시간을 어떻게 사용하느냐에 따라 결과가 달라지고 삶이 바뀐다. 우리가 흔히 개미처럼 일한다고 하면서 개미의 부지런함과 근면성을 이야기한다. 그런데 어떤 조사에 따르면, 평소 일개미도 일만 하지 않는다. 일개미의 70%만 일하고 30%는 일하지 않는다. 쉬지 않고 일만 하는 사람은 결국 개미만도 못한 사람이다. 신은 모든 인간에게 각각 다른 재능과 능력을 부여했다. 모든 사람의 재능은 공평하지 않다. 그러나 신은 모든 사람에게 매일 똑같이 24시간을 준다. 자신에게 주어진 시간을 자신의 단순한 욕망을 채우기 위해 쓰는 사람도 있다. 또 어떤 사람은 타인을 위해 사용하는 사람도 있다. 그리고 어떤 사람은 별로 할 일도 없이 허송세월로 시간을 낭비하는 사람들도 있다. 그런데도 사람들은 항상 바쁘다고 외치면서 시간에 쫓기며 시간에 압박받고 산다. 이처럼 타임 푸어가 되어 버린 현대인들은 진정으로 자기만을 위해 시간을 쓰는 사람은 그리 많지 않다. 어떤 일을 하든지 간에 더 멀리, 더 오래가기 위해서는 먼저 자신만을 위한 시간이 절대 필요하다. 자신만의 시간을 통해 자신의 삶을 한 번 뒤돌아보고 삶의 질과 시간의 속도를 조절할 필요가 있다. 그 길이 바로 시간 부자로 살아가는 방법이 될 것이다. 시간에 쫓기다 보면 때로는 이 일을 왜 해야 하는지도 모르고 시간에 구속된다. 또 어떤 사람은 전혀 불필요한 일에 자신의 아까운 시간을 의미 없이 탕진한다. 만약 신이 당신의 오른손에 현금 10억을 주고, 왼손에 100만 시간을 주면서 당신에게 한 가지만 선택하라고 한다면? 당신은 어떤 것을 선택하겠는가? 아마도 현대를 사는 사람들은 현금을 선택할 사람이 더 많을 것이다. 그러나 돈은 언제든지 다시 벌면 된다. 그러나 한번 지나간 시간은 절대 되돌릴 수가 없다.

일개미의 30%가 일하지 않고 노는 이유는 따로 있다. 자신들이 일할 차례가 되었을 때 좀 더 열심히 일하기 위해서다. 이처럼 일개미가 노는 것은 단순히 시간을 낭비하는 것이 아니다. 시간을 좀 더 효율적으로 쓰기 위한 선행 조건이며 재충전의 시간이다. 똑같이 주어진 하루 24시간을 어떻게 사용하느냐에 따라 삶의 질이 달라질 것이다. 시간에 쫓기지 말고 한 시간이라도 자신만을 위한 시간을 가져보자. 시간의 주인은 바로 내 자신이다. 시간의 주인이 되면 삶이 지금보다 훨씬 더 풍요로워질 것이다.

13. 먹방 세상

오늘날 대한민국은 너무 잘 먹고 살아서 문제다. 불과 60여 년 전만 해도 하루하루 먹고살기 힘든 시대가 있었다. 특히 봄철만 되면 보릿고개라 해서 먹을 것이 없었다. 그래서 소나무 껍질을 벗겨 먹거나 아직 제대로 자라지도 않은 쑥을 캐서 끼니를 연명했던 시절도 있었다. 잘 먹고 잘산다는 것은 분명 축복이다. 그러나 모든 것이 너무 지나치면 오히려 재앙이 될 수도 있다.

오전 시간에 TV를 켜보면 정규방송 종편 방송할 것 없이 온통 먹는 방송에 열을 올린다. 그러다 보니 요즘 젊은 친구들 상당수가 요리사가 되겠다고 한다. 이런 변화는 요리사의 직업에 대한 긍정적인 인식을 갖게 해준다. 그리고 우리 음식문화가 한류 문화로 새롭게 자리 잡을 수도 있다. 그동안 우리 풍속은 남자들은 주방에 들어가는 것 자체를 금기시했다. 이런 우리 문화가 남편들을 주방으로 불러들여 음식을 조리하게 하는 것은 분명 긍정적인 변화다. 그러나 하루 종일 방송에서 먹는 이야기만 한다. 또 어떤 방송은 전국을 순회하면서 맛집만 소개하는 프로그램도 있다. 어느 주말에 친구와 약속이 있어 서울 도심 한 가운데 있는 음식점을 찾았다. 주방을 이탈한 주부들이 음식점에 모여 앉아 먹는 것에만 열을 올리고 있다. 집안에서 가족들을 위해 정성들여 식사를 준비하던 어머니들의 정이 담긴 집밥은 점점 사라져 가고 있다. 그 때문에 우리 고유의 밥상머리 교육도 사라졌다. 그러다 보니 가족 간의 대화가 단절되어 또 다른 사회문제를 낳고 있다. 정말 안타까운 현상이다. 집밥이 사라지고 외식문화와 주문 음식이 대세가 되고 말았다. 이제는 집에서 김장하는 집도 사라져 가고, 집에서 음식을 조리해 먹는 가족들도 점점 줄어들고 있다. 엄마의 손맛을 이어가는 좋은 조리 문화와 가정의 가풍과 식습관도 점점 사라져가고 있다. 거기다가 수많은 음식 중에서 자신의 입맛에 맞는 음식만 선호한다. 결국 편식과 과식을 불러와 균형 잡힌 식단은 이제 찾아보기 힘든 세상이 되고 말았다. 지금 젊은 층에서 나타나는 각종 성인병이 그 증거다. 어려서부터 비만 세포가 형성된 아이들은 평생 그 질환으로 정상적인 삶을 유지할 수가 없게 된다.

한때 천년 제국을 자랑하던 로마 사회는 향락과 먹거리에 취해 있었다. 밤새도록 산해진미로 포식한다. 거위 털을 목구멍에 넣어서

토해내고 또다시 산해진미를 먹었던 사회였다. 이런 풍요와 향락에 젖어 있었던 로마는 결국 역사 속으로 사라지고 말았다. 오늘날 우리 사회는 너무 잘 먹은 덕분에 과거 성인층에만 생기던 당뇨, 고혈압, 심근경색 등의 질병이 젊은 사람들에게까지 확대되고 있다. 결국 영양분은 과잉섭취하는 반면 신체활동을 하지 않아 운동 부족으로 생긴 현상이다. 젊은 사람들도 각종 성인병에 시달리고 있다.

망해가던 로마제국의 말기 현상과 비슷하다는 생각이 나만의 기우로 끝나기를 바란다.

II

사람

Man

1. 현명한 사람

어떻게 세상을 살아갈 것인가? 쉽지 않은 선택이다. 그러나 딱 두 가지 유형의 사람만 선택하라고 한다면 나는 어리석은 사람과 현명한 사람을 들고 싶다. 어리석은 사람은 자신의 장점은 찾지 못하고 남의 장점만 부러워하다가 세상을 끝낸다. 그러나 현명한 사람은 자신의 장점을 집중적으로 계발하여 자신만의 성공적인 삶을 살아간다. 현실에 얽매여 바쁘게 살다 보니 자신을 제대로 돌아볼 시간도 없었다. 그동안 찾아내지 못한 나의 장점을 한번 찾아보자. 그리고 그 장점으로 나만의 꽃을 피워보는 현명한 삶을 만들어 보자.

옛 조상들은 하찮은 미물인 굼벵이도 구르는 재주가 있다고 했다. 사람은 누구나 자신만의 장점과 남다른 특기가 있다는 표현일 것이다. 인간은 조물주의 최대 창작품이다. 인고의 시간을 이겨낸 어머니의 헌신이 나를 이 세상에 태어나게 했다. 나는 이 지구상의 80억 명의 사람 중에 유일한 존재다. 이런 귀한 존재로 태어난 인간이다. 하지만 수많은 생명체 중에는 힘없고 하찮은 미물들도 많다. 그러나 그들도 자신만의 장점을 이용하여 자신의 단점을 극복하고 생존한다. 힘없고 작은 개미들도 생존 방식이 각각 다르다. 어리석은 개미는 몸이 작아 사슴처럼 빨리 달릴 수 없다고 늘 한탄한다. 그러나 현명한 개미는 오히려 작은 몸이 사슴의 몸에 쉽게 달라붙어 빨리 달릴 수 있음을 자랑스럽게 생각한다. 우리 땅에 자라는 칡넝쿨의 생존 방식도 각각 다 다르다. 어리석은 칡넝쿨은 줄기가 약해 혼자 설 수 없다고 투덜댄다. 그리고 땅바닥만 기다가 결국 고사하고 만다. 그러나 현명한 칡넝쿨은 옆에 서있는 키 큰 나무의 등을 빌린다. 그리고 하늘 높이 올라가 자신만의 꽃을 피워낸다. 자신의 단점만 찾아내어 슬퍼하기에는 우리 삶은 너무 짧다. 자신의 장점을 찾아내어 계발하자. 자신의 힘이 부족할 때는 개미와 칡넝쿨처럼 이웃의 힘을 빌리자. 좋은 이웃과 함께 성장할 줄 아는 사람이야말로 가장 현명한 사람이다. 지나온 삶에 만족하지 못했다면 지금이라도 현명한 삶을 추구해보자. 그동안 잘못 살아온 삶에 대한 보상이 될 것이다.

한번 살아가는 삶 속에서 더 이상 어리석은 우를 범하지 말자. 개미의 현명한 삶과 칡넝쿨의 지혜가 생각나는 아침이다. 자신의 단점을 알고 그 단점을 오히려 장점으로 승화시킨 종種들은 그들만의 세계를 이루고 산다. 자신의 부족함과 단점을 멋지게 극복한 개미는 지구상에서 개체 수가 가장 많은 종으로 번식했다. 그리고 칡넝쿨은 우리나라 어느 산에서나 볼 수 있는 최대 식물로 성장했다. 이처럼 현명한 사람들이 자신의 장점을 극대화하여 이 사회에 기여하는 사람들로 넘쳐나기를 응원한다.

　모두에게 힘찬 박수를 보내면서 하찮은 미물들의 현명함에서 삶의 지혜를 배운다.

2. 혁신

먹고살기 위해 전쟁을 벌인다. 그러나 자신들만이 살기 위한 이기적인 전쟁이 다시 자신과 상대방을 죽이는 전쟁으로 비약한다. 2년째 이어지고 있는 러시아와 우크라이나 그리고 이스라엘과 하마스의 전쟁 여파로 세계 경제가 얼어붙고 있다. 거기다가 북한의 끝없는 핵과 미사일 도발, 오물 풍선 투척 등으로 남북 관계는 더욱 얼어붙고 있다. 이런 상황이 계속되면 국가와 기업들도 생존하기 위해 자구책을 강구할 수밖에 없다. 어려운 여건을 극복하고 살아남기 위해서는 참신한 아이디어와 뼈를 깎는 혁신이 필요하다.

국가와 기업, 그리고 조직들이 생존하기 위해서는 기존의 하던 모든 방식을 과감히 바꾸어야 한다. 새롭게 판을 짜거나 새로운 아이디어로 승부수를 던져야만 살아남을 수 있다. 그렇기 위해서는 남들과 다른 방법으로 자구책을 강구해야 한다. 사람들은 이를 혁신이라고 부른다. 오늘날 사용되고 있는 "현금자동지급기"는 모든 은행에서 사용하는 편리한 기계다. 그리고 은행원들의 업무를 절감시켜주어 창구의 인원을 줄이는 결과를 가져왔다. 이 아이디어는 어떻게 하면 고객들이 현금 인출을 위해 장시간 대기하는 것을 해결하기 위한 고심에서 나왔다. 미국 시티은행 직원의 기발한 아이디어였다. 최초 이 건의를 보고받은 은행 경영자들은 모두 결사반대했다. "예금을 빠르게 하는 기계라면 몰라도 출금을 빨리하는 기계를 도입하면 결과적으로 돈이 빨리 빠져나가서 예금액이 줄어들 것이다." 이것이 무슨 아이디어냐고 경영진들은 냉소했다. 그러나 현금자동지급기 설치를 건의한 직원의 생각은 달랐다. "고객들은 빠르게 돈을 찾을 수 있는 편리한 은행에 더 많은 돈을 입금할 것"이라는 게 그 직원의 생각이었다. 많은 우여곡절과 논란이 있었지만 그 아이디어가 채택되어 현금자동지급기가 설치되었다. 그 덕분에 시티은행의 예금액은 단기간에 3배나 뛰어올랐다. 그리고 창구의 직원도 줄일 수 있었다. 은행의 인지도가 높아져 일석 3조 이상의 놀라운 효과를 거둘 수 있었다. 결국 현금자동지급기의 도입을 건의한 직원의 생각이 들어맞았다. 고객들은 빠르게 돈을 찾을 수 있는 편리한 은행에 더 많은 돈을 입금한 것이다. 은행의 입장이 아닌 순수한 고객의 입장에서 바라본 직원의 아이디어가 거둔 쾌거였다.

사람들은 어제와 똑같은 방식대로 편하게 일을 처리한다. 그리고 현실에 안주하고 편한 방식으로만 산다. 그러나 혁신은 일반적이고 보편적인 상식의 틀을 깼을 때만이 새로운 아이디어가 나온다. 창의적인 아이디어를 내기 위해서는 때로는 비정상적인 생각도 필요하다. 그 영역은 지금까지 누구도 생각해보지 않았기 때문에 오히려 가능한 영역이다. 새로운 아이디어가 숨어 있는 사고의 틈새시장이기도 하다. 관리자가 아닌 고객의 눈으로 봐야 보이는 영역이다. 그래서 혁신은 쉽지 않다. 그러나 그 길만이 변함없는 일상에서 우리가 찾아내어 추진해야 할 혁신의 길이기도 하다.

3. 동시효빈東施效嚬

　　중국 역사에 나온 4대 미인은 누구일까? 한나라 원제 시대의 왕소군王昭君, 춘추전국시대 월나라에서 자랐던 서시西施, 삼국지에 나오는 초선貂嬋, 당나라 현종 때 양귀비楊貴妃 이렇게 4명을 꼽는다. 참고로 이 4명의 여인 중에 3명은 실존 인물이고 『삼국지연의』에 나오는 초선은 가상의 인물이다. 이 중에서 월나라가 오나라에게 전쟁에 패한 뒤 복수를 위해 보내졌던 서시라는 여인이 있었다. 그녀는 중국 절강성 어느 산골 나무꾼의 딸이었다. 서시를 월나라 왕 구천이 발탁하여 훈련을 시킨다. 그리고 오나라 왕 부차에게 보내져 결국 오나라를 망하게 한 여인이 되었다. 월나라 왕 구천이 서시를 이용해 미인계를 쓴 것이다.

　　"동시효빈東施效嚬"이란 장자에 나오는 고사다. 자기 주관 없이

다른 사람의 모습만 따라 하다가 결국 자신의 장점마저 모두 잃어 버린다는 뜻이다. 서시는 마을 서쪽에 사는 시施씨 성을 가진 여인을 서시라고 불렀다. 그리고 마을 동쪽 언덕에 사는 시씨 성을 가진 여인을 동시라고 불렀다. 서시와 동시는 그 마을에서 미인과 추녀의 대표적인 여인들이었다. 서시가 워낙 미인이라 모든 여인들의 동경의 대상이 되었다. 동시는 워낙 추녀였기 때문이다. 평소 예쁜 여인들이 입는 옷과 그들이 하는 행동까지 따라 하면서 자신의 단점을 감추려고 했다. 어느 날 선천적으로 가슴 통증이 있던 서시가 길을 가다가 가슴 통증을 느꼈다. 두 손으로 가슴을 감싸 쥐고 이마를 찡그리며 걷고 있었다. 이 모습을 본 동시는 서시가 미인으로 인정받는 행동이라 생각했다. 그리고 자기도 가슴을 움켜쥐고 이맛살을 찌푸리며 동네를 돌아다녔다. 그렇지 않아도 추녀인 동시의 모습을 본 동네 사람들은 얼굴을 찡그리고 다니는 모습을 보고 그녀를 모두 피해 다녔다. 자신의 장점은 찾아보지도 않고 남의 장점만 흉내 내며 살아서는 안 된다는 고사다.

어느 목수가 자기 연장은 사용하지 않았다. 그리고는 자기 연장보다 더 좋아 보이는 남의 연장만 빌려서 사용했다. 어느 날 자기 연장을 풀어서 살펴보았다. 그런데 이미 자기 연장은 녹슬고 나무 손잡이는 다 썩어서 사용할 수가 없었다. 사람들은 이처럼 자신만이 가지고 있는 장점을 모르고 사는 경우가 많다.

내가 가지고 있는 것을 최대한 활용하고 이용해 보자. 자신만의 개성과 특기를 발전시켜나갈 수 있다. 나만이 가지고 있는 장점과 특기를 적극 개발해 그 분야에 1인 자가 될 수 있도록 능력을 발전시키자. 그것이 잘 사는 비결이 아닐까 싶다. 우리 주변을 둘러보면 자신이 잘하는 일과 자신의 장점을 묵묵히 계발하는 사람들이 많다. 최근 트롯 열풍에 자신의 음악성을 꾸준히 개발하고 발전시킨 사람들이 보인다. 다양한 경연대회에서 두각을 드러내고 성공적인 삶을 사는 사람들이 바로 그들이다. 어느 순간 자신의 잘하는 일과 장점을 세상이 알아준다. 인생 전체가 바뀌고 새로운 삶이 펼쳐진 것이다.

4. 인구 종말론

전 세계 인구는 80억 4,500만 명이며 한국은 5,129만 명으로 세계 27위 수준이다. 지금 한국은 세계에서 가장 위험한 인구 절벽 예상 국가이면서 초저출산 국가이고 고령화 사회다. 2016년을 정점으로 대한민국의 생산 가능인구는 점점 줄어들고 있다. 2060년이 되면 대한민국 인구는 2,187만 명으로 현재 인구의 절반 이하 수준으로 줄어든다고 통계청은 추정하고 있다. 이런 추세를 수학적으로 계산해 보면 어느 날 한반도에서 한민족은 모두 사라진다는 결론에 도달한다. 어느 날 한민족 종족의 흔적을 인구박물관에서만 찾아볼 수 있는 시대가 올지도 모르겠다.

대한민국의 인구 출생률은 2023년 0.76명으로 세계 최저 수준이다. 그동안 출생률을 높이기 위해 육아수당 지급, 2자녀 소득공제 제한 등의 정책을 폈다. 그러나 효과를 보지 못했다. 그리고 어린이들의 육아와 보육을 위한 누리과정 예산을 정부에서 책정했다. 그러나 올 1월부터 집행되어야 할 예산을 지자체에서는 편성하지 않는다. 잘못하면 그 부담은 고스란히 학부모들에게 돌아갈 판이다. 잘못된 성 개방 풍조로 미혼모들은 점점 증가하고 있다. 그런데 그들이 낳은 아이들은 버려지고 있다. 그리고 이런 미혼모들에게는 사회적 냉대와 제도의 부실로 그들은 취업도 할 수가 없다. 자신의 의지와는 무관하게 태어난 아이들은 양육과 보육 측면에서 그 어떤 혜택도 받을 수가 없다. 최근 대한민국에서 부모들이 벌어준 돈으로 외국으로 유학 간 젊은이들이 많아지고 있다. 그런데 군대 가기 싫어서 대한민국 국적을 포기한 사람이 전년 대비 30% 이상 늘어났다고 한다. 출산장려정책을 추진하면서도 그 실효성이 없는 정책과 안일한 대응들이 안타깝다. 버려진 미혼모 자녀들과 국적을 포기한 유학생들을 그렇게 버려져서는 안 된다. 출생률 2.43명으로 4년 연속 전국 1위를 한 해남군의 출생률 성공 사례에 박수를 보낸다. 국가는 적극적으로 벤치마킹하고 홍보하고 활용해야 할 것이다. 그리고 출산한 부모들이 안심하고 아이를 키울 수 있는 제도와 지원책도 더 보완 발전시켜야 할 것이다. 현재 프랑스는 미혼모들의 출산율이 50%를 넘어섰다고 한다. 그러나 프랑스 정부는 미혼모들이 낳은 자녀들까지 일반 아이들과 동일한 혜택을 주어 프랑스 국민으로 키우고 있다. 우리나라가 배워야 할 정책이다.

미혼모들도 지금까지 성장하면서 대한민국 국민으로 국가로부터 혜택을 받고 살았다. 당연히 국가를 위해 의무도 수행할 줄 아는 사람으로 육성하고 보호해야 한다. 그것이 가정과 국가가 해야 할 책무다. 해외로 유학 간 젊은이들이 대한민국 국민으로 살아갈 수 있도록 제도와 법을 보완해야 한다. 전 세계 181개국에 살고 있는 718만 명의 재외동포들도 받아들이자. 한반도가 살아남기 위해서는 전쟁 빼고는 모든 방법과 수단을 다 동원해야 한다. 지금 이 인구 절벽 현상은 전쟁보다 더 무서운 절대절명의 국가 위기이고 비상시국이다. 국가의 생존이 걸린 문제이기 때문이다.

5. 백년을 살아보니

"인생의 나이는 길이보다 의미와 내용에서 평가되는 것이다. 누가 오래 살았는가를 묻기보다 무엇을 남겨주었는가를 묻는 것이 역사다." 김형석 교수의 수필집 『백년을 살아보니』에 실려 있는 글이다. 충분히 공감이 가는 이야기다. 100세 시대라고 해서 무조건 장수하는 것만이 능사가 아니다. 세속적인 말로 밥값하고 살아야 한다. 밥값하지 못하고 나이만 많이 먹고 장수하는 것은 본인뿐만 아니라 자식들과 이 사회에 재앙이다. 그렇다고 경제활동을 하여 돈을 벌라는 이야기가 아니다. 살아가면서 성숙한 어른으로서의 위상과 모습을 보여주어야 한다는 이야기다.

나이 많이 먹었다고 대접받기만을 원하면 안 된다. 그리고 거드름 피우는 어른은 어느 사회, 어느 조직에서나 환영받지 못한다. 할 일 없이 모여앉아 없는 말을 만들어 남을 헐뜯거나 비방하는 모습은 결코 아름답지 못한 처신이다. 그러나 일부 사람들은 자신의 처신과 행동은 돌아보지 않는다. 그러면서도 남의 말하기 좋아하고 쓸데없는 험담으로 날을 지새우는 사람들도 있다. 이런 잘못된 행동과 처신은 바람직하지 못하다. 결국 자기 자식들한테도 환영받지 못할 것이다. 한번 살아가는 삶인데 좋은 말, 아름다운 말, 격려하고 지지하는 말만 하고 살아도 짧은 삶이다. 남의 험담만 얘기하다가 자기 삶을 탕진하는 사람들을 보면 참으로 안타깝다.

김형석 교수는 그의 책에서 "인간의 정신적 성숙과 인간적 성숙은 한계가 없다. 노력만 한다면 75세까지 성장이 가능하다고 생각한다. 나와 내 가까운 친구들은 오래전부터 인생의 황금기는 60세에서 75세 사이라고 믿는다." 결국 인간은 자신의 의지와 노력에 따라 75세까지는 성장이 가능하다는 이야기다. 올해 105세의 노老 철학자의 삶의 지혜에서 얻은 귀한 교훈이다. 나이만 많이 먹고 인생의 길이만 가지고 100세 시대를 좋아해서는 안 된다. 성숙된 인간으로서 후세들에게 멋진 유산을 남겨주는 삶이 행복한 삶이고 밥값하는 삶이다. 꿈이 있고 목표가 있는 사람은 계속 성장할 수 있다. 그리고 이런 사람들은 늙지 않고 생을 마감할 것이다.

우리 역사에 최고로 장수한 왕은 고구려의 장수왕이다. 광개토대왕의 아들로 일찍부터 아버지의 기상을 이어받았다. 그는 백성을 위한 국가관과 가치관이 누구보다 투철했다. 90세가 넘어서도 흰 수염을 휘날리면서 전장을 누비며 우리 역사에 최고 넓은 강역을 확보한 위대한 왕이었다. 그리고 무려 98세까지 장수하여 역사에 장수왕으로 칭한다. 실제로는 정복왕으로 기록되는 것이 더 타당하다고 본다. 세계가 존경하는 적도의 성자 슈바이처 박사도 90세가 될 때까지 아프리카 오지에서 의료봉사의 손길을 멈추지 않았다. 이젠 좀 쉬시라는 후배들의 권고에 "왜 나의 책임까지 빼앗으려고 하느냐!"며 불만을 토로했다고 한다. 이처럼 정신적 성장과 인간적 성숙이 계속 성장하는 삶이다. 바로 이런 삶이 성숙된 삶이고 가치 있는 삶이 아닐까?

6. 낙타 신세

현대인들은 무척 바쁘다. 이른 아침부터 출근 준비를 서두른다. 지하철이나 버스를 타기 위해 정신없이 움직인다. 어렵게 지하철을 타고 나면 자리에 앉자마자 부족한 잠에 빠져든다. 다행히 재수가 좋은 날은 자리에 앉아갈 수도 있다. 그러나 자리가 없을 때는 수많은 사람들 틈바구니에 끼여 직장에 출근한다. 이런 힘든 출근 과정을 거쳐 직장에 도착하면 업무가 시작되기도 전에 몸은 벌써 파김치가 된다. 이처럼 직장인들은 아침 출근부터가 전쟁터다. 그러나 가족의 생계를 유지하고 가정을 지키기 위해서는 이런 전쟁터로 그들은 매일 출근해야 한다.

출근해 자리에 앉기가 무섭게 직장은 또 정신없이 돌아간다. 아침 회의, 현장 확인, 고객 미팅 등의 일이 끝없이 이어진다. 준비한

보고서가 상급자의 의도에 맞게 작성되어 흔쾌히 결재가 나면 다행이다. 그렇지 못하면 또다시 보고서를 수정하거나 재작성해야 한다. 주간에는 주어진 현행 업무에 매달리고 전화 받고 일하다 보면 보고서를 검토할 여유조차 없다. 그러다 보니 야근을 할 수밖에 없다. 그러나 그것으로 하루 일이 모두 다 끝난 것이 아니다. 일과 후에는 상급자나 동료들과의 식사 자리가 생기면 참석한다. 한두 번은 바쁘다고 거절할 수 있지만 매번 빠질 수만은 없다. 그리고 퇴근하면 가족들과 또 함께 시간을 보내줘야 한다. 현대인은 한마디로 슈퍼맨이나 슈퍼우먼이 되어야 살아남을 수 있다. 현대인들의 처지가 마치 사막을 걷는 낙타의 신세와 똑같아 보인다. 낙타는 혹이 난 등에 짐을 잔뜩 짊어지고 밤새도록 별빛을 보며 묵묵히 사막을 걷는다. 그러나 등에 지고 가는 짐은 낙타 자신의 것이 아니다. 모두 주인의 짐이다. 낙타는 지금 자신이 어디로 가는지, 무엇을 위해 가고 있는지, 언제까지, 어디로 가는지도 모르고 무작정 걷기만 한다. 낙타는 왜 하염없이 걷고 있을까? 자신의 짐은 어디 있을까? 원래 야생 낙타도 이런 삶을 살았을까? 하는 수많은 궁금증이 꼬리에 꼬리를 물고 이어진다. 직장인들은 이처럼 하루 종일 바쁜 업무로 정신없이 보낸다. 그러나 그 일이 자신의 삶을 발전시키고 자신에게 도움이 되는 일이면 그나마 다행이다. 그러나 시키는 일에만 매달리다 보면 주인의 짐을 지고 사막을 걷는 낙타 신세와 똑같다는 생각이 든다.

아무리 바빠도 때로는 자신의 삶을 돌아보면서 살자. 그러나 때

로는 일과를 마친 후 만족스러웠던 지난날을 한번 되돌아보자. 그날
은 아무 할 일 없이 그냥 시간을 허비한 날이 아니었을 것이다. 태산
같이 많았던 일들을 모두 처리한 보람된 하루였을 것이다. 이처럼
자신을 칭찬해주고 싶은 멋진 하루도 있었다. 그런 하루 속에서 자
신의 존재가치와 함께 자신의 꿈을 찾아라. 이처럼 바쁜 와중에서도
자신의 꿈을 찾은 사람은 그 꿈을 이루기 위해 지금은 묵묵히 낙타
처럼 걸어도 된다. 원대한 내일의 꿈을 위해 지금은 투자하고 준비
하는 시간이기 때문이다.

낙타처럼 살 것인지, 아니면 낙타를 부리고 살 것인지는 당신만
이 결정할 수 있다.

7. 세상을 볼 줄 아는 눈

　인천국제공항은 요즘 여행객들로 넘쳐난다고 한다. 그들 중에
는 여행 가는 나라의 문화나 전통, 그리고 그 나라의 역사를 미리 알
고 가는 사람들도 있다. 하지만 대다수 사람들은 여행 가이드 뒤만
열심히 따라다닌다. 그리고 "남는 것은 사진밖에 없다."고 하면서 열
심히 사진만 잔뜩 찍고 돌아온다. 그러나 그 사진도 3~4년 지나면
잘 보관해두느라고 어디에 두었는지도 잘 모른다. 이처럼 다리 아프
게 여행지를 돌아다녀 봤지만 돈만 쓰고 온다. 어느 나라 가봤다는
자랑 하나만 안고 별 소득 없이 돌아온다. 이처럼 여행도 아는 것만
큼 보인다. 밝은 눈을 가져야만 제대로 보고 올 수 있다.

　여행은 눈으로 보고, 머리로 기억하고, 가슴으로 느껴야 한다.
그리고 그 느낌이 자신의 삶에 활력소가 되는 것이 좋다. 그리고 좋

은 아이디어로 승화되어 자신의 삶에 보탬이 되어야 한다. 고미술계에서는 밝은 눈을 가진 사람들 이야기가 많다. 그들 덕분에 영영 사라져 버릴 뻔한 문화재들이 기적같이 보존된 이야기들이 전해 내려온다. 1934년 한 골동품상 주인이 용인의 어느 세도가 별장에 하룻밤을 유숙하고 있었다. 사랑방 아궁이에 불쏘시개로 사용할 종이 뭉치가 잔뜩 쌓여있는 것을 보았다. 유심히 살펴보던 골동품상 주인은 비단으로 꾸민 책자 하나를 발견하고는 "어차피 불쏘시개로 쓸 폐지이니 내게 파시오!" 했다. 값은 20원, 당시 쌀 한 가마니 값이 15원할 때였다. 그 작품은 겸재 정선이 금강산을 여행하고 그린 작품을 모은 화첩이었다. 훗날 그 화첩은 몇 배의 거액에 팔려 문화재 수집가 전형필 씨의 소장품이 되었다. 요즘도 이런 일이 우리 주변에 종종 일어나고 있다.

2005년 수원 어느 모텔 주인이 건물을 수리하려고 실내에 있던 파지들을 마당에 내놓았다. 폐품 모으는 할머니가 지나가다가 파지를 달라고 했다. 모텔 주인은 할머니 수레에 있던 이상한 책자가 눈에 들어왔다. 그는 책자와 파지를 맞바꿨다. 그 책자는 조선 후기 실학자였던 다산 정약용의 『하피첩』이었다. 그 『하피첩』은 다산의 부인이 남편 귀양 간지 10년 되던 해 자기가 시집올 때 입었던 치마를 남편에게 보냈다. 다산은 그 치마에 아들들에게 주는 당부 말을 쓰고 이를 재단해 책자처럼 만든 것이다. 얼마 전 그 『하피첩』은 서울옥션 경매에서 7억 5천만 원을 받고 국립민속박물관에 팔렸다. 지금그 『하피첩』의 사본은 4호선 지하철역 종점인 진접역사 벽면 돌에 조각되어 있다.

    사람들은 모두 눈을 뜨고 있지만 정작 보이는 눈은 따로 있다. 밝은 눈을 갖지 못한 사람에게는 한낱 폐지나 쓰레기로밖에 안 보인다. 하지만 밝은 눈을 가진 사람에게는 그 물건이 보물로 보인다. 세상을 올바로 보고 사물의 가치를 제대로 볼 줄 아는 밝은 눈을 가진 사람은 축복받은 사람이다. 그런 밝은 눈을 가지기 위해 사람들은 평생 글공부와 마음공부에 정진하고 있는 것 같다. 밝은 눈을 가진 사람만이 세상을 제대로 볼 줄 아는 사람이기 때문이다.

8. 외유내강 外柔內剛

　　새벽에 일어나 보니 반가운 봄비가 내린다. 엊그제까지만 해도 영하 20도를 오르내리던 혹한의 기세가 한풀 꺾였다. 다음 주에는 대동강 물도 풀린다는 우수雨水다. 남쪽은 이미 벚꽃과 진달래, 개나리가 피었다가 졌다고 한다. 그러나 우리 동네 개나리와 진달래는 이제야 만개하였다. 그러나 벚꽃과 목련은 꽃망울이 터지려다가 꽃샘추위로 꽃봉오리들이 피어보지도 못하고 얼어 버렸다. 올봄에 목련과 벚꽃 개화는 못 볼 것 같다. 제대로 피어 보지도 못한 목련과 벚꽃 꽃봉오리 위로 봄비가 눈물처럼 흘러내린다.

　　부드러운 봄비에 대지와 계곡의 얼음이 녹아내린다. 부드러움이 강함을 이겨내는 자연현상의 모습이다. 이런 모습은 자연 속에만 국한되지 않는 것 같다. 우리 인체에서 가장 강한 것이 치아일 것이다.

사람의 몸을 건강하게 유지시키기 위해 음식물을 잘게 부셔서 소화를 돕는 이빨의 힘은 대단하다. 사람이 태어나 6~7개월이 지나면 이빨이 나기 시작한다. 그러나 이 치아는 유년기 때 모두 빠진다. 그리고 10세 전후에 평생 사용할 튼튼한 영구치가 다시 돋아난다. 음식을 먹을 때 음식물을 잘게 부셔주는 튼튼한 영구치를 잘 관리해야 한다. 그래야 음식을 잘 먹고 평생의 건강을 지킬 수 있다. 이런 이유로 사람들은 튼튼한 치아를 5복 중의 하나라고 한다. 오늘날 왜 치과가 각광받는지 그 이유를 알 것 같다.

옛 고사가 생각난다. 노자老子가 스승 상용尚容의 임종 앞에 엎드려 "스승님 한 수만 더 가르쳐 주십시오."라고 간청하자, 스승이 입을 벌리고 "무엇이 보이느냐?"고 물었다. 노자가 "혀가 보입니다."라고 대답하자, "이는 안 보이느냐?" 하고 다시 묻자, "네, 이는 안 보입니다."라고 하자. "그럼, 됐다." 하고 돌아가셨다. 우리 몸에 맨 나중까지 남아 있는 것은 강한 이빨이 아니라 부드러운 혀라는 사실을 가르쳐 주시고 스승은 떠난 것이다. 자연현상을 살펴보면 우리는 쉽게 알 수 있다. 겨우내 꽁꽁 얼었던 얼음을 함마로 두들기고 곡괭이로 찍어야 겨우 균열이 생긴다. 그리고 장마철에 태풍에 쓰러지는 것들도 바람에 맞서는 강한 나무들이다. 바람에 순응해 부드럽게 허리를 굽히는 대나무나 갈대는 절대 부러지지 않는다.

단단한 얼음이 새벽부터 내리는 부드러운 봄비에 대지와 계곡이 녹고 있다. 흔히 사람들은 강한 것이 부드러운 것을 이긴다고 생각한다. 그러나 최후의 승자는 이처럼 강한 것보다 부드러운 것이다. 강한 이빨보다 마지막까지 우리 인체에 남아 있는 것도 부드러운 혀다. 이런 현상들이 "외유내강外柔內剛"의 삶의 지혜를 이야기해주고 있다. 진짜 강한 것은 최후까지 살아남는 부드러움과 유연성이다. 강자존强者存이 아니고 존자강存者强이란 이야기다. 결국 마지막까지 버티고 존재하는 것이 가장 강한 것이다.

9. 칭찬

전쟁, 북 핵과 미사일, 경기 침체, 취업난, 패륜범죄, 희망 없는 정치, 참으로 재미없는 세상이다. 그렇다고 그냥 방관하고 주저앉을 수는 없다. 우리가 이 시대를 살아가는 주역이기 때문이다. 모두가 힘들고 어렵지만, 서로의 등을 두들겨 주고 격려해 주자. 그래야 희망을 갖고 이 세상을 살아갈 수 있다. 사람들에게 자부심과 긍지를 갖도록 만들 수 있는 최고의 처방전은 칭찬이다.

희망에 가장 좋은 보약은 바로 칭찬이다. 삭막한 세상살이에 모든 사람들은 칭찬을 갈구한다. 소외되고, 따돌림 받고, 무시당하고 사는 현실 속에서 인정받고, 가장 듣고 싶은 말은 진심 어린 칭찬 한 마디이다. 칭찬을 통해 내 존재의 이유와 삶의 목표를 가질 수 있다. 칭찬 한마디에 삶의 활력을 찾고 희망을 꿈꾸게 된다.

칭찬은 이 삭막한 세상에 내리는 한 줌의 단비이다. 칭찬은 누구에게나 해줄 수 있는 나만이 가지고 있는 가장 귀한 선물이다. 칭찬은 돈이 들거나 많은 준비가 필요치 않다. 칭찬해줄 수 있는 맑은 눈과 따뜻한 가슴만 있으면 된다. 이 세상에 존재하는 모든 생명체는 모두 칭찬받을 자격이 있다. 살아있다는 것 그 자체 하나만으로도 칭찬받을 가치가 있다. 칭찬은 누구나 할 수 있고, 칭찬은 누구나 받을 자격이 있다. 이 세상에 가장 하기 쉽고 가장 듣고 싶은 말이 칭찬이다. 가슴속에 담고 있는 칭찬은 아무리 퍼주어도 결코 마르지 않는다. 자녀들이나 함께 근무하는 사람들에게도 칭찬을 많이 해주자. 칭찬에 인색하면 안 된다.

무심코 한 말이라도 칭찬의 힘은 결코 사라질 수 없다. 누군가가 나에게 칭찬해 주었을 때를 한번 생각해보자. 오늘 한 일에 대해서 정말 잘했다는 칭찬이나 멋있어 보였다는 칭찬을 들으면 하루 종일 기분이 좋다. 나도 모르게 얼굴이 밝아지고 발걸음도 더 경쾌해진다. 『톰 소여의 모험』을 쓴 미국 소설가 '마크 트웨인Mark Twain (1835~1910)'도 "나는 칭찬 한마디에 두 달은 즐겁게 살 수 있다."고 했다. 누군가의 칭찬 한마디에 두 달 동안이나 즐겁게 살 수 있다는 '마크 트웨인Mark Twain'은 아마도 칭찬의 달인이란 생각이 든다. 누구보다 칭찬의 가치를 알고 있는 사람이다. 그는 누구보다 칭찬을 자주 사용했던 것 같다.

칭찬에 인색하지 않은 사람 주변에는 늘 사람이 모인다. 칭찬은 모든 사람들에게 꿈과 희망을 주고 미소를 안겨주기 때문이다. 당신이 살아있는 동안 가슴속에 들어있는 무한한 칭찬을 꺼내서 다 쓰고 가자. 그러면 당신은 주위로부터 칭찬받는 삶을 살다 갈 것이다. 칭찬은 또 다른 칭찬을 낳고, 그 칭찬은 우리 모두를 행복하게 해준다. 대지를 촉촉이 적시는 비 내리는 우수雨水다. 우리 가슴에 칭찬의 씨앗을 하나씩 키워 보자. 사람은 누구나 칭찬받으면 칭찬해준 사람에게도 호감을 가진다.

칭찬은 고래도 춤추고 양파도 춤춘다. 그리고 대한민국도 춤추게 할 것이다.

10. 주인과 손님

아침부터 비가 내린다. 비가 그친 오후에는 햇살도 부드럽고 기온도 포근하다. 우리 주변 세상에는 주인으로 살아가는 사람과 손님으로 살아가는 두 부류의 사람들이 있다. 주인으로 살아가는 사람은 매사에 적극적이다. 그러나 손님으로 살아가는 사람은 매사에 피동적이다. 주인은 자신의 주변을 변화시키지만, 손님은 주변을 그대로 방치한다. 우리 삶 속에서 주인의식을 가진 사람은 어딜 가나 주인으로 살아간다. 그러나 손님 의식을 가진 사람은 평생 손님으로 살다 간다.

주인과 손님의 사물을 대하는 모습과 자세를 살펴보자. 주인은 자기가 서있는 자리에서 바라본 모든 사물이 각별한 의미로 다가온다. 그러나 손님은 자기가 서있는 자리에서 바라본 모든 사물이 아무런 의미 없이 다가온다.

주인은 현재 자신이 처해 있는 상황을 개선하고 늘 최선의 상태로 유지하려고 노력한다. 손님은 자신의 일이 아니기 때문에 현재 처해 있는 상황을 건성으로 바라본다.

주인은 스쳐가는 바람 한 점, 햇살 한 줌도 그냥 지나쳐 보내지 않고 감사하게 생각한다. 그러나 손님은 스쳐가는 바람과 한 줌 햇살이 자신만 괴롭힌다고 생각한다.

주인은 현재 만나는 모든 사람들에게 친절하고 그들이 불편하지 않도록 생각하고 처신한다. 손님은 현재 만나는 사람들 때문에 내가 불편해진다고 생각한다.

주인은 시간과 함께 현재를 고민하고 새로운 하루를 창조한다. 그러나 손님은 시간을 외면하고 늘 똑같은 하루라고 불평한다. 주인은 이 세상 모든 것이 다 자기 것이라 생각한다. 손님은 자기 것만 자기 것이라 생각한다. 훗날 시간이 지나고 보니, 이 두 사람의 삶의 족적은 현저하게 달라져 있었다. 세상의 모든 것이 다 자기 것이라고 생각한 사람들은 사후에 역사의 주인이 되어 있었다. 자기 것만 자기 것이라고 생각한 사람들은 사후에 그 누구도 그를 기억하지 못했다. 주인의 길과 손님의 길은 결국 생각의 차이 하나가 만든다. 그리고 그 삶의 가치도 극명하게 달라진다. 역사 속에서도 그 시대를 관통했던 바람과 햇볕과 함께했던 사람들이 있다. 공자와 석가와 예수, 세종과 장영실, 이순신과 나대용을 그 시대의 주인이었다고 기억한다. 그러나 그냥 스쳐갔던 손님들은 아무도 기억하지 못한다.

이들이 푸른 별 지구에 머물렀던 순간의 방값이나 제대로 내고 갔는지 잘 모르겠다.

사람의 생각과 행동이 이처럼 다른 삶을 살아가게 만든다. 자신의 삶이 잘못된 의식으로 고착되고 습관화되어버리면 그 틀을 깨기가 쉽지 않다. 내 삶에서 나는 주인으로 살 것인지 손님으로 살 것인지는 내 스스로 결정한다. 내 결정에 후회 없도록 평소 소소하고 쉬운 일부터 시작하자. 주인으로서 책임과 의무를 다하는 자세부터 배우고 습관들이자. 어떤 삶을 살아갈 것인지 자신의 태도가 결정한다. 내가 머문 시간과 장소에서 나는 늘 주인으로 살고 싶다. 이런 주인정신은 당신을 삶의 주인으로 대접할 것이다.

11. 구이경지 久而敬之

　세상을 살아가면서 가장 힘든 일이 인간관계가 아닌가 싶다. 어떤 조직사회에서나 사람들과의 관계를 맺지 않고 혼자서는 살아갈 수는 없다. 일반적인 사람들이 생각하듯 주위 사람들과 조화를 이루면서 서로 배려하고 존중하며 살아간다는 것이 말처럼 쉽지 않다. 부모와 자식 간의 원만한 관계, 부부간의 사랑스러운 관계, 형제간의 우애, 친구 간의 우정, 직장 상사와 부하 간 신뢰의 관계 등 다양한 모습들을 볼 수 있다. 좋은 인간관계는 한쪽의 일방적인 우월의식이나 권위 의식 속에서는 결코 유지될 수 없다. 상호존중과 배려가 있을 때만이 원만한 관계가 서로 유지될 수 있다.

　부부간의 사랑도 처음에는 깨가 쏟아지는 신혼을 보낸다. 그러나 몇 년 지나고 나면 서로 시들해진다. 처음에는 장점만 보였던 좋은 관계로 살아간다. 그러나 살다 보니 장점보다 단점이 더 많이 보일 수도 있다. 태어나서 성인이 되어 결혼하기 전까지 서로 다른 환경과 문화 속에서 살았기 때문이다. 30여 년간 서로 다른 세상에 살았다가 갑자기 한 지붕 아래 살다 보면 서로 상충되는 부분이 생기는 것은 당연하다. 연애할 때 보이지 않던 상대방의 단점이 자주 보인다. 그러다 보면 때로는 부부간의 관계가 소원해지기도 한다. 너무 서로를 잘 알게 되면 격의 없이 지내게 된다. 자칫 잘못하면 서로를 너무 쉽게 대할 수도 있다. 공자는『논어』에서 서로 간의 관계를 원만하게 유지하기 위한 가장 좋은 방법으로 "구이경지久而敬之"의 자세를 가지라고 이야기한다. 구이경지久而敬之의 자세는 "오랜 시간이 지나도 서로 공경의 자세를 잃지 않는다."는 뜻이다. 너무 가깝게 허물없이 지내다 보면 서로 간의 벽이 허물어진다. 그리고 어느 순간 서로 간에 공경의 자세를 잃게 된다. 너무 쉽게 말하고 쉽게 대하다 보면 상대방의 말 한마디에도 상처를 입는다. 그리고 상대방의 행동에 실망하게 된다. 고대 전쟁사를 보면 적으로부터 나라를 수호하기 위해 성城을 쌓았다. 성 외곽에 항상 해자垓字를 설치한 국가들이 많았다. 적의 성벽 공격을 막기 위해 10여m 이상 되는 넓은 도랑을 성벽을 따라 구축해 그곳에 물을 채운 것이 해자다. 사람과의 관계에서도 최소한 이런 해자는 넘지 않아야 한다. 서로 간 최후의 영역은 남겨둬야 서로 공경의 자세를 오래 유지할 수 있을 것이다.

친하고 허물없이 가까운 사이일수록 서로 공경해주는 자세가 필요하다. 이런 자세는 인간관계를 오래 유지할 수 있는 비법이 아닌가 싶다. 상대방의 장점은 있는 그대로 인정해주자. 상대방의 단점은 그의 개성으로 생각해 주는 인간관계도 중요하다. 그렇기 위해서는 먼저 상대방에 대한 배려와 희생의 노력이 필요하다. 나를 둘러싸고 있는 나의 성城과 상대방의 성城 사이에 깊게 파 있는 해자垓字는 함부로 건드리거나 넘으면 안 된다. 그래야 오랫동안 서로 공경하는 자세를 유지할 수가 있다.

공자의 '구이경지久而敬之'의 인간관계를 생각해보는 아침이다.

12. 이류 인생

미 프로야구 선수는 200여 개 팀에서 7,000여 명 정도가 활동하고 있다. 이들 대다수는 고교 시절 자기 지역에서 발군의 야구 실력을 갖춘 유망주들이었다. 그러나 이들 중 단 3%만 돈과 명예를 얻을 수 있는 메이저리그에 입성한다. 나머지 97%는 마이너리그에 잔류하거나 은퇴하게 된다. 지역 최고의 유망주로 기대와 각광을 받았었다. 그러나 그들 중 대부분은 마이너리그가 되어 이류 인생으로 살아간다.

세상을 살아가면서 자기 분야에서 최고가 되고 성공한다는 것은 이처럼 쉽지가 않다. 미 프로야구 선수들뿐만 아니고 수많은 사람들이 원대한 꿈을 가지고 자신의 분야에서 고군분투한다. 하지만 별로 이룬 것도 없이 역사 속으로 사라져 갔다.

우리나라 사람들이 좋아하고 많이 읽는 삼국지에 나오는 주역 몇 사람의 삶의 궤적을 잠깐 살펴보자. 위나라의 군사軍師였던 사마의는 평생 조조와 그의 친족들에게까지 의심받고 무시당하면서 살아왔다. 거기다가 죽은 제갈공명에게도 이기지 못했다는 수모까지 받고 살았다. 반면 제갈공명은 위나라 군사軍師 사마의를 우습게 만들었다. 오나라의 군사軍師 주유도 시샘했던 인물이다. 제갈공명은 탁월한 능력을 보유하고도 자신의 꿈을 완성하지 못한다. 한 국가의 운명을 군기가 부러지는 사소한 징조에 목숨을 걸었던 제갈공명은 실패를 다룰 줄 몰랐다. 결국 오장원에서 한줄기 밤하늘의 별로 사라진다. 그러나 이류 인생 사마의는 실패에서 살아남는 법을 배웠다. 숱한 모함과 이류 인생으로서의 온갖 수모와 설움을 당하면서도 끝까지 살아남는다. 주변 모두가 제갈공명의 탁월함을 칭송할 때 사마의는 언제나 이류인생이었다. 그러나 유비(촉), 조조(위), 손권(오) 등 걸출한 인물들이 삼국통일을 완수하지 못하고 생을 마감한다. 하지만 이류 인생이었던 사마의 후손이 삼국통일의 대업을 달성한다. 인류 역사를 살펴보면, 양지쪽에서 칭찬과 박수만 받던 사람들이 한번 실패와 좌절에 빠지면 쉽게 무너지고 만다. 그동안 살아오면서 실패를 몰랐기 때문이다. 그리고 그 실패를 만회할 답을 찾지 못했기 때문에 주저앉고 만 것이다. 그동안의 성공과 영광에 취해 실패를 생각해 보지 않았기 때문이다. 이처럼 평소 자만심이 극대화된 사람들은 한번 실패하면 재기하지 못한다.

한마디로 양지쪽의 평온한 삶이 회복 탄력성이 없는 사람으로 성장시키고 만 것이다. 그러나 평소 주변에서 무시당하고 짓밟히면서도 굴욕의 늪을 버티고 살아온 사람들은 살아남는다. 죽을 고비와 절망 속에서도 한 줄기 희망을 버리지 않고 일어나는 법을 알기 때문이다. 숱한 역경 속에서도 하늘은 반드시 자신을 돕는다고 굳게 믿고 잡초처럼 살았기 때문이다. 최후의 승리는 탁월함에 있지 않다. 최후의 승리는 언제나 인내하는 자에게 있다. 너무나 평범한 격언 "인내는 쓰다, 그러나 그 열매는 달다."

이 시대를 살아가는 이류 인생들에게도 격려와 힘찬 박수를 보낸다.

13. 미움받을 용기

　　최근 오스트리아 정신의학자 알프레드 아들러Alfred Adler(1870~1937)의 심리학을 대화체로 풀어쓴 책 '미움받을 용기'가 독서 시장에서 각광 받고 있다. 저자는 기시이 이치로(59)란 일본 작가로 우리나라에서 책을 출간하였다. 불과 석 달 만에 20만 부가 팔렸다. 책의 주제는 "남의 인정을 받으려고 하지 말라. 미움을 받을 용기가 있어야 행복할 수 있다."라는 메시지를 담고 있다. 우리나라 사람들의 정서에는 맞지 않을 수도 있는 책 내용이다.

　　우리는 그동안 남에게 보여주기 위한 삶을 살아온 부분도 있다. 남보다 내가 더 뛰어나다는 것을 내보이기 위해 끊임없이 노력하며 살아온 사람들이다. 그러다 보니 2차 세계대전 후 독립한 수많은 나라 중에서 가장 빨리 성장할 수 있었다. 그리고 경제적 발전과 민주화를 동시에 이룬 나라가 되었다. 긍정적인 측면도 많지만 부정적인 일면도 있었다. 평소 남과 비교하며 살다 보니 늘 상대적 박탈감과 공허감으로 산다. 그러다 보니 삶이 오히려 피폐해진 부분도 있다. 지난해 한국의 명품 구입 총지출액은 160억 달러(약 22조 원)로 전년 대비 24%나 증가했다고 한다. 세계 최대 명품 수입국이 됐다. 1인당 명품 구매액이 325달러(약 43만 원)에 달해 미국, 중국을 제치고 세계 1위를 기록했다. 우리나라 사람들은 외양과 물질적인 성공에만 집착한다. 그리고 남의 시선과 평판을 의식하며 살다 보니 이런 안타까운 현상을 보이고 있다. 얼마 전 필리핀 매체 인콰이어러가 "돈 자랑하기 경쟁, 한국에서 부유함을 뽐내는 것이 미덕일까?"라는 제목으로 보도한 기사가 있었다. "겉치레가 우선인 한국에선 부자임을 의시대거나, 최소한 부자인 것처럼 보이는 것이 황금률인 듯하다."고 꼬집고 있다. 창피하고 부끄러운 기사다. 이런 잘못된 허세와 빈부격차가 OECD 국가 중 자살률이 가장 높은 나라로 만들지 않았나 싶다. 이 책의 주제대로 남을 의식하지 않고, 자기가 하고 싶은 일을 하면서 살 수 있는 용기와 소신이 필요하다는 내용에 공감한다. 그러나 미움받을 용기가 있다고 사회규범과 남의 이익까지 침해해 가면서 살아서는 안 될 것이다. 일단 미움받을 용기를 가졌다면 주변의 시선과 의견에 휘둘리지 말고 자유롭게 자신만의 삶을 추구할 수 있어야 한다. 우리나라 사람들의 의식구조와 그동안 살아온 삶의 자세로 볼 때 분명 쉽지 않은 일이다. 그러나 분명한 것은 미움받을 용기와 배짱, 그리고 자기 철학만 확고하다면 언젠가 자신의 미움받을 용기가 박수 받는 날도 올 것이다.

하루아침에 세상 사는 방법과 의식이 바뀔 수는 없다. 하지만 미움받을 용기가 내 삶을 새롭게 바꿀 수 있는 촉매제가 된다면 한번 도전해 볼만하다는 생각이 든다. 남과 비교하면서 평생 불행하게 사느니 소신껏 자기만의 삶을 살면서 그 속에서 행복을 찾고 사는 것도 괜찮은 방법이다. 내 의지대로 소신껏 내 삶을 만들어야 한다.

그리고 내 의지대로 가꾸어 나가야 진정한 내 삶이 되지 않을까?

14. 내가 진정으로 사랑해야 할 사람

세상을 살다 보면, 우리 사는 세상은 만남으로 시작해서, 만남으로 끝난다. 물론 그 만남은 사람과 사람끼리 직접 만남도 있다. 하지만 책을 통한 간접적인 만남도 있다. 그리고 어떤 방송 매체를 통한 만남 등 다양한 만남이 있다. 그러나 어떤 만남은 참으로 기분 좋은 만남이 있다. 하지만 어떤 만남은 별로 유쾌하지 못한 만남도 있다. 기분 좋은 만남은 과연 어떤 만남이었던가를 생각해본다.

가장 기분 좋은 만남은 현명한 사람과의 만남이다. 평소 사람들은 주변에서 현명한 사람을 찾는다. 대표적인 사례로, 유비가 제갈공명을 얻으려고 노력했던 삼고초려를 들 수 있을 것 같다. 유비는 제갈공명을 얻음으로써 촉나라 황제가 될 수 있었다. 오늘날에도 정치 지도자들이나 기업의 CEO들은 현명한 사람을 찾기 위해 많은 노력을 기울인다. 두 번째는 덕이 있는 사람이다. 『논어』〈이인편〉에 "덕불고 필유린德不苦 必有隣"이란 글귀가 있다. "덕이 있는 사람은 외롭지 않고 반드시 이웃이 있다."는 뜻이다. 그런데 이 덕德의 근원은 효에 있다. 『효경』〈개종명의장〉에 "효덕지본야 교지소유생야孝德之本也 敎之所由生也"라고 했다. "효라는 것은 덕의 근본이며 가르침이 생겨나는 바탕이란" 뜻이다. 효를 행할 줄 아는 사람은 윗사람을 공경할 줄 알고 사람을 대할 때 상대방을 배려할 줄 안다. 그리고 사랑을 베풀 줄 안다. 바로 거기서 덕이 생긴다는 의미이다. 그 좋은 사례가 이순신의 부모님에 대한 지극한 효성이 덕의 리더십으로 표출되었다. 이런 이순신의 리더십은 임진왜란을 승리로 이끈 원동력이 되었다. 세 번째는 순수한 사람이다. 이해타산이나 다른 계산하지 않고 때 묻지 않은 순수한 마음을 가진 사람이다. 이런 순수한 사람에게는 자신의 마음을 털어놓을 수 있다. 서로 허심탄회하게 대화를 나눌 수도 있다. 이런 사람과는 서로 위로하고 위로받을 수 있는 좋은 관계가 형성된다. 서로 간에 진솔한 대화가 가능하니 평생 좋은 지기로 만날 수도 있다. 현명한 사람과 덕이 있는 사람, 그리고 순수한 사람과 함께 세상을 헤쳐나간다면 살아가면서 시행착오를 최소화할 수 있다. 그리고 몸과 마음도 더욱 풍요로운 삶을 살아갈 수 있을 것이다. 세상 인정이 메말라가고 세상살이가 점점 힘들어질수록 이런 좋은 사람과 함께 하는 사람은 축복받은 사람이다.

그러나 이런 사람을 찾는 것도 쉽지 않다. 하지만 더 중요한 것은 스스로 이런 사람이 될 수 있도록 자기 자신이 노력해야 한다. 그래야 이런 좋은 사람을 만날 수 있는 인연을 만들 수 있다. 예로부터 인간관계는 유유상종類類相從이라고 했다. 비슷한 취향과 가치를 공유한 사람들끼리 잘 어울린다. 이런 좋은 사람들과 유유상종할 수 있도록 살아가기 위해서는 우선 내가 좋은 사람이 되어야 한다. 그래야 다른 사람들로부터 인정받는 사람이 될 것이다. 그렇다 보면 덤으로 좋은 사람도 만날 수 있지 않을까?

15. 감사한 마음

    세상살이는 모든 것이 마음먹기에 달려 있다. 항상 모든 것에 감사하자. 고마운 마음으로 세상을 바라보라는 가슴 따뜻한 긍정의 메시지다. 이런 시선 자체가 감사한 일이다. 지금 이렇게 살아있음에 감사하자. 세상을 바라보는 잣대를 눈썹 위와 아래를 기준으로 삼으라고 한다. 눈썹 위만 쳐다보고 살면 평생 불행할 것이다. 그러나 눈썹 아래만 내려다보고 살면 평생 행복할 것이라고 한다. 눈높이를 낮추라는 이야기이다. 항상 기대치를 낮추고 살라는 조언 같다.

    항상 남의 밥그릇이 커 보이고 남의 떡이 더 커 보인다. 사람마다 누구나 장점이 있고 단점이 있다. 때로는 단점이 장점이 되기도 하고 장점이 단점이 될 수도 있다.

    한漢나라의 사마천司馬遷(B.C. 145년, 혹은 135년~B.C. 87년 추정)은 죽음의 문턱에서 살아나 궁형이란 치욕적인 형벌을 극복한다. 아버지(사마담)의 유언대로 세계 최고 역사서 『사기史記』를 기록한다. 칭기즈칸成吉思汗, Chingiz Khan(1162~1227)은 친구에게 배신당한다. 그러나 들쥐를 잡아먹으면서 생존한다. 그리고 목에 칼을 쓰고 탈출해 세계 최대의 몽골제국을 건설했다. 다산 정약용丁若鏞(1762~1836)은 임금과 조정으로부터 쫓겨난다. 열여덟 해 동안 유배생활을 하면서도 이루지 못한 자신의 꿈을 500여 권의 방대한 책에 담아낸다. 그 기록이 조선 최고의 학자로 만들어 준다. 헬렌 켈러Helen Adams Keller(1880~1968)는 보지도 듣지도 말하지도 못하는 3중고苦를 겪는다. 그러나 이런 선천적인 신체 결함을 극복하고 세계사에 우뚝 선 대 물리학자가 되었다. 오프라 윈프리Oprah Gail Winfrey(1954)는 사생아로 태어나 배우지도 못하고 흑인으로서 온갖 멸시와 냉대를 받는다. 그러나 꿈을 이루기 위해 부단히 노력한 결과 미국 최고의 토크쇼 여왕으로 성공했다. 이들은 자신의 단점과 역경에 굴하지 않았다. 오히려 그것을 자신을 일으켜 세울 동기로 삼았다. 그리고 역경을 원동력으로 삼아 자신의 삶을 성공시켰다. 그러나 자신의 불운한 삶과 타협한 사람들은 그 난국을 극복하지 못했다. 그 삶에 안주하면서 이름 없는 삶으로 생을 마감했다. 현실에 불평만 하고 자신의 처지를 한탄하거나 좌절하기에는 우리네 삶은 너무 짧다.

뿔이 있는 황소는 날카로운 이빨이 없다. 날카로운 이빨이 있는 호랑이는 뿔이 없다. 분명 나에게도 이들처럼 남들이 갖지 않는 장

점과 나만의 소질이 있을 것이다. 나만의 장점과 소질을 잘 살려보
자. 자신의 인생을 새롭게 만드는 일은 오직 자신만이 할 수 있다.
나의 단점을 극복할 장점을 찾아 신천지를 개척하자. 춘설이 날리는
꽃샘추위에도 집 앞에 심어놓은 진달래와 철쭉은 의연하다. 조금도
흔들리지 않고 다가오는 봄을 위해 꽃봉오리를 열심히 키운다. 혹한
의 환경과 열악한 상황에도 굴하지 않은 진달래와 철쭉의 기개가 경
이롭다. 초봄에 꽃을 피워내기 위한 그들만의 몸부림이다. 자연의
순리에 적응하면서 극복의 지혜가 돋보이는 이른 봄날 아침이다.

16. 만약 오늘이 마지막이라면

3월이 중순을 넘어서고 있다. 한낮에는 따뜻하지만, 아직도 아침저녁은 춥다. 건너편 삼봉산에도 양지바른 쪽은 봄기운이 도는 것 같다. 하지만 응달 지역은 아직도 잔설이 그대로 남아 있다. 봄은 많은 사람에게 꿈과 희망을 주는 계절이다. 사람들은 긴 겨울의 힘든 시기를 겪어봤다. 그러기 때문에 더욱 봄을 그리워하고 있는지도 모르겠다. 이 좋은 봄날에 한 젊은이의 안타까운 소식이 마음을 아프게 한다.

어제 일간 신문에서 어느 젊은이의 안타까운 소식을 접했다. 소리를 듣지 못한 장애에서 시력까지 점차 잃어가고 있다는 사연이다. 젊은이들에게 많이 알려진 토끼 캐릭터 베니의 작가 구경선(33) 씨의 이야기다. 그는 두 살 때 열병으로 청각을 잃었다. 그러나 불행은 그것으로 끝나지 않았다. 그 여파로 언어장애까지 가져왔다. 어머니의 지극한 정성과 훈련으로 상대방의 입 모양을 보고 말을 어렵게 알아듣게 되었다고 한다. 어머니는 그녀를 일반 초, 중학교에 입학시켜서 어려움 속에서도 꿈을 잃지 않고 열심히 살게 했다. 사춘기 때 방황하면서 학교를 그만두었다. 6개월 동안 방황하다가 네일 아트에 빠져 열심히 공부한 덕분에 미용실에 취직했다. 그러나 말이 안 통하자 2주일 만에 해고되고 말았다. 그 후 1년여 동안 인터넷 게임에 빠졌다. 24살이 되어서야 그동안 그리던 그림으로 다시 돌아와 베니 캐릭터를 그리게 됐다고 한다. 부지런히 그림을 그려서 올리다 보니 아홉 달 만에 스타작가가 되었다. 하지만 수입은 한 달에 20~30만 원에 불과했다. 때가 되면 의무적으로 그림을 올려야 하는데 너무 지치고 힘들어서 어느 날 누워 있는 토끼 그림을 올리고 "다 귀찮아!"라고 댓글을 달았다. 그 그림이 사람들의 마음을 움직인 이후 인기가 상승하게 된다. 특히 김연아 선수가 베니를 구매하여 자신의 싸이월드를 단장해 더 유명해졌다. 그런데 구경선 씨는 지금 또다시 눈이 '망막색소변성증'이란 병으로 시력을 잃어가고 있다. 병원에서 병명과 함께 병의 상태를 통보받고 밤새 울었다. 다음날 일어나 보니 창밖으로 첫눈이 내리는 것을 보고 "눈이 이렇게 아름답고 첫눈을 볼 수 있다는 사실에 너무 감사했어요." 지금까지는 무엇을 본다는 것은 당연한 일이었다. 그러나 어느 순간 시력을 잃게 되면 더 이상 세상을 볼 수 없을 거란 생각이 들었다고 한다.

"앞으로 남은 시간을 행복하게 살아보자, 아무런 후회 없이 눈이 안 보이게 된다고 해도 미련이 안 남게 살자고 마음먹었다. 어떤 날에는 시계를 보고 싶지 않아요, 내게 남아 있는 시간이 사라지는 것 같거든요, 하지만 눈이 안 보인다고 인생이 끝난 것은 아니잖아요. 또 다른 삶이 있거든요." 아직 자신의 인생을 아름답게 꽃피우고 하고 싶은 것 다 해보고 싶은 30대다. 젊은 나이에 세상의 모든 소리를 다 들을 수도 없다. 그리고 보는 것도 점점 흐릿해진다는 이야기에 가슴이 먹먹해진다. 구 작가의 병이 치유되어 자신이 그리고 싶은 그림을 계속 그릴 수 있기를 응원한다.

17. 사람의 가치

10년 전 일어난 세월호 사건이 지금도 세상의 주목을 받는 이유는 무엇일까? 너무나 어이없는 사고였기 때문이다. 세월호 선주는 배의 안전성을 고려하지 않고 돈만 벌겠다는 욕심으로 배를 개조했다. 그리고 화물 선적 규정도 제대로 지켜지지 않았다. 이 모든 것을 관리 감독하고 책임져야 할 공무원들은 적당히 넘어갔다. 수백 명의 목숨을 책임져야 할 선장과 선원들은 제 한 목숨 구하기에만 급급했다. 침몰하는 배 속에서 그렇게 죽어갔다. 국민의 생명과 재산을 책임질 관계 부처와 정부의 대응책은 졸속이었고 무책임했다.

세월호 사건으로 대한민국 국격은 100년 전으로 퇴보했다. 정부와 지도자들은 무능했다. 『효경』〈성치장〉에는 "천지지성天地之性 인위귀人爲貴", 즉 "하늘과 땅이 낳은 것 중에서 사람이 가장 존귀하다."고 기술하고 있다. 2500년 전 공자가 갈파한 말이다. 세상이 아무리 변하고 물질만능주의가 판치는 세상이 되었다. 그러나 사람의 소중한 가치와 귀함은 누구도 부정하지 못할 것이다. 하늘 아래 가장 귀한 가치인 인간의 생명과 존엄성이다. 그 누구도 함부로 할 수 없는 소중한 가치이기 때문이다. 세계인권선언 제1조에는 "모든 사람은 태어날 때부터 자유롭고 존엄성과 권리에 있어서 평등하다."고 규정하고 있다. 대한민국헌법 제10조에도 "국가는 개인이 가지는 불가침의 기본적 인권을 확인하고 이를 보장할 의무를 진다."고 명시되어 있다. 이 세상에 태어난 생명을 보호해주고 지켜주고 보살펴주는 1차적인 책임은 가정이다. 하지만 인간이 인간답게 살 권리와 인권을 보호해줄 책임은 사회와 국가도 함께 책임져야 할 의무다. 인간으로 태어나 성장해서 이 사회와 국가라는 틀 속에서 자신의 역할을 하고 있다. 사람답게 행복하게 살아갈 수 있도록 국가는 국민을 보호해줘야 한다. 그것이 국가가 국민에게 해줘야 할 책무이고 의무다. 그리고 대한민국에 사는 모든 사람은 국민의 4대 의무를 지키고 있다. 모두가 교육, 납세, 국방, 근로의 의무를 성실히 이행하고 있다. 이처럼 인간의 고귀한 생명을 잉태시키고, 지켜주는 것은 가정에서의 부모들만의 책임은 아니다. 이 사회와 국가도 함께 책임져야 할 소중한 가치이다.

국민은 생명에 대한 위협을 받지 않고 자유롭고 행복하게 살 권리가 있다. 이런 여건이 구비 된 일상에서 안락한 생활과 함께 자신의 행복을 추구할 수 있을 것이다. 또다시 이런 비극적인 사건이 발생하지 않도록 해야 한다. 각자가 맡은 제자리에서 모두가 자기 할 일을 제대로 수행해야 한다. 국민의 생명과 재산을 지켜주고 평화와 번영을 이룰 수 있는 국가가 올바른 국가다. 그러기 위해서는 우리 사회가 더 건강해져야 하고, 도덕성과 책임감이 강한 공동체로 거듭나야 할 것이다.

18. 거인 이광요李光耀

2015년 3월 23일 새벽 '이광요李光耀(1925~2015)' 전 싱가포르 총리가 91세의 일기로 서거했다. 그는 가난한 어촌 마을을 반세기 만에 1인당 국민 소득 7만 2,000달러의 잘사는 나라로 만들었다. 아시아 1위, 세계 7위의 부유한 나라가 되었다. 1959년 초대 총리로 취임하여 1990년 퇴임할 때까지 무려 31년간 재임했다. 퇴임 후에도 선임 장관, 고문 장관이란 직책으로 막후에서 영향력을 행사했다. 장기 집권으로 독재정권 같은 정부였다. 하지만 오직 싱가포르를 세계 1등 국가로 만들기 위한 집념 하나로 오늘의 싱가포르를 만든 것이다. 그리고 그 배경에는 본인 스스로가 사리사욕이 없는 청렴한 정치를 추구했기 때문에 가능했다.

싱가포르는 동남아시아의 말레이시아와 인도네시아 사이에 작은 섬으로 이루어진 도시국가다. 면적은 우리나라 서울보다 1.18배 더 크다. 그리고 인구 547만여 명이 사는 작은 나라다. 150년간 영국 식민통치를 받았다. 1942년 일본 점령 시에는 국민 10만 명이 학살되는 엄청난 고통을 받았다. 1965년에 말레이시아 연방으로부터 강제 분리돼 독립했던 나라다. 물이 없어서 외국에서 물은 수입해서 먹는다. 땅이 비좁아 외국의 땅에서 군사훈련을 시키는 나라다. 더욱이 비좁은 국토를 넓히기 위해 외국에서 흙을 수입해 국토를 넓히는 나라다. 이런 나라가 한 사람의 위대한 지도 덕분에 아시아에서 가장 잘 사는 나라가 됐다. 그리고 세계적인 금융, 물류, 비즈니스의 중심지가 되었다. 그는 산업 분야에서 완벽한 자유를 부여했다. 지정학적인 이점을 극대화 시켜 외국에 문화를 개방했다. 그리고 다국적기업 사업가들의 민원 처리 속도를 세계 최고 수준으로 끌어올렸다. 군대 갔다 오지 않으면 공무원이 될 수 없는 나라다. 거리에서 껌만 뱉어도 태형을 가하고, 마약 0.5g만 가지고 있어도 사형에 처한다. 이런 노력으로 세계에서 가장 깨끗하고 범죄 없는 나라를 만들었다. 독립 초기부터 공직 비리조사국을 설치했다. 그리고 싱가포르를 세계에서 가장 청렴한 나라로 만들었다. 중산층은 물론이고 저소득층에 이루기까지 전 계층의 의식주 문제를 거의 완벽하게 해결해 주었다. 그래서 사람들이 가장 가보고 싶은 나라다. 특히 여성들이 여행하기 가장 좋은 나라로 만들었다.

자원이라고는 아무것도 없고 유일하게 사람밖에 없던 작은 나라다. 그러나 작은 섬나라를 이렇게 잘사는 나라로 만든 그는 생전에 자기 인생에 대해 이렇게 말했다.

"나는 내 인생의 많은 부분을 이 나라를 만드는 데 바쳤다. 그 이상 내가 원하는 것은 없었다. 생의 마지막 날 나는 무엇을 가지게 될까? 그것은 싱가포르의 성공이다. 그것을 위해 무엇을 희생했는가? 바로 내 인생이다." 누구보다 확고한 신념과 멋진 포부다. 정치 지도자는 이런 소신과 철학을 가져야 한다. 오직 국민의 행복만을 위해 최선을 다해야 한다. 가치 있는 삶을 아름답게 살다 간 이광요 수상의 명복을 빈다.

이 땅에도 이광요 수상 같은 멋진 지도자가 나오기를 기대해 본다.

19. 인민의 종從

　'인민의 종從'은 우크라이나 TV 시트콤 제목이다. 이 시트콤을 제작, 연출, 각본을 맡아 국민 드라마로 만든 사람이 대통령이 되었다. 그리고 이 사람이 2019년 대통령 취임사에서 "나는 평생 우크라이나인들에게 웃음을 주고자 모든 것을 다해 왔다. 그것이 나의 사명이다. 이제 나는 우크라이나인들이 울지 않도록 하기 위해 모든 것을 다할 것이다."라고 했다.

　이 사람이 현재 우크라이나 대통령 '블로디미르 젤렌스키'다. 러시아군 20만 명이 우크라이나를 침공하였다. 그러나 나토나 미국의 군사 지원은 불가능하고 수도 키예프가 풍전등화 상태에 놓이게 되었다. 미국은 그에게 대피를 권고하고 지원하겠다는 입장을 밝혔다. 그러자 그는 "자신에게 지금 필요한 것은 대피할 운송 수단이 아니라 탄약"이라며 수도에 남아 결사 항전할 의지를 밝혔다. 이러한 대통령의 결단에 국내에서는 지원병이 급증하고, 외국에 나가 있던 국민들이 속속 귀국하고 있다. 1967년 6일 전쟁 때 조국을 위해 귀국했던 이스라엘 국민들 모습이 떠오른다. 이런 모습들은 보면서 430여 년 전 조선 역사의 한 단면이 뇌리를 스친다. 1592년 4월 13일 일본군이 쳐들어와 문경새재를 넘었다는 전갈이 오자 나라 지킬 생각은 하지 않고, 제 한 몸 살겠다고 백성을 버리고 야반도주한 조선 14대 왕 선조가 생각난다. 평양에서도 이곳을 사수해야 한다는 신하들의 의견을 무시하고 또 도망친다. 그리고 의주에서 명나라로 넘어가려던 임금을 유성룡이 만류한다. "전하, 그것은 절대 안 됩니다. 전하께서 조선 땅을 한 치라도 벗어나면 조선은 더 이상 우리 땅이 아닙니다." 이런 못난 국왕 밑에서 죄 없는 백성들은 7년이나 전쟁의 불구덩이에 내던져졌다. 그리고 어렵게 지원받은 명나라군을 천군天軍이라고 떠받들고, 일본과의 전쟁 협상 테이블에는 앉아보지도 못한 치욕스런 역사를 기록했다. 그리고 그 역사는 6.25 때까지 이어져 종전 테이블에 대한민국 자리는 없었다. 지금도 천군天軍이 우리나라를 지켜주고 있다.

현재 '인민의 종從'으로 우크라이나를 목숨 걸고 지키겠다는 '블로디미르 젤렌스키' 대통령의 구국의 결단과 리더십에 경의를 표한다. 우크라이나에도 을지문덕과 이순신 같은 뛰어난 명장들이 나타나 우크라이나 국민들이 더 이상 울지 않도록 이번 사태가 해결되길 기원한다. 이번 사태를 강 건너 불구경하듯 바라보고 있는 일부 정치인들의 처신이 참으로 안타깝다. 만약 이번 사태로 우크라이나가 무너진다면 시진핑은 푸틴의 사례를 본받을 수도 있지 않을까?

최근 러시아 푸틴과 밀착하고 있는 북한의 동태도 걱정스러운 부분이다.

20. 메밀꽃 필 무렵

"길은 지금 산허리에 걸려 있다. 밤중을 지날 무렵인지 죽은 듯이 고요한 속에서 짐승 같은 달의 숨소리가 손에 잡힐 듯이 들리며, 콩 포기와 옥수수 잎새가 한층 달에 푸르게 젖었다. 산허리는 온통 메밀밭이어서 피기 시작한 꽃이 소금을 뿌린 듯이 흐뭇한 달빛에 숨이 막혀었다." 이효석李孝石(1907~1942)의 단편 소설 "메밀꽃 필 무렵"의 한 장면이다. 산허리에 걸린 길과 짐승 같은 달의 숨소리, 달빛에 푸르게 젖어버린 콩 포기와 옥수수 잎새가 손에 잡힐 것 같다. 달빛에 비친 메밀꽃이 소금을 뿌린 듯 펼쳐진 모습에서 작가는 "숨이 막힐 듯하다."고 표현하고 있다. 우리말과 우리글을 이처럼 아름답게 손에 잡힐 듯이 생동감 있게 표현한 작가의 감성과 심미안에 감탄한다.

평소 꼭 한번 가보고 싶었던 평창 「이효석문학관」을 찾았다. 현장에 가보니 책에서 아름답게 묘사된 하얀 메밀밭에 대한 멋진 환상은 없었다. 이날 둘러본 산허리의 메밀밭에 메밀꽃은 이미 지고 없었다. 그냥 메밀밭만 그 자리를 지키고 있었다. 이효석문학관 초입부터 "메밀꽃 필 무렵"의 소설 속 내용들을 구현하기 위한 흔적들을 엿볼 수 있었다. 성 서방네 처녀와 함께 지냈던 물레방앗간, 허생원, 당나귀 모습과 동이와 함께 건넜던 개울도 복원되었다. 이효석의 생가 터도 조성되어 있었다. 문학관 안에는 그의 출생부터 성장 과정 학창 시절, 그리고 교수로 재직했던 시절의 사진과 자취들도 볼 수 있었다. 그리고 작품 활동을 했던 문학잡지에 기고한 글들과 출간한 단행본, 글을 썼던 빛바랜 친필 원고 초안들이 전시되어 있었다. 문학관 입구에 서있는 문학비 앞에서 기념사진도 한 컷 촬영했다. 이효석은 1907년 태어나 1942년에 타개했다. 호는 가산可山이며 강원도 평창에서 태어났다. 경성제국대학 영문과를 졸업하고 구인회九人會에서 활동했다. 암울한 일제 식민지하에서 성씨 개명을 거부했다. 지식인으로서 고뇌와 갈등을 겪으면서 작품 활동을 하다가 해방을 보지 못하고 타개한다. 35년의 짧은 삶이었다. 하지만 한국 단편문학의 대표작이라고 할 수 있는 소설 "메밀꽃 필 무렵" 외 몇 편의 장·단편의 소설과 시들을 남기고 떠났다.

그의 삶과 인생을 보면서 인생의 가치 기준을 다시 한번 생각해 본다. 우리들의 삶은 길이의 문제가 아니다. 그 삶의 질이 더 중요하다는 것을 새삼 느낀다.

백세 장수 인생이 중요한 것이 아니다. 어떻게 살다 갔으며, 푸른 별 지구에 와서 무엇을 남기고 갔느냐? 하는 화두가 짧은 여행 내내 머릿속을 떠나지 않았다. 그의 문학세계와 삶에 대해 조금은 알게 되었다. 특히 자연을 관찰하고 표현하는 그의 높은 심미안과 표현력에 박수를 보낸다. 이효석 작가의 풍부하고 섬세한 표현력에 세종대왕도 무척 좋아하셨을 것 같다.

다음에는 진짜 메밀꽃 필 무렵 달밤에 꼭 다시 한번 와봐야겠다.

21. 자신의 마음 챙기기

　　오늘날 대한민국 사회는 한마디로 분노 사회다. 묻지 마 살인, 묻지 마 폭력, 아파트 층간 소음 문제는 폭력을 넘어 이제는 살인으로 이어지고 있다. 이런 분노는 타인에게 피해를 주는 것은 물론이고, 자신의 삶까지 망가뜨리게 된다. 조금만 더 참고 상대방을 이해하는 여유와 배려가 있다면 피할 수 있는 문제다. 이런 순간적인 분노를 조절하지 못하고 겉으로 표출하는 사례가 만연하고 있다. 이런 사회는 상식이 통하지 않고 법과 질서 그리고 순리가 실종된 사회다. 자녀들을 분노를 조절할 줄 아는 심성을 가진 사람으로 육성해야 한다.

　　마음이 평정심을 잊고 분노에 휩싸이다 보면 그 어떤 것도 눈에 들어오지 않는다. 주변에서 만류하고 설득해도 귀에 들려오지 않는다. 그리고 눈앞에 펼쳐진 전경이 내 머릿속에 냉정하게 그려지기 위해서는 우선 자신의 마음이 평정심을 유지해야 한다. 마음이 평정심을 잃고 우왕좌왕하다 보면 판단이 흐려지고 결정이 더디다. 그리고 지금 하는 일이 잘못될 수도 있다. 세상을 살다 보면 박탈감, 소외감, 배신감 등에 평정심을 잃고 분노에 빠질 수도 있다. 그러나 이런 것들로 인해 자신의 감정을 제대로 추스르지 못하고 분노에 빠져 어떤 행동으로 표출되었을 때, 과연 자신이 얻을 수 있는 것이 무엇일까? 아무것도 해결되지 않는다. 자신을 더욱 비참하고 초조하게 만들 뿐이다. 급기야는 법의 처벌로 인해 자신의 삶이 망가질 수도 있다. 이 모든 것을 해결하기 위한 유일한 방법이 있다. 어떤 상황에서도 평정심을 유지하는 자신의 마음 챙기기가 아닐까 싶다. 모든 것은 마음먹기에 달려 있다는 일체유심조一切有心造의 경구가 생각난다. 신라시대 당나라 유학길에 오른 원효元曉(617~686)는 한밤중에 목이 말라서 물을 찾았다. 어둠 속에서 바가지를 찾아서 물을 마시고 갈증을 해소한다. 어젯밤 시원하고 맛있게 먹었던 물이 다음 날 아침 일어나 보니 해골바가지에 담겼던 물이란 것을 확인한다. 똑같은 물인데도 이처럼 다르게 느껴진 것을 인지한 원효는 유학길을 포기한다. "진리는 결코 밖에서 찾을 것이 아니라, 자기 자신에게서 찾아야 한다."는 깨달음을 터득하고 의상義湘(625~702)대사와 헤어져 경주로 되돌아오고 만다. 원효대사가 해골바가지의 물을 먹는 것을 계기로 자신의 마음을 다잡고 중생을 제도한 모습은 우리에게 많은 시사점을 던져준다.

세상을 살아가면서 자신의 마음을 다스리고 조절할 수만 있다면 훨씬 더 성숙된 삶을 살아갈 수 있을 것이다. 화를 세 번만 참으면 살인도 면할 수 있다고 했다. 이처럼 우리 자신의 마음부터 우선 챙기는 것이 무엇보다 중요하다. 평소 자신의 마음을 잘 챙겨 화를 억제하자. 그리고 상대방의 입장을 조금만 더 헤아려주는 배려의 마음만 가질 수 있다면 우리 삶은 더욱 풍요로워질 것이다. 그래야 우리 사회가 건강한 사회, 상식이 통하는 사회, 법과 질서가 통하는 사회가 될 것이다.

행복한 삶을 위해서는 평소 "자신의 마음 챙기기"가 최우선이 아닐까?

22. 상대방 이해하기

우린 늘 세상과 사물을 볼 때 그 이면은 잘 보지 못한다. 어떤 사물을 볼 때 자신의 눈에 보이는 것만 보고 자신의 잣대로 재단하고 판단한다. 사람을 보고 판단할 때도 자신의 눈에 보이는 것만 보고 상대방을 평가한다. 여기서 우리는 두 가지 오류를 범하고 있다. 하나는 보이는 것만 본다. 또 하나는 자신의 잣대로만 생각하고 판단한다는 것이다. 그리고 그것을 객관적인 시각으로 바라본 것이라고 믿고 확신한다.

그러나 때로는 눈에 보이는 것 외에도 보이지 않는 이면이 더 큰 영향을 미칠 수도 있다. 또한 자신의 판단도 자신의 지식과 식견 그리고 경험 내에서만 판단하고 있다. 그러기 때문에 잘못될 확률이 높다. 그렇다면 우리는 상대방을 평가할 때 어떤 시선으로 바라보아야 상대방을 제대로 이해할 수 있을까? 자신의 입장만 생각하면 안 된다. 상대방 입장에서 한번 생각해보는 것이 무엇보다 중요하다. 내가 먼저 상대방 입장이 되어봐야 한다. 상대방의 입장이 되어 보지 않고는 상대방을 제대로 이해할 수 없다. 상대방의 입장이 되어 보지 않고 겉으로 보이는 것만 봐서는 자신의 생각의 범주를 벗어날 수 없기 때문이다. 눈에 보이는 것만이 전부가 아니다. "다른 사람의 신발을 신고 1마일을 가보지 않고는 그 사람을 이해하지 못한다."는 속담이 있다. 겉으로 보기에는 그저 좋아 보인다. 하지만 실제 신발을 신어보면 다른 사람이 모르는 고통과 불편함이 있을 수 있다. 세상살이도 그냥 옆에서 바라보기만 하면 그저 좋아 보이고 멋지게만 보인다. 그러다 보니 높은 자리, 출세한 사람, 돈 많은 부자, 멋진 집, 고급 승용차, 값비싼 명품 옷 등을 보면서 사람들은 부러워한다. 그러나 높은 자리에 있으면서도 고통을 받고 때려치우고 싶은 자신만의 고민이 있을 수도 있다. 그리고 주변에서 출세했다고는 하지만 자신은 불만족스러운 사람도 있을 것이다. 그리고 돈은 많으나 질병과 자식들이 속 썩이는 집안도 있을 것이다. 그리고 멋진 집을 갖고는 있으나 빛에 쪼들려 이자 내기도 버거운 사람도 있을 것이다. 세상살이는 이처럼 겉으로 눈에 보이는 것만이 전부가 아니다. 당신이 상대방의 신발을 신어본 결과 당신 발이 아프면 그 사람은 진즉부터 아팠을 것이다.

　내 눈에 보이는 것, 내가 알고 있는 것만을 가지고 그 사람을 평가해서는 안 된다. 그 이면에 숨어 있는 상대방의 입장과 고통, 그리고 말 못 할 고충도 알아야 그 사람을 제대로 이해할 수 있는 것이다. 오늘도 남을 평가할 때 내 주관대로 평가하고 재단하고 있지는 않는지? 상대방의 신발을 신어보고 상대방을 먼저 이해하는 것이 우선이 되어야 할 것이다. 성숙된 인간관계의 첫걸음은 상대방을 제대로 이해하는 데서부터 출발한다. 우리 사는 세상은 눈에 보이는 것만이 전부가 아니다. 때로는 눈에 보이지 않은 이면에 그 사람의 실체가 숨어 있을 수도 있기 때문이다.

23. 죽란시사

　앞산에 둥근 보름달이 환하게 떠올랐다. 달빛이 숲과 계곡과 텅빈 들판을 대낮처럼 밝힌다. 절기가 빨라 추석 당일은 달의 한쪽이 일그러진 달이 보름달 행세를 했다. 보름이 이틀이나 지난 오늘 밤에서야 제대로 된 둥근 보름달을 볼 수 있다. 한밤중에 들려오는 숲 속의 풀벌레 소리와 계곡의 청아한 물소리가 귀를 씻어준다. 보름달 아래 엷은 구름 한 조각이 달을 스쳐 지나간다. 너무나 환상적이고 멋진 야경이다. 옛 시인과 묵객墨客들은 이런 보름달을 보면서 소원을 빌었다. 그리고 시를 짓거나 그림을 그리거나 거문고를 타면서 술 한 잔을 기울였을 것이다.

　다산 정약용丁若鏞(1762~1836)은 유배생활하면서도 주변의 지인들과 1년에 몇 차례씩 만나는 풍류계 '죽란시사竹欄詩社'를 가졌다고 한다. "죽란시사竹欄詩社"를 글자 그대로 직역해 보면 '난간에서 대나무를 보면서 시를 짓는 모임'이라고 풀이할 수 있다. 재미있는 것은 다산이 직접 작성했다고 하는 풍류계의 모임 날짜다. 요즘같이 어떤 날을 정하지 않고 "살구꽃이 피면, 복숭아꽃이 피면, 한여름 참외가 익으면, 가을국화가 피면, 겨울철에 큰 눈이 내리면, 화분에 매화가 피면 모인다."라고 기록하고 있다. 풍류를 즐겼던 명분이 너무나 담백하고도 낭만적이다. 나도 산골에 살다 보니 주변 지인들과 함께하는 모임 몇 개가 있다. 모임 시기는 두 달에 한 번씩 모인다. 날짜를 정하는 것은 서로의 시간을 확인하고, 날을 잡다 보니 날짜 정하기도 쉽지 않다. 그러다 보니 그 모임은 날짜를 택해서 만나 얼굴 한번 보고 식사하는 것으로 만족할 수밖에 없다. 다음 모임부터는 모임의 명분을 다산 정약용의 '죽란시사'처럼 자연의 변화 시기에 맞춰서 만나는 모임으로 한번 바꿔 봐야겠다. '하얀 목련이 개화하면', 살구꽃이 피면, 앞산에 푸른 새싹이 피어날 때, 진달래가 필 때, 산철쭉이 만개할 때, 둥근 보름달이 떠오를 때, 원앙지 옆 신나무의 단풍이 절정을 이룰 때, 흰 눈이 내려 앞산에 눈꽃이 필 때 모임을 하면 좋을 것 같다. 계절의 정취도 느끼고 풍류도 함께 즐길 수 있는 좋은 만남의 장이 될 것 같다.

그러나 중요한 것은 정작 풍류와 운치를 즐길 줄 아는 사람이 과연 몇 사람이나 될까 하는 생각이 든다. 그리고 또 하나는 옛사람들처럼 운을 띄워 시를 지을 줄 아는 사람이 있을까 하는 걱정도 해본다. 현대인들은 먹고살기 바빠서 200년 전의 사람들보다 오히려 풍류와 멋을 알고 즐길 줄 아는 사람이 없는 것 같다. 사는 것이 바쁘고 여유 없이 살다 보니 이런 운치도 즐길 줄 모르게 된 것 같아 아쉽다. 둥근 보름달을 쳐다보면서 아내와 함께 '어느 10월의 멋진 밤'의 노래를 듣는다. 감미로운 음악의 선율과 함께 가을 달밤의 시원함과 청량함이 가슴을 시리게 한다.

한가위의 긴 연휴가 이렇게 끝나가고 있다.

24. 세계 최고 발명가

　세계에서 가장 많은 발명을 한 사람은 누구일까? 사람들은 최고의 천재인 '에디슨Thomas Alva Edison(1847~1931)'을 맨 먼저 떠올릴 것이다. 그러나 1933년 '에디슨'이 기록한 특허 건수 1,084건보다 하나 더 많은 1,085건의 특허권을 따낸 사람이 있다. 미국「인텔레추얼벤처스」의 수석 발명가 '로웰 우드(83)' 박사다. 현재 특허청에서 심사를 기다리고 있는 그의 특허만 해도 3,000건이 넘는다고 한다. 앞으로 에디슨을 제치고 세계 최고 발명가로 모든 사람들의 기억에 오랫동안 남을 것 같다.

　에디슨은 그의 어록에 "천재는 1%의 영감과 99%의 노력으로 만들어진다."고 했다. 그러나 에디슨의 특허 기록을 깬 로웰 우드는 결코 천재가 아니었다. 학교 다닐 때 걸핏하면 F학점을 받는 평범한 학생이었다. 그는 어느 과목이든 첫 시험에서 F, 또는 가장 낮은 점수를 받았다고 한다. 그러나 그 이후 각고의 노력으로 반복 학습을 통해 성적을 높여 나갔다. 16세에 UCLA에 진학했다. 그 이후 다양한 책을 섭렵해 박학다식한 학생으로 성장했다. 그의 비결을 끊임없는 다독多讀을 들고 있다. 지금도 학술지 30여 권을 꾸준히 구독하고 있다고 한다. 우드는 천체 물리학자이자 고생물학자, 컴퓨터 과학자, 화학자이며 그리고 수학자다. 하나의 학문만 하기도 벅찬데 이처럼 다양한 학문을 섭렵한 그의 모습은 우리에게 많은 걸 느끼게 해준다. UCLA에서 화학과 수학 학사학위를 받은 뒤, 천체물리학으로 그는 박사 학위를 취득했다. 에디슨 사후 82년간 지켜온 세계 최고 발명가로 칭송받던 에디슨의 아성을 무너뜨린 것이다. 천재가 아닌 F 학점을 밥 먹듯이 받던 평범한 학생이었다. 끊임없는 노력과 반복 학습을 통해 그는 우리 시대 최고의 발명가가 되었다. 그리고 81세인 지금도 왕성한 연구 활동을 꾸준히 하고 있다. '로웰 우드 박사'를 보면서 인간의 한계는 과연 어디까지일까? 하는 생각이 든다. 3,000건이 넘는 특허와 발명 건수만도 에디슨보다 많은 1,085건이란 사실이 놀랍다. 더욱이 그의 학문에 대한 열정이 돋보인다. 천체물리학자 외 4가지 학문의 전문가로 활동하고 있다. 이런 학문에 대한 열정과 의욕이 그를 세계 최대 발명가로 만든 것 같다.

최근 그는 미국 '스타워즈'의 레이저 개발에 동참했다. 뇌진탕 방지 헬멧으로부터 배설물을 무해 물질로 바꾸는 화장실, 전염병 예방

백신 저장 용기 등 그의 발명품은 다양하다. 나이는 숫자에 불과하다는 용어를 그는 발명 특허로 보여주고 있다. 끊임없는 다독과 연구, 그리고 반복 학습으로 자신의 부족한 부분을 보완하는 로웰 우드 박사의 인간승리의 멋진 모습이다. 훗날 사람들은 그를 인간이 가진 모든 능력을 모두 다 사용한 지구인으로 오래오래 기억될 것이다. 자신의 나이와 능력만 탓하지 말고 '로웰 우드박사'를 삶의 롤 모델로 한번 삼아보면 어떨까?

III

초보 농부

Farmer

1. 이랑과 고랑

　　따뜻한 햇살과 바람, 그리고 때맞춰 내려주는 봄비는 농사짓기에 좋은 계절이다. 겨우내 얼어붙었던 땅속에서 새싹들이 기지개를 켜고 나온다. 앙상한 나뭇가지에서도 새잎들의 움이 터진다. 봄을 맞이한 새 생명들이 싹을 틔우고 있다. 그리고 모든 식물들은 자기만의 결실을 위한 첫발을 내딛고 있다. 어떤 식물들은 꽃을 먼저 피우고, 또 어떤 식물들은 잎이 먼저 나고 나서 꽃을 피운다. 이처럼 식물들은 절기에 맞춰 자신에게 이로운 방향으로 새봄을 맞이한다.

　　봄에 가장 먼저 농부가 할 일은 겨우내 얼었던 밭을 일구는 일이다. 그리고 나서 그 땅에 씨뿌리기 좋은 최적의 상태로 밭을 만드는 것이다. 농부는 봄에 비가 내리면 비 온 후에 드러나는 밭의 돌들을 먼저 골라낸다. 그리고 다져진 땅의 속살을 뒤집고 밑거름을 주어

밭을 기름지게 일군다. 돌을 골라내고 밑거름을 뿌린 밭의 흙을 맨손으로 만져봐도 흙의 속살이 너무나 부드럽다. 그리고 그곳에 씨를 뿌릴 이랑과 바람과 농부가 지나다닐 고랑도 함께 만든다. 만약 농부는 많은 씨를 파종할 욕심에 고랑을 만들지 않고 모두 이랑만 만든다면 어떤 일이 벌어질까? 밭은 배수가 안될 것이고 바람이 다닐 길도 없어져 작물들도 제대로 자라지 못할 것이다. 농부가 다닐 길조차 없어져 농작물 관리도 할 수가 없을 것이다. 이처럼 농사지을 밭을 조성할 때는 씨 뿌릴 이랑과 배수와 통로를 위한 고랑을 함께 조성해야 한다. 그래야 농사를 지을 수 있는 밭과 논이 된다. 음악의 오선지에 쉼표가 없으면 악보가 아니다. 이처럼 밭도 고랑과 이랑이 함께 있어야 밭과 논이 제구실을 할 수 있다. 어제는 텃밭에 올라가 종일 이랑을 만들었다. 그 이랑마다 잡초가 못 나오게 비닐을 씌워 씨 뿌릴 준비를 했다. 그리고 사람과 바람과 햇살도 다니고 물도 흐를 고랑도 함께 만들어 주었다. 이랑과 고랑은 아름답고 많은 의미를 담은 정겹고 멋진 우리말이다. 이랑은 씨 뿌릴 토양 공간이고 고랑은 여유 공간이다. 그러다 보니 고랑은 소통의 공간이기도 하다. 그리고 물을 받아들이고 내보내는 물길이다. 그 물길에는 이슬과 가랑비와 소나기도 다닌다. 때로는 장대비도 지나가는 통로가 되기도 한다.

우리 삶에서 생계유지를 위한 일들이 농사짓는 일과도 유사하다. 그러나 돈 많이 벌고 출세와 성공을 위해 쉼 없이 일만한 사람들도 있다. 그러다 보면 진정한 삶의 의미와 가족의 소중한 가치를 찾지 못한다. 한마디로 이랑만 있고 고랑이 없는 삶이다. 고랑이 없는 삶은 훗날 후회해봐야 실패한 삶이다. 그리고 의미 없는 삶이 될 수도 있을 것이다. 사람 사는 세상에도 숨을 쉴 수 있는 공간과 여유, 그리고 여백이 필요하다. 이랑만 있고 고랑이 없는 삶은 아름답지 못한 노예의 삶이다. 이랑과 고랑이 공존하는 삶이 아름다운 삶이 아닐까?

2. 때를 놓치면 실패한다

절기상으로 우수 경칩이 지났다. 이제 봄이다. 우리 조상들은 이 땅에 살아가면서 농사가 생존의 수단이 되었다. 이런 농경사회에서 계절의 변화는 절대 무시할 수 없는 중요한 요소다. 4계절이 뚜렷한 우리나라에서 기후의 변화는 농사의 흉작과 풍작을 결정짓는다. 조선 세종 때 문신 '정초鄭招(?~1434)'는 「농사직설農事直說」에 24절기에 맞춰 농사짓는 시기와 절차를 구체적으로 제시해 놨다. 오늘날에도 농사짓는 사람들은 정초의 「농사직설農事直說」의 24절기에 맞춰 씨앗을 파종하고 수확한다.

작년 가을에 수확해서 먹고 남은 감자 한 상자를 얼지 않도록 박스에 넣어 보관했다. 눈 내리는 한겨울에 꺼내 먹기 위해 따뜻한 보일러실에 넣어두었다. 눈 오는 겨울날 벽난로에 구워 먹거나 쪄먹기 위해서다. 그런데 겨우 내내 혹한과 싸우고 눈 치우느라 정신없이 바쁘게 보냈다. 그렇다 보니 겨울에 한 번도 보일러실에 보관해 둔 감자를 돌아볼 여유를 갖지 못했다. 어제 지인들과 저녁식사를 할 계획이 있었다. 아내가 감자전을 부치겠다며 보일러실에서 감자를 몇 개 가져다 달라고 한다. 모처럼 보일러실 안쪽 깊숙이 보관해 둔 감자 상자를 찾았다. 그런데 감자 상자 윗부분이 둥글게 부풀어 올라와 있었다. 혹시 들쥐들이 상자 속의 감자를 훔쳐 먹고 있지 않을까? 하고 잔뜩 긴장하여 조심조심 상자 덮개를 열었다. 다행히 쥐는 없고 문어발 같은 하얀 감자 싹들이 상자 덮개를 힘차게 밀어 올리고 있었다. 종이박스 상자 속에는 감자 싹들이 햇볕을 보기 위해 10~20cm정도 크기로 줄기가 기세 좋게 자라고 있었다. 보관할 때 탱글탱글했던 감자들은 싹을 키우기 위해 영양분과 수분이 모두 빠져나가 버렸다. 그 바람에 굵고 탱글탱글했던 했던 감자는 마치 바람 빠진 풍선처럼 쭈굴쭈굴한 상태가 되어 있었다. 할 수 없이 먹을 수 없게 되어버린 감자 상자를 야생동물들의 먹이로 던져주었다. 비단 이런 일은 농사일뿐만 아니다. 일상생활 속에서도 흔히 겪을 수 있는 일이다. 『주역』에 실려 있는 "진퇴유절進退有節"이란 단어가 생각난다. 나아가고 물러남에 절도가 있어야 한다는 뜻이다. 나아가고 물러남의 때를 잘 알아야 화를 면할 수 있다. 그리고 때에 맞춰 일을 추진해야 크게 성취할 수 있다는 이야기이다. 사람 사는 도리와 지혜를 일깨워주는 좋은 조언이다. 다시는 때를 놓쳐 감자를 버리는 똑같은 잘못을 하지 않아야겠다고 다짐해본다.

작년 1년 동안 지은 감자 농사는 결국 야생동물들에게 나눠주기 위해 지은 농사가 되고 말았다. 아쉽지만 원래 땅에서 난 것은 모두 땅으로 돌아간다고 하니 자연의 순리를 따른 것 같기도 하다. 관리가 부실하거나 때를 놓치면 이처럼 힘들게 농사지은 1년간의 수고도 아무런 보상을 받지 못하고 헛수고가 되고 만다. 농사짓는 일이나 세상 사는 일이 모두 때에 맞춰야 성공할 수 있다는 이야기다. 세상 모든 일에는 반드시 때가 있고, 그때를 잘 이용할 줄 알아야 한다. 힘들게 지은 감자 농사도 제때를 놓치면 이처럼 야생동물의 먹이로 전락한다.

3. 나무를 보면 땅속이 보인다

봄은 온통 화사한 봄꽃들의 축제다. 만개하여 아름다운 자태를 뽐내는 꽃과 만개하기 직전의 꽃봉오리들까지 봄을 맞이하고 있다. 이제 서서히 꽃망울이 여물어가고 있는 꽃들까지 온통 봄은 꽃들의 잔치다. 그러나 다양한 색상의 봄꽃들도 아름답지만 겨우 내 메말랐던 나뭇가지 끝에서 움터나는 연한 초록 새싹의 움트는 모습도 또 다른 감동이다. 이처럼 봄은 모든 살아있는 나무들이 함께 준비하는 생의 새로운 시작이기 때문이다. 그래서 더 경이롭고 아름다운 것 같다. 4월의 봄이 온산을 싱그러운 초록 물결로 뒤덮고 있다.

작년에 심은 오미자들이 새로운 봄을 위해 힘차게 새싹들을 틔워내고 있다. 그런데 어떤 것들은 벌써 2m가 넘게 자라 지붕까지 타고 올라가는 줄기도 있다. 그러나 아직도 제대로 성장하지 못해 심을 때 크기의 20~30cm 정도의 묘목 그대로 있는 나무들도 있다. 생육조건이 잘 맞지 않기 때문이다. 묘목 뿌리 주변의 비닐을 들춰봤다. 제대로 성장하지 못한 원인을 알 수 있었다. 잡초 제거를 위해 씌워준 잡초 제거 매트 속에서 또 다른 줄기가 땅바닥을 기고 있다. 뿌리도 아니고 그렇다고 줄기도 아닌 것들이 햇볕도 제대로 보지 못하고 비닐 속에서 무성하게 자라고 있었다. 나무뿌리가 힘겹게 뽑아 올린 영양분을 줄기에 모두 집중해서 보내줘도 영양분이 부족할 것이다. 그런데 땅 밑을 기고 있는 보이지 않은 줄기가 모든 영양분을 다 빼앗아가고 있었다. 그러다 보니 줄기가 제대로 성장하지 못하고 있었다. 그러나 땅 밑의 여건이 뿌리에 제대로 도움을 주는 토양들은 줄기를 튼실하게 성장시키고 있었다. 토양에 돌이 많거나 조건이 좋지 못한 장소는 뿌리 활착이 제대로 되지 않는다. 그리고 줄기들의 성장에도 한계가 있었다. 줄기 굵기가 가늘고 줄기의 뻗는 속도가 느린 것이 건강한 줄기와 다르게 성장도 더디고 열매도 모두 작고 부실하다. 결국 땅 위의 모습은 이미 땅속에서부터 토양과 여건에 따라 다르게 나타난다. 뿌리의 영향 때문에 지상 위에서 자라는 줄기와 열매의 성장에 영향을 주고 있었다. 오미자 키우는 것은 가정에서 아이들 양육과 유사하다는 생각이 든다. 가정이란 토양은 나무뿌리가 자리 잡고 활착되는 시기와 같다. 가정이란 환경 속에서 뿌리내림은 자녀들 성장 과정에서도 가장 기본이 되는 핵심이 아닐까 하는 생각이 든다.

잡초 제거 매트 속에 자라고 있는 천근성 뿌리들을 먼저 잘라냈다. 사람들이 어떤 일을 추진할 때도 목표에 집중해야 한다. 그런데 다른 일에 정신 팔거나 주변 사소한 일에 에너지를 낭비할 때는 일이 제대로 성사되지 않는다. 세상 모든 일의 원리가 오미자 묘목의 성장 모습과 별반 다르지 않다는 생각이 든다. 가정에서의 어린아이들의 양육도 땅속 토양과 같이 가정의 역할이 매우 중요하다. 창밖에는 4월의 봄비가 내린다. 봄비 덕분에 산들은 연초록색으로 서서히 옷을 갈아입고 있다. 뿌리가 튼실한 오미자 줄기가 열매도 굵고 수확량도 많을 것이다.

4. 오미자 가지치기

　　우수 경칩이 지났는데도 꽃샘추위가 매섭다. 커튼을 젖히고 창밖을 내다보니 서리가 눈처럼 지붕과 앞산을 덮고 있다. 이른 아침에 오미자 농장에 올라가 봤다. 아직도 스산한 겨울 풍광이다. 오미자 밭두둑을 덮어놓은 검은 비닐 위에 하얗게 내린 서리가 진을 치고 있다. 음지쪽에는 아직도 잔설이 남아 있다. 자연은 조급해하지도 않고 이처럼 계절의 순리를 따르고 있다. 그러고 보니 겨울을 빨리 보내고 싶은 조급한 사람들의 마음속에만 봄이 먼저 온 것 같다.

　　오미자를 제대로 키우려면 늦어도 잎이 피어나기 전인 3월 초까지 무성한 가지를 잘라줘야 한다. 그래야 건강하고 알이 굵은 오미자 열매를 수확할 수 있다. 하루 중 가장 햇살이 따뜻한 오후 2시쯤 농장에 올라가 오미자 가지치기를 시작했다. 전지가위를 손에 들고 오미자 넝쿨을 살펴봤다. 모든 가지마다 봄에 피어날 새잎들이 벌써 작은 콩알 만큼씩 부풀어 오르고 있다. 잘라내야 할지 그대로 그냥 둘 것인지 고민이 생긴다. 그러나 그대로 두면 잎이 너무 무성한 곳은 바람이 잘 통하지 않는다. 통풍이 잘되지 않으면 병충해에도 취약하다. 그리고 열매도 제대로 영글지 못한다. 건강한 성장과 수확을 위해서는 적당한 햇볕과 충분한 영양공급이 필요하다. 그리고 적절한 수분 공급은 필수다. 다 자란 줄기를 잘라내는 것이 무척 아쉽지만 조금 과감하게 가지치기를 해야 굵고 튼실한 열매로 키워낼 수 있다. 그래야 수확도 늘고 좋은 상품이 나올 수 있다. 오늘은 오미자 넝쿨 다섯 곳 중 가장 길이가 짧은 두 곳을 먼저 마무리했다. 오미자 넝쿨의 주가지 옆에 자라고 있는 약한 잔가지와 너무 무성한 쪽의 가지들을 과감하게 잘라냈다. 어느덧 도랑 사이에는 잘라낸 오미자 가지들이 많이 쌓였다. 앞으로도 4~5일은 가지치기를 더 해야 작업이 끝날 것 같다. 가지치기하면서 버려야 할 가지와 계속 키워야 할 가지를 구분하기가 쉽지 않았다. 세상을 살아가면서 우리는 매일 어떤 일에 대해서 선택해야 하는 상황에 자주 직면한다. 하다못해 점심 식사하는데도 어떤 메뉴를 선택할 것인지 고민한다. 이처럼 과수나무 가지치기를 위한 작은 선택 하나도 쉽지 않다.

세계적 대기업들이 생존을 위해 정리해야 할 상황에 봉착하면 그 고충은 어떨까 생각된다. 한때 핀란드를 먹여 살렸던 세계적인 기업 노키아는 변화의 물결을 읽지 못했다. 순간의 잘못된 선택으로 몰락의 길을 걸었다. 이처럼 죽이고 살리는 선택은 작은 오미자 농장이나 기업, 국가 모두가 사활이 걸린 문제가 아닌가 싶다. 아마 그 선택의 결과가 때로는 개인의 삶이나 기업과 국가의 운명을 결정짓기 때문일 것이다. 그러나 더 큰 발전과 성장을 위해서는 읍참마속 泣斬馬謖의 마음으로 과감히 정리해야 한다. 때로는 이처럼 리더의 선택과 집중의 지혜도 필요하다. 그러나 이익만을 위한 선택과 사람을 살리는 선택 중에 후자가 훨씬 더 가치 있는 선택이 아닐까?

5. 고라니의 침실

비가 내린 후의 아침 공기는 무척 싱그럽다. 엊그제 내린 비로 개울물도 많이 불어났다. 산과 들의 푸르름이 한결 더해졌다. 앙상한 가지만 보이던 작은 숲에도 이파리들이 꿈틀대기 시작했다. 남녘 땅에는 이미 잎이 피어 신록의 계절이 되었다고 한다. 그러나 아직도 이곳은 겨울의 끝자락과 봄의 시작이 교차 되는 시점이다. 앙상한 나뭇가지의 가는 줄기 끝에도 봄은 오고 있다. 손톱 크기만한 작은 이파리들이 두꺼운 나무껍질을 뚫고 무수히 많은 얼굴을 내밀고 있다.

마당에 심어놓은 단풍나무 가지 끝에는 새빨간 새싹들이 움트고 있다. 집 앞 입구에 서 있는 산철쭉과 고추나무의 꽃봉오리들도 제법 많이 커졌다. 어제는 비가 그친 후 모처럼 오미자 농장을 둘러봤다. 그물망을 타고 올라간 오미자 줄기에는 연녹색의 작은 새싹들이 탐스럽게 자라고 있다. 2~3일만 지나면 이파리들이 모두 피어날 것 같다. 꽃봉오리 같은 연녹색의 잎이 피기 전의 모습이 참으로 청초해 보인다. 그런데 생각지도 못한 불청객이 나타났다. 오미자밭 중간쯤에 고라니가 누워서 잠잔 흔적이 보인다. 그 주변에는 고라니의 털과 배설물 등이 널려있다. 그동안 잡초가 자라지 못하도록 잡초 방지 매트를 깔아줬다. 그리고 그 위에 차광막을 씌워서 관리해주었다. 그러다 보니 다른 지역보다 아늑하고 바닥에 깔린 잡초 방지 매트가 고라니에게는 낮잠 자기 좋은 자리가 된 것 같다. 이런 조건이 고라니가 이곳을 자기의 침실로 선택한 것이다. 졸리면 종종 내려와서 조용히 잠만 자고 가면 문제 삼을 것은 없다. 그러나 만약 고라니들이 이파리들을 따먹기 시작하면 올해 농사는 망치게 된다. 고라니가 들어오지 못하도록 농장 주변에 철조망 울타리를 설치해야 할지 걱정이 앞선다. 농장 주변 전체를 철조망 울타리로 둘러치기 위해서는 시간과 돈이 많이 들어갈 것 같다. 그래서 고라니들의 무단침입이 반갑지 않은 이유다. 오늘은 아침 일찍 오미자밭 주변을 둘러봤다. 그동안 고라니가 출입한 통로 위주로 봉쇄 방안을 마련하기로 했다.

한 해 농사를 잘 지으려면 이처럼 하늘의 도움도 절대 필요하다. 하지만 함께 살아갈 고라니들의 협조도 무시할 수가 없다. 세상살이는 본인의 의지대로 모든 것이 다 해결되지 않는 것 같다. 자연과 함께 살아가기 위해서는 하늘과 자연과 동식물들의 협조도 필요하다.

결국 전원에서 살려면 이들과도 잘 어울리면서 함께 살아가야 할 것 같다. 고라니들로부터 숙박비를 받는 방법은 없는지 한번 고민해봐야 할 것 같다. 가장 좋은 방법은 서로 상생하는 방법인데 고라니들이 협조해줄지 모르겠다. 첫째, 고라니가 들어오지 못하도록 경고 간판을 붙이자. 둘째, 오미자 밭을 들어오지 않는다는 조건을 수락하면 아침마다 운동하면서 듣고 있는 FM 음악을 들려주자. 비발디의 사계나 베토벤의 영웅, 안단테 등의 음악을 들려주는 조건으로 하면 어떨까 생각해 본다. 내일부터는 바빠질 것 같다. 고라니들에게 한글도 가르쳐야 하고 방송 시스템도 설치해야 할 것 같다.

6. 부메랑

춘분이 지났다. 이제는 해가 많이 길어졌다. 오후 7시까지도 밖에서 작업을 할 수 도 있다. 그러나 오후 해가 기울고 바람까지 가세하다 보니 체감 온도는 아직도 겨울이다. 이번 주에는 농장의 오미자 줄기를 살리기 위한 작업에 전념하고 있다. 나무들이 수분을 빨아올리기 위해 물관의 체표면적이 부쩍 커졌다. 나뭇가지가 더 굵어지기 전에 해치워야 할 시급한 작업이다. 이처럼 봄을 맞이하기 위해 몸도 마음도 바쁜 일상이 되고 있다.

4년 전 오미자 농장을 조성할 때 8m 길이의 쇠 파이프를 구부렸다. 그 쇠 파이프로 터널 뼈대를 만들었다. 그리고 그 위에 나일론 줄로 엮어진 그물망을 덮어씌웠다. 쇠 파이프는 넝쿨식물인 오미자 줄기가 타고 올라갈 지지대를 만들어준 것이다. 오미자 줄기에 주렁

주렁 열리던 가지가 어느 순간부터 서서히 말라죽어간다. 평소 관리하면서 자세히 살펴보고 그 원인을 미리 찾아냈어야 했다. 말라죽어가는 가지를 보면서도 벌레가 뿌리를 갉아먹어 한두 그루 죽는 모양이구나 하고 단순하게 생각했다. 설마 오미자가 타고 올라가라고 씌워놓은 그물망이 원인이 될 줄은 꿈에도 생각을 못했다. 마을 선배 농부가 나일론 그물망은 2~3년 지나면 자동적으로 삭아서 끊어진다고 했다. 아무런 문제가 없을 거라는 조언을 믿고 있었던 것이 화근이 되었다. 작년에 죽었던 20여 그루의 오미자 줄기를 자세히 살펴봤다. 나일론 끈을 감고 올라갔던 오미자 줄기들이 굵어지자 나일론 끈들이 줄기 속으로 파고들어 오미자 물관의 숨통을 끊어 놓고 있었다. 이런 문제 때문에 한참 성장하던 오미자나무들이 죽어갔던 것이다. 지난주부터 오미자 줄기를 감싸고 있는 나일론 그물망을 잘라서 해체해 주고 있다. 그러나 이미 가지가 굵어져서 나일론 끈 자체를 껍질이 뒤덮고 있는 가지들도 많이 발견되었다. 오미자에게 미안하고 죄지은 심정이다. 나일론 끈 그물망을 하나하나 정성껏 잘라내는 작업을 했다. 최초에는 오미자를 키우기 위해 그물망을 씌웠다. 그물망의 끈을 타고 오미자들은 지붕까지 무성하게 잘 자라주었다. 그런데 타고 올라가라고 설치해준 그물망들이 오히려 오미자 줄기의 숨통을 조여주는 형국이 되고 말았다. 어느 정도 줄기가 자란 후에는 그물망을 잘라내 주어야 했다. 심은 지 4년이란 시간이 지나다 보니 이런 현상이 생기고 만 것이다.

문뜩 인간관계도 적당하고 건전한 상태에서 서로 도움을 주고받는 것이 바람직하다. 하지만 그 관계가 잘못되면 오미자처럼 그 인연의 끈이 오히려 상대방을 죽이는 관계로 발전할 수도 있겠다는 생각이 든다. 일상생활 속에서도 인간들의 과욕으로 인해 좋은 관계가 이처럼 서로 부메랑이 될 수도 있다. 간혹 자신의 삶을 한번 되돌아보자. 좋은 인연은 좋은 관계로 계속 발전시켜 나가야 한다. 그렇기 위해서는 내가 조금 손해 본다고 생각하고 양보하며 살면 되지 않을까? 오미자에게서 배운 삶의 교훈이다.

7. 부목의 반란

　한 달 전쯤 소나무 세 그루를 구해 앞마당 잔디밭 한 귀퉁이에 심었다. 어렵게 구한 소나무가 죽지 않고 잘 살기를 바랐다. 물을 좋아하지 않은 소나무의 특성을 고려했다. 나무 심을 장소를 지면보다 약간 높은 곳으로 선택해서 구덩이를 팠다. 구덩이에 부엽토를 넣고 물을 부어주었다. 그리고 물이 땅으로 모두 스며들 때까지 기다렸다가 나무를 심었다. 나무를 심을 때 가장 신경 써야 할 것이 있다. 바람이나 사람에 의해 나무가 흔들리지 않아야 한다. 흔들리게 되면 뿌리 부분에 공기가 들어가 나무뿌리가 활착을 제대로 하지 못한다. 이렇게 되면 말라죽을 확률이 높다. 뿌리가 흔들리지 않도록 나무마다 부목을 3개씩 설치해줬다.

　나무를 옮겨심다 보면 살아날 확률이 가장 낮은 것이 소나무라고 한다. 나무를 심은 후 2~3일 간격으로 물도 주고 지극정성으로 돌봤다. 한 그루는 제대로 뿌리가 활착되어 가지 끝에서 새순이 솟아났다. 이런 현상을 보고 그 소나무는 사는 것이 틀림없다고 좋아했다. 그런데 두 그루는 아직도 자리를 잡지 못하고 몸살을 하고 있다. 어제 해 질 무렵에 물을 주고 나서 안타까운 마음에 소나무들을 자세히 살펴봤다. 소나무를 살리기 위해 세워놓은 세 개의 부목 중 2개에서 새싹이 움트고 있었다.

버드나무의 가지를 잘라다가 대각선으로 묶어서 소나무를 고정한 부목이다. 정작 살아야 할 소나무는 심한 몸살로 생사의 갈림길에 있다. 그런데 소나무를 살리기 위해 옆에 세워준 부목에서 먼저 싹이 나고 있다. 한 마디로 주객이 전도된 모습이다. 부목을 세운 나무들이 강변에 서있던 버드나무 가지를 잘라서 사용했다. 원래 버드나무는 아무 곳이나 꽂아놓기만 해도 잘 사는 나무다. 이런 현상을 살펴보면서 일상에서 전혀 의도치 않은 현상이 간혹 발생하기도 한다. 현재 시중에서 팔리고 있는 비아그라는 전 세계에서 6초에 한 개씩 팔리는 최고 의약품이라고 한다. 그런데 이 약은 실제 원래 심장병 약으로 야심차게 개발된 것이었다고 한다. 그런데 실제 심장에는 별 효과가 없는 반면 전혀 예기치 못한 곳에서 효과가 발휘되었다. 비아그라는 오늘날 최고의 인기 의약품으로 날개 달린 듯 팔리고 있다. 참으로 재미난 현상이다. 지주목으로 세워놓은 부목에서 움트고 있는 새싹들을 보면서 버드나무의 강한 생명력에 감탄을 금할 수 없다. 심장 약으로 개발된 비아그라가 심장 약보다는 전혀 예기치 못한 분야에서 더 각광받고 있다.

어쩌면 인간들의 생각은 조물주의 혜안을 따라잡지 못한 것 같다. 가끔 우리 일상에서 이처럼 전혀 예기치 못한 일들이 새로운 충격과 감동으로 다가온다. 때로는 우리 주변의 이런 돌발 현상들이 가끔은 비아그라처럼 세상을 바꾸는 단초가 되기도 한다. 부목들의 반란으로 소나무는 죽고 부목이 살아남을 수도 있을 것 같다. 종종 인간들의 삶 속에서도 이런 현상이 나타나기도 한다. 소나무가 살아날지 부목만 살아남을지 무척 궁금하다. 신도 이런 자연현상을 바라보고 있을 것이다. 빙긋이 웃으면서…

8. 오디 수확

자고 일어나니 반가운 빗소리가 들린다. 그동안 하도 가물어 밭 작물이 타들어 갔다. 앞마당의 잔디마저 생기를 잃어 말라가고 있었다. 비가 많이 내리기를 바랬다. 어제 바비큐장 작업하느라 탁자들을 밖에 내놓고 비 맞지 않도록 사전 대비를 못했다. 비가 많이 오지 않을 것이라는 안이한 판단과 게으름 때문이다. 비 가림을 못하고 그냥 방치한 것이 잘못이다. 비에 젖은 나무 탁자들이 안쓰럽다. 마음이 불편하지만 모처럼 내리는 빗소리를 즐기는 것이 오히려 더 마음이 편할 것 같다.

어제는 뒤뜰 언덕에 자라고 있는 뽕나무에서 오디를 수확했다. 4~5년 전 언덕 돌 틈 사이에 어디선가 씨가 날아와 자랐다. 작은 뽕나무 한 그루를 뽑아버리지 않고 그냥 뒀더니 사람 키보다 더 커졌다. 나무 굵기도 사람 팔뚝만큼 굵어졌다. 작년부터 오디가 한두 개씩 열리기 시작했다. 그런데 올해는 새까만 오디가 잔뜩 열렸다. 오디 열매는 작지만 가지가 찢어질 정도로 많이 열렸다. 새들이 먼저 따먹고도 남아 땅으로 떨어진 오디도 제법 많다. 개미와 진딧물들이 먹고도 내가 얻어먹을 양은 충분했다. 한 마디로 신이 내린 귀한 선물이자 자연이 준 최고의 음식이다. 며칠 전 동네 철물점에 가서 오디 수확용 그물망을 구입했다. 그리고 뽕나무 밑에 쳐놨더니 제법 많이 떨어졌다. 떨어진 오디를 아내가 열심히 손질해 우유와 함께 믹서기로 갈아서 마셨다. 오디 주스를 한 잔 마셨더니 몸도 마음도 상쾌해진 것 같다. 덕분에 뒷뜰에는 새들도 모이고 개미와 작은 풀벌레들까지 모여든다. 사람까지 함께 합세하니 제법 분주한 공간이 되었다. 역시 세상은 어느 곳이나 먹을 것이 있어야 북적거리는 것 같다. 우리 옆 동네 마을 이름이 잠곡마을이다. 이름만 봐도 과거 이 지역은 옛날부터 뽕나무를 재배해 누에를 쳤던 곳이라고 알 수 있다. 주변에는 야생 뽕나무들이 제법 많이 자라고 있다. 뽕나무 잎으로 과거에는 누에를 키워 비단을 만들었다. 그리고 뿌리와 줄기는 약용으로 쓰이고 오디는 열매로 먹었다. 그러나 요즘은 누에고치에서 실을 뽑아 비단을 만드는 일은 점점 사라져가고 있다. 그러나 뽕잎의 효능을 아는 사람들은 뽕잎으로 차를 만들어 먹는다. 그리고 뽕잎 장아찌를 담가 먹는 사람들도 있다고 한다. 웰빙well-being의 삶 덕분에 뽕나무도 이제 옛날처럼 다시 대접받는 시대가 되었다. 이처럼 뽕나무는 버릴 것이 하나도 없는 나무로 사람들에게 매우 유용한

나무다. 이런 뽕나무가 공짜로 생겼으니 참으로 감사한 일이다.

　뽕나무처럼 사람들과 새들, 그리고 풀벌레들까지 모두 선호하는 오디 같은 사람이 되면 좋겠다. 이처럼 모두가 즐겨 찾는 이유는 뽕나무의 오디가 모두에게 유익하기 때문이다. 우리 사는 세상이 뽕나무처럼 유익한 사람들로 채워지면 좋겠다. 모두의 입을 즐겁게 해 주고 건강을 주는 오디에게 감사한다. 입술에 보라색 오디 물이 조금 들어도 괜찮다. 오디 같은 사람이 많아지면 널리 사람을 이롭게 하라는 "홍익인간" 세상이 훨씬 더 빨리 정착되지 않을까? 소망해 본다.

9. 잡초와 진딧물

어쩌면 이 세상은 가장 하찮은 미물들이 가장 강한 존재가 아닌가 싶다. 어제는 텃밭 잡초를 제거했다. 그러다가 진딧물들에게 공격당해 양쪽 귀가 당나귀 귀가 되고 말았다. 텃밭 주변 잡초를 제거하고 그 자리에 옥수수와 들깨를 심자는 아내의 말에 공감하고 벌인 일이었다. 쉽게 해결하려면 제초제를 뿌리면 간단히 해결된다. 하지만 그렇게 되면 잡초뿐만 아니라 땅속 미생물들도 함께 죽는다. 그래서 손으로 잡초 한 포기 한 포기를 뽑아야겠다고 생각했다. 지극히 비생산적이고 미련하고 아둔한 방법을 택했다.

칡넝쿨부터 시작해서 애기똥풀꽃, 쑥, 달맞이꽃, 쇠뜨기, 뚝새풀, 괭이밥, 질경이, 바랭이, 바람하늘지기 등이다. 다양한 잡초들이 제자리를 잡고 자라고 있었다. 지난 5월 초에도 한번 뽑았다. 그러나 잡초의 성장 속도는 무서우리만치 빠르다. 오늘은 큰맘 먹고 잡초를 모두 뽑아버리고 좋은 텃밭을 만들어주겠다는 각오로 시작했다. 잡초 뿌리가 뽑혀 나간 자리에는 개미, 지렁이뿐만 아니라 하루살이 등 이름 모를 진딧물들이 사방으로 흩어진다. 그러나 지렁이와 개미 등 땅 밑에 사는 녀석들은 도망가기에 바쁘다. 하지만 풀숲에 사는 작은 하루살이부터 수많은 진딧물들이 자기들의 터전을 파괴한 침입자를 공격한다. 작업 시 모자도 쓰고 장갑을 끼고 작업을 시작했다. 그러나 노출된 목, 귀, 이마 등은 계속 그들의 공격 목표가 된다. 특히 일하다 보면 땀이 많이 나게 된다. 이 녀석들은 끈적거리는 땀 냄새가 좋은지 공격이 더 심하다. 이렇게 하루살이와 진딧물들과 싸우면서 제초 작업을 모두 맞췄다. 샤워하고 식사 후 하루 일을 마감했다. 그런데 이들과의 전쟁은 이것으로 모두 끝난 것이 아니다. 잠을 자려고 해도 그들에게 공격당한 이마, 목, 귀 부분은 밤새 가렵다. 자꾸 긁다 보니 피부가 붉게 되면서 계속 부풀어 오른다. 특히 귀 뒷부분의 연약한 피부가 크게 부풀어 올랐다. 졸지에 당나귀 귀가 되고 말았다. 이들이 공격하기 좋은 곳이 아마도 귀 뒷부분이었던 것 같다. 밤새 잠 못 이루고 가려워 긁으면서 문뜩 깨달은 것이 하나 있다. 사람들은 애기똥풀꽃이나 달맞이꽃을 잡초라고 부른다. 하지만 인간들에게 유용한 밭작물들도 그들 입장에서 볼 때는 똑같은 잡초로 보일 수도 있을 것 같다.

텃밭을 조성하기 위해 그들의 터전을 파괴했다. 그리고 그 풀숲에서 함께 살아가는 수많은 진딧물들과 이름 모를 미생물들을 모두 쫓아냈다. 화가 난 진딧물들이 인간들에게도 자기들 소리를 제발 좀 들어달라고 한 것 같다. 내일은 진딧물들이 만들어 준 당나귀 귀로 그들 이야기를 한번 들어봐야겠다. 그동안 돈 주고 샀다고 지구 한 귀퉁이 작은 땅이 내 땅이라고 좋아했다. 그런데 알고 보니 그 땅의 실소유주는 태초부터 진딧물들과 미생물들의 땅이었다. 그래서 사람들은 착각은 자유라고 했던 것 같다. 태초부터 그 땅은 내 땅이 아닌 그들 소유의 땅이었다.

10. 코스모스와 들깨

집 현관 앞 작은 화단에는 키 큰 코스모스와 키 작은 들깨가 함께 서있다. 가을을 대표하는 코스모스는 이제 꽃봉오리가 하나씩 맺히고 있다. 그 사이에 무질서하게 서있는 들깨는 그동안 크게 자란 이파리부터 따서 쌈도 싸 먹는다. 때로는 작은 이파리도 따서 국에 넣어 향긋한 들깨 향을 음미하면서 먹는다. 코스모스는 사람들의 눈을 즐겁게 해주는 꽃이다. 반면에 들깨는 사람들의 입을 즐겁게 해주는 식물이다. 이파리 따서 먹는 것을 생각해 보면 채소다. 그러나 씨를 털어서 들깨로 먹는 것을 보면 곡식이다. 잘 어울리지 않을 것 같은 두 식물이 한자리에서 같이 자라고 있다.

얼마 전 연세대 '송복' 교수가 펴낸 『특혜와 책임』이란 책에서 "한국 고위층들 자기 자리에 걸맞은 자기 훈련 결여로 천민성을 드러내고 있다."고 질타하고 있다. 자기 훈련 결여뿐만 아니라, 가정과 학교 교육의 문제, 그리고 시대 분위기도 일조했다고 본다. 인류 역사에서 한 국가의 발전은 그 시대의 지도층에 있는 사람들의 정신과 자세에 달려 있다. 지도층의 정신과 자세가 올바른 시대에는 국가가 흥했다. 그러나 이들의 자세가 흐트러지면 강대국의 속국이 되거나 나라는 망했다. 오늘날 대한민국 사회에서 권력과 부와 명예를 가진 사람들은 과연 이 사회에 필요한 사람들일까? 이들이 도덕적 의무와 책임을 회피한다면 우리 사회는 더 이상 희망이 없다. 학자는 자신의 학문에 대한 권위와 명예가 돈이나 권력보다 우선 되어야 한다. 나라의 법질서를 지킬 법조인은 자신의 권위와 자긍심이 돈을 하찮게 볼 줄 알아야 한다. 그리고 국가의 운명을 책임진 정치가는 오직 역사와 국민 앞에서 국가의 백년대계를 내다보는 식견과 통찰력이 뛰어나야 한다. 그리고 돈과 권력의 굴레를 초월해야 한다. 기업인은 벌어들인 부로 국가 발전에 기여한다는 사명감을 가져야 한다. 오늘날 우리 사회는 모든 것이 돈의 굴레를 벗어나지 못하고 모두가 돈의 노예가 되고 있다. 평생을 힘들게 쌓아온 자신의 권위와 명예가 돈의 유혹에 못 이겨 무너지고 있다. 하루아침에 자신의 신세를 망치고 패가망신한 사람들을 주변에서 자주 본다. 코스모스는 청초한 가을꽃으로 사람들의 마음을 기쁘게 해준다. 그리고 들깨는 들깻잎의 고유한 향과 고소한 들깨의 맛으로 사람들의 입을 즐겁게 해준다. 각계각층의 사람들이 자신의 위치에서 코스모스와 들깨처럼 사람들에게 유익한 존재가 되어야 밥값 하는 것이다.

골절된 손가락 아픔을 극복하고 리우올림픽에서 금메달을 획득한 박인비 선수의 선행이 보기 좋다. 불우이웃을 위한 성금 1억 쾌척에 박수를 보낸다. 그리고 부산 지하터널에서 전복된 유치원 차량에서 어린이들을 구한 이름 없는 시민들의 모습에서도 우리는 희망을 본다. 들깨와 코스모스가 한자리에 같이 자라면서 눈을 즐겁게 해주고 입을 즐겁게 해준다. 제법 괜찮은 조화다. 이들처럼 모두가 함께 어울리면서 각자의 위치에서 자기 소임을 다 하자. 그 모습들이 이 시대를 살아가는 우리들의 책무가 아닐까?

11. 고구마 수확

올해는 어느 해보다 고구마 줄기가 무성하게 자랐다. 많은 수확을 기대하면서 고구마 캐는 날을 기다렸다. 자라는 과정에서 너무 무성한 고구마 줄기를 서너 차례 잘라 줬다. 그리고 땅속 고구마들이 굵어지기를 바라면서 정성껏 가꾸고 키웠다. 고구마를 캐기 위해 먼저 고구마 순을 모두 걷어냈다. 잘려 나간 고구마 줄기는 싱싱하고 굵어서 그냥 버리기가 아까웠다. 과거 우리 부모님들은 고구마 줄기도 버리지 않고 꺾어서 나물이나 반찬으로 즐겨 먹었다. 지금도 식이섬유가 풍부한 고구마 줄기는 웰빙well-being 식품으로 각광받고 있다.

고구마를 캐기 위해 줄기를 먼저 걷어내고 잡초가 자라지 못하도록 도랑에 깔았던 부직포를 모두 걷어냈다. 밭이랑에 덮었던 검은색 비닐도 벗겨내 쓰레기봉투에 담아서 버렸다. 모든 밭의 이랑마다 비닐을 씌운다. 전국적으로 따지면 버리는 비닐의 양도 만만치 않을 것 같다. 검은 비닐과 부직포를 모두 걷어낸 도랑과 이랑은 흙의 속살을 드러낸다. 그런데 이상한 점을 발견했다. 수확철이 되면 고구마를 심은 밭은 땅속에서 고구마가 커져 밭두둑이 불룩해진다. 그 현상은 땅이 갈라진 모습이다. 그런데 지금은 밭두둑이 갈라지거나 불룩해진 곳을 찾아볼 수가 없다. 밭이랑을 따라 고구마를 열심히 캤다. 그런데 고구마 줄기는 옥수수염처럼 실뿌리만 잔뜩 매달고 있다. 가늘고 작은 고구마가 한두 개씩 땅속에서 딸려 나올 뿐이다. 올해 고구마 수확은 어느 해보다 못한 흉작이다. 캐낸 고구마를 몇 개 쪄서 아내와 함께 간식으로 먹어봤다. 고구마 고유의 향이나 깊은 맛도 없고 심심하다. 고구마를 심어놓고 잡초가 나지 못하도록 이랑에는 검은색 비닐을 씌웠다. 도랑에는 부직포를 깔아 잡초 퇴치에는 성공했다. 그러나 고구마다운 고구마를 재배하는 데는 실패했다. 고구마가 제대로 자라기 위해서는 주변의 잡초들과 싸우면서 자생력을 키워줘야 했다. 고구마는 옛날처럼 맨땅에다 고구마 줄기를 꺾어서 심어야 한다. 고구마 줄기 대신 포트에 심어진 고구마 모종을 가져다 심은 것도 실패의 원인이 된 것 같다. 맨땅에서 자라면서 수분과 햇볕, 그리고 지력을 충분히 받고 자라야 한다. 그래야 주변의 잡초들과 싸우면서 자라서 제대로 된 고구마가 될 수 있다. 그런데 온실 속의 화초처럼 재배하다 보니 잎만 무성했다. 수확량도 적고 맛없는 고구마가 되고 만 것이다. 초보 농부의 어설픈 지식으로 편함만 추구했다.

　그러다 보니 고구마다운 고구마를 키워내지 못하고 한 해 농사를 망치고 말았다. 식물이나 사람도 이처럼 지나친 과보호를 하면 제대로 성장할 수 없다는 교훈을 새삼 깨닫는다. 오늘날 우리 자녀들의 양육방식과 교육풍토도 이와 별반 다르지 않다는 생각이 든다. 『중용中庸』의 과유불급過猶不及이 생각난다. 고구마는 제대로 키우지 못하고 고구마를 키우는 과정만 편함을 추구하다 보니 생긴 결과다. 본질은 망각하고 편함만 추구한 과유불급過猶不及이 만든 선물이다.

12. 고추처럼 필요한 삶

주변 들판과 산은 어느새 초록에서 적색과 황금색으로 물들고 있다. 아침저녁의 큰 일교차와 지붕 위에 내린 하얀 서리가 가을이 왔음을 알린다. 농부들의 걸음걸이와 손놀림이 바빠지는 계절이 되었다. 엊그제는 고구마와 땅콩을 수확했다. 그리고 어제는 들깨를 베어서 말리고 고추밭을 정리했다. 아직도 고추나무에 매달린 익은 고추와 풋고추는 따서 김장할 때 따로 쓰기로 했다. 뽑아낸 고추나무는 싱싱한 이파리는 따서 뜨거운 물에 데쳐서 말렸다. 말린 고추 이파리는 겨우내 나물로 무쳐서 먹을 수 있다. 한 마디로 고추는 이파리부터 열매까지 어느 것 하나 버릴 것 없는 매우 유용한 식물이다.

『한국민족문화대백과사전』에 의하면, 고추는 가짓과에 속하는 일년생 초본식물이다. 중부 아메리카가 원산지이다. 사람들은 옛날부터 우리 겨레가 먹어온 것으로 알고 있다. 그러나 실제로는 17세기 초엽에 전래된 식품이다. 16세기에 중국에서 발간된 '본초강목'에 고추에 관한 언급이 없다. 일본의 '초목육부경종법'에는 1542년 포루투칼 사람이 고추를 전해졌다고 기록되어 있다. 이런 기록들을 종합해 보면, 고추가 일본에서 전래되었다는 것을 알 수 있다. 중국에서 들어온 새로운 품종과 일본에서 들어온 품종, 그리고 우리나라에서 육성된 품종이 서로 교류되어 오늘에 이르렀다고 볼 수 있다. 오늘날에는 지방에 따라 여러 품종이 생겨나서 그 숫자가 무려 100여 종에 이른다. 고추의 매운 특성은 캡사이신capsycine이라는 성분 때문이다. 캡사이신은 기름의 산패를 막아주고 젖산균의 발육을 돕는 기능을 한다. 김치에 젖산균을 넣게 된 것은 고추가 전래된 이후인 1700년대 말엽부터다. 캡사이신이 산패를 막아 비린내가 나지 않도록 하기 때문이다. 우리나라 김장용 고추는 미국의 타바스코, 터키산스, 일본의 다카노주메와 같은 품종보다 캡사이신은 3분의 1, 당분은 2배 정도 더 들어 있다. 이런 이유로 매운맛과 단맛이 잘 조화되어 있다. 특히 고추는 비타민 A의 공급원이다. 그리고 비타민 C의 함량이 많아서 감귤류의 2배, 사과의 50배나 된다고 한다.

고추는 김장하는데 꼭 필요한 필수 재료이다. 고추장을 담그고 생고추는 채소로 고추장이나 된장에 찍어서 먹는다. 그리고 고추를 반으로 쪼개서 그 속에 두부나 고기를 넣어 전으로 부쳐먹기도 한다. 고춧잎은 어린 열매와 함께 졸이거나 데쳐서 나물로 먹는다. 가을에 빨갛게 익은 고추는 말려서 고춧가루를 만든다. 그리고 수확이 끝난 고추나무는 버려지기 전에 이파리까지 모두 사람들에게 주고 간다. 사람들에게 유용하고 많은 영양분을 끝까지 나누어주고 가는 참으로 귀한 나무다. 고추 먹고 사는 사람들이 고추의 소중한 가치를 알았으면 좋겠다. 고추가 없으면 김장도 담글 수 없고 간장과 된장도 만들 수 없다.

우리 사는 세상이 고추처럼 유용한 사람들로 더 많이 넘쳐났으면 좋겠다.

13. 9월은 오미자가 익어가는 계절

비가 그치고 난 아침 하늘은 쪽빛으로 빛난다. 결실의 계절 9월이 열렸다. 가을의 시작인 9월은 수확의 계절이다. 혹한의 겨울이 물러가고 시작된 초봄부터 농부들은 바쁘고 고된 삶을 살아간다. 모든 농작물은 씨 뿌리는 파종시기를 준수하는 것이 무엇보다 중요하다. 너무 빨리 심게 되면 뒤늦은 꽃샘추위로 얼어 죽기도 한다. 그리고 시기를 놓치고 나서 씨를 뿌리거나 모종 시기를 잘못 맞추면 수확이 부실할 수밖에 없다. 이처럼 농사짓는 일 하나하나가 결코 쉽지 않다. 이런 힘든 일을 극복한 농부만이 가을에 결실의 기쁨을 얻을 수 있다.

이육사의 7월은 청포도가 익어가는 계절이다. 하지만 내 고장 9월은 오미자가 익어가는 계절이다. 짙푸른 오미자 터널 속에 석류알처럼 빨갛게 익어 주렁주렁 매달린 오미자가 탐스럽다. 15년 전 이곳에 처음 와서 텃밭에 고추, 상추, 가지, 오이, 땅콩 등의 밭작물을 무려 13가지나 심었다. 의욕만 앞선 어설픈 농부의 농사짓기는 끈질긴 잡초의 번식력과 병충해에 굴복하고 말았다. 5년간 많은 시행착오와 실패를 거듭했다. 3년 전 주변의 권유로 오미자 작목반에 가입했다. 오미자 농장 조성은 마을 이장님의 조언과 도움이 컸다. 아치형 철제 폴대를 세워 다섯 개 동의 오미자 심을 터널을 먼저 만들었다. 철제 아치 위에 그물망을 씌워 덩굴식물인 오미자가 타고 올라갈 지지대를 만들어주었다. 오미자 묘목 1,000여 그루를 가까운 양구에서 구입했다. 밭이랑을 만든 다음에는 계분 거름을 충분히 뿌려주어 토양을 비옥하게 해줬다. 그리고 잡초가 나지 못하도록 이랑에는 검은 비닐을 씌웠다. 바닥에도 검은색 잡초 방지 매트를 깔고 그 위에 차광망을 한 겹 더 씌웠다. 그 덕분에 그동안 잡초 때문에 고민하지 않아도 되었다. 구입한 묘목을 60cm 간격으로 심었다. 그물망을 타고 올라갈 수 있도록 보조 끈을 묶어서 그물망으로 오미자 줄기를 유도했다. 매년 봄과 가을에 거름을 주었다. 효소로 담았던 매실과 솔잎 찌꺼기를 큰 통에 넣고 발효시켰다. 발효된 효소를 물과 5:1로 희석시켜 주었다. 그리고 오미자 잎에 엽면시비를 3회 해줬다. 그 덕분인지 오미자들은 큰 병충해 없이 건강하게 잘 자라줬다.

3년이 지나서 드디어 붉은색 오미자가 주렁주렁 매달렸다. 그동안 투자한 돈과 시간과 땀의 결실이다. 지난주부터 고객들의 주문이

있어 오미자를 판매하고 있다. 감사하고 또 고마운 일이다. 오미자
는 신맛, 단맛, 쓴맛, 짠맛, 매운맛 5가지 맛이 난다. 어떻게 보면 오
미자의 맛이 세상살이 맛과 똑같지 않나 싶다. 그리고 이런 오미자
의 다섯 가지 맛 때문에 진딧물과 해충이 없는 장점도 있다. 인간들
이 좋아하는 다섯 가지 맛을 새나 진딧물들이 싫어하는 것 같다. 이
또한 감사하고 고마운 일이 아닌가 싶다. 내 고장 9월은 신맛, 단맛,
쓴맛, 짠맛, 매운맛을 두루 갖춘 오미자가 익어가는 결실의 계절이
다.

14. 진시황이 찾았던 오미자

오미자의 종류에는 북오미자, 남오미자, 흑오미자 등이 있다. 북오미자는 주로 태백산맥 일대에서 많이 자란다. 남오미자는 남부 지역의 섬 지방, 흑오미자는 제주도에서 자란다. 우리나라를 비롯해 일본과 러시아의 사할린, 중국 등지에서 생산되며 오미자는 단맛, 신맛, 짠맛, 쓴맛, 매운맛 5가지 성분을 모두 담고 있다. 해발 200~1,600m에 걸쳐 분포되어 자라고 있다. 오미자는 특히 일교차가 큰 고랭지에서 재배되는 것이 약효가 뛰어나다고 한다.

충남 농업기술원 인삼약초연구소 '이가순' 박사는 "리그난은 85% 이상이 오미자 씨에 들어있다. 씨를 먹어야 항암, 항산화 등 제대로 된 건강 효과를 누릴 수 있다."고 한다. 리그난 종류 중 가장 많은 것이 '쉬잔드린'이다. 그리고 그 다음으로 '고미신' 성분이 많이 들어있다. '쉬잔드린'은 신생혈관 생성을 억제해 암세포의 전이를 저해하는 항암효과가 있다고 알려져 있다. 그리고 '고미신'은 지방분해 성질을 가지고 있다. 특히 오미자 씨에 든 지방은 73%가 '리놀레산'으로 나타났다. '리놀레산'은 몸에 좋은 식물성 오메가-3 지방산으로 심혈관질환 예방에 도움이 된다. 오미자를 차로 끓여 마시면 원기 회복과 소화 촉진에 도움이 된다. 그리고 말린 오미자와 함께 황률과 대추를 섞어 끓이거나 미삼을 넣고 오래 달여 마시면 빈혈에도 좋다고 한다. 이 밖에도 혈액순환에 도움을 주며 원기를 빨리 회복시켜준다. 그리고 시력과 심장을 튼튼하게 해주며 숙면 효과도 뛰어나 불면증이 있는 사람에게도 좋은 열매라고 한다.

오미자를 먹는 방법은 세 가지가 있다. 첫째는 오미자와 백설탕을 1:1로 섞어 3~12개월간 우려 밀봉해둔다. 숙성 후 오미자청을 만들어 찬물이나 탄산수에 희석시켜 음료수처럼 마시는 방법이다. 두 번째는 오미자를 건조시켜 뜨거운 물에 넣어 차처럼 우려먹는 방법이다. 세 번째는 오미자청 찌꺼기에 든 씨나 건조한 오미자 전체를 갈아서 샐러드나 반찬에 뿌려 먹으면 된다. 그리고 오미자 씨앗을 기름을 짜서 먹어도 좋다. 한 마디로 오미자는 버릴 것이 하나도 없는 건강에 매우 좋은 열매다. 우리 집 오미자는 잡초를 제거하기 위해 제초제도 살포하지 않았다. 알이 굵어지라고 살포하는 성장촉진제도 사용하지 않은 건강한 오미자다. 그리고 화학비료를 사용하지 않고, 계분 거름과 액비 효소로 키운 자연 친환경 오미자다.

2500년 전 중국의 진시황제가 제주도까지 사람을 보내 불로초를 찾았던 것이 혹시 오미자가 아니었나 싶다. 그러나 진시황은 중국 천하를 통일하고도 50세에 세상을 하직한다. 아마도 오미자를 구하지 못해 본인은 먹어보지 못한 것 같다. 이런 좋은 불로초를 먹는다면 진시황보다는 훨씬 더 장수할 수 있지 않을까 싶다. 하긴 우리나라 사람들의 2023년 기대수명이 84세로 세계 최장수 국가다. 100세 시대를 추구하는 것을 보면 사람들은 남몰래 오미자를 계속 먹었는지도 모르겠다. 지금 우리는 진시황보다 2배나 오래 사는 시대를 살고 있다.

15. 잡초가 무성한 이유

예로부터 농사짓는 농부는 부지런함이 기본이다. 이른 새벽부터 일어나 해가 질 때까지 허리 한번 제대로 못 펴고 일에 묻혀 산다. 다른 생각 없이 현재 농사짓는 일에 모든 걸 투자한다. 시간에 구애받지 않고 오로지 그 일에 전념하기 때문에 가능한 일이다. 오죽했으면 논밭에서 키우는 농작물들도 농부의 발소리를 듣고 자란다고 했을까? 하루도 거르지 않고 논밭을 돌보는 농부는 그날그날 자라는 잡초를 보이는 대로 뽑아주면 간단히 해결된다.

그러나 논밭을 자주 돌보지 않다가 한참 후에 올라가 본다. 그럴 때는 논밭에서 키우는 농작물보다 잡초가 더 무성해져 있다. 잡초가 무성한 이유를 어떤 선배는 이렇게 이야기한다. 논밭의 농작물은 인간이 키운다. 그러나 잡초는 신이 키운다. 그러기 때문에 인간은 결코 신을 이길 수가 없다고 한다. 그동안 블로그 홈페이지를 자주 둘러볼 시간적 여유와 마음의 여유가 없어 방치했다. 어느 날 사이트를 열어보니 엄청난 양의 잡초가 기승을 부리고 있다. 그것도 한두 개가 아니라 무려 1천 200여 개의 스팸메일이 깔려 있다. 이런 짓을 한 사람이 누굴까 하고 생각해 본다. 참으로 할 일 없는 사람이란 생각이 든다. 이런 노력과 열정을 유익한 일에 투자하면 훨씬 더 멋진 삶을 살아갈 수 있을 터인데 안타깝다. 스팸메일을 모두 지웠다. 앞으로는 매일매일 논밭을 돌보는 농부의 마음으로 사이트를 관리하고 돌봐야겠다. 인터넷상에 떠도는 이런 잡초는 책상에 앉아 몇 시간만 투자하면 간단히 해결할 수 있다. 그러나 우리들의 마음속에 자라고 있는 잡초는 어떻게 제거해야 치유될 수 있을까? 아침에 일어나 명상하면서 마음을 정화시키자. 그리고 일과가 끝나면 잠자리에 들기 전 하루를 반성하는 삶을 생활화하자. 마음속의 잡초를 제거하는 방법이 되지 않을까 싶다. 그리고 이런 삶의 자세가 바로 자신의 마음을 정화시켜줄 것이다. 세상을 살아가는 슬기로운 방법이고 좋은 지혜가 아닐까 싶다. 농부의 잡초 제거 방법이나 컴퓨터에 기승을 부리는 잡초(스팸메일) 제거 방법이나 그 조치가 비슷하다. 일단은 부지런히 자신의 텃밭을 관리하고 감독하는 것이 첫 번째 조치다.

　　모처럼 파란 얼굴을 드러낸 겨울 하늘이다. 스산한 겨울바람이 밭 언덕에 서있는 갈대를 흔들고 지나간다. 세상 사람들은 먹고살기 위해 아등바등 바쁘게 산다. 그러나 훗날 지구를 떠날 때는 모두 다 빈손 쥐고 떠난다. 하찮은 이해타산과 공명심에 들떠 삶의 방향도 제대로 못 잡고 그냥 바쁘게만 산다. 나는 그들과 무엇이 다를까? 앞으로는 텃밭 관리도 더 열심히 해야겠다. 그리고 내 마음속의 잡초와 컴퓨터에 제멋대로 기승을 부리는 잡초 제거에도 신경 쓰고 살자. 논밭의 잡초는 신이 키우니 그냥 포기하자. 그러나 내 마음속의 잡초와 컴퓨터 내의 잡초는 내 의지대로 제거하면서 살아가자.

IV

하모니효

Harmony

1. 해운대 도깨비불의 정체

　　부산 해운대는 여름철 관광지로 국내외 많은 관광객이 찾는 관광명소다. 그러나 최근 북극곰 수영 대회가 열렸다. 그 때문에 추운 겨울철에도 찾는 사람들이 많아졌다. 해변의 고층 빌딩군과 함께 주변의 숲과 자연경관이 아름답다. 그리고 바다의 시원한 풍광을 보고 즐길 수도 있다. 주변의 멋진 경관은 이국적인 풍광을 만들어 많은 국내외 관광객이 찾는 곳이다. 그런데 얼마 전부터 해운대 밤바다에 밤마다 도깨비불이 나타나 사람들을 놀라게 하고 있다. 어느 방송사에서 도깨비불의 정체를 파헤치기 위해 취재를 시작했다.

　　칠흑같이 캄캄한 밤바다 위에 파도를 타고 이동하는 빨간 불이 취재진의 카메라에 포착됐다. 빨간 불빛은 바다 위에서 한참을 파도의 물결에 따라 좌우로 움직였다. 그러더니 불빛이 육지를 향해 점점 가까워지고 있었다. 멀리 수평선 위에서부터 희뿌연 여명이 밝아지기 시작했다. 그 무렵 바다 위에서 이동하던 불빛은 바닷가까지 들어오고 있었다. 도깨비 불빛이 산으로 올라가기 위해 이동하고 있는가 하는 생각이 들었다. 빨간 불빛은 도깨비불이 아니었다. 그 불빛은 겨울 밤바다에서 수영을 즐기는 사람이 몸에 지닌 불빛이었다. 빨간 불빛은 밤바다를 항해하는 선박들에게 자신의 안전을 위해 몸에 매달고 있는 위치표시 등불이었다. 한여름도 아니고 매서운 겨울 추위 속에서 밤마다 수영을 즐기는 사람의 인내력과 의지가 놀랍다. 그런데 더 놀라운 것은 밤바다 수영을 즐기는 사람은 젊은 사람도 아니고 남자도 아닌 65세 할머니였다. 왜 추운 겨울에 밤바다 수영을 하느냐고 물었다. 할머니는 건강하게 살기 위해 수영을 즐긴다고 하였다. 취재진이 할머니의 일과를 추적하기 위해 동반 취재를 했다. 그 과정에서 할머니가 수영하시는 진짜 이유가 밝혀졌다. 할머니에게는 시각장애인 딸이 시집을 가서 같은 아파트에 살고 있었다. 할머니는 매일 딸집에 가서 가사를 돌봐주고 있다고 한다. 할머니는 자기가 건강하게 오래 살아야 장애인 딸의 살림을 오랫동안 돌봐줄 수 있다고 생각했던 것이다. 그래서 밤마다 수영을 하게 되었다고 한다.

추운 겨울바다에 뛰어든 65세 할머니의 모정이 눈물겹다. 아무런 보상도 대가도 기대하지 않은 순수한 어머니의 참사랑이다. 우리네 어머니들의 끝없는 자식 사랑은 이처럼 계속되고 있다. 세상이 변하고 시대가 바뀌어도 부모사랑은 변함이 없다. 세상이 아무리 바뀌어도 변하지 말아야 할 소중한 가치가 있다. 부모의 자식 사랑과 자식의 부모 공경이다. 그런데 세상이 변했다. 자식들이 부모를 구타하거나 가혹행위를 해도 부모들은 신고하지 않는다. 내 자식이 남들로부터 손가락질 받고 죄인이 되는 것이 두렵기 때문이다. 그것이 바로 부모의 끝없는 자식 사랑이다.

2. 아버지의 존재

"엄마가 있어서 나는 참 좋다, 언제나 먹을 것을 주는 냉장고가 있어 나는 좋다, 그리고 항상 나와 놀아주는 강아지가 있어서 나는 좋다, 그런데 아빠는 왜 있는지 모르겠다." 몇 년 전 인터넷에 떠돌던 어느 초등학생이 썼다는 시다. 당시 아빠의 존재는 애완견 강아지보다 못했다. 냉장고보다도 못한 존재였다. 왜 이 시대 아버지들의 존재가 이처럼 추락했을까? 참으로 안타까운 세상이다.

매일 아침 TV를 틀면 자녀 폭행, 부모 학대 등의 패륜범죄의 안타까운 뉴스를 접한다. 우리 사회의 근본이 무너지고 있다는 생각이 든다. 최근에는 부모들의 지나친 자녀 학대로 자녀의 생명을 해치는 사람들도 있다. 짐승보다 못한 사회가 되고 말았다. 그동안 우리는 동방예의지국이고, 공자가 그리워하는 군자의 나라라고 자부하고 살았다. 그리고 나라의 교육이념도 "널리 인간을 이롭게 한다."는 홍익인간 정신의 나라였다. 그런데 누가 우리 사회를 이렇게 만들었을까? 그 책임은 바로 기성세대다. 그동안 그들은 배고픔을 해결하고 어떻게 하든지 잘 살아보겠다는 일념 하나로 살아왔다. 허리띠 졸라매고 신발 끈 조여가면서 산업 현장에서, 그리고 열사의 땅 중동에서 피땀 흘리며 치열하게 살았다. 가족과 가정의 모든 일상은 뒤로 미루고 오직 돈벌이에만 모든 걸 다 바쳤다. 그 결과 오늘날 1인당 국민소득이 3만 6,194달러로 최초로 일본을 넘어섰다. 이제는 국민소득이 세계 6위권이 되었다. 단군왕검이 이 땅에 나라를 세운 이후 가장 풍요로운 세상이 된 것이다. 그러나 경제적으로 풍요로우면 잘 사는 것인가? 과거 보릿고개 시절에는 매일 끼니 걱정을 하고 살았다. 그래도 가족 간에 끈끈한 가족애와 이웃 간에 훈훈한 정이 넘쳐났다. 한마디로 사람 사는 냄새가 났었다. 그러나 지금은 인정이 메말라가고 돈과 자기밖에 모르는 이기주의자들이 넘쳐나는 사회가 되고 말았다. 사람이 사람답게 사는 인간성회복운동이 선행되지 않으면 안 된다. 이런 사회가 계속된다면 그동안 쌓아놓은 경제력은 한낱 사상누각에 불과할 것이다. 이제 대한민국은 돈, 명예, 권력보다 인간이 인간답게 사는 인간성회복운동이 더 시급한 세상이 되고 말았다. 2015년에 인성 교육법이 국회를 통과했으나 그 실천과 효과는 아직 미지수다. 기성세대가 인간성회복운동과 인성이 바른 미래세대를 키워내지 못한다면 국민소득 4만 불 시대는 아무 의미 없는 모래성에 불과할 것이다.

자녀들을 올바른 인성을 갖춘 인간으로 키워줘야 한다. 그리고 그 길만이 훗날 2세들이 어른이 됐을 때 강아지나 냉장고보다 더 필요한 진정한 아빠가 될 수 있을 것이다. 그 길만이 대한민국 사람들이 인간다운 삶을 누리며 살 수 있는 사회가 될 것이다. 그동안 아버지의 위상은 가정 내에서 순위를 매길 수 있는 존재가 아니었다. 아버지가 바로 가정이었고 가장이기 때문이다. 그러나 이제는 세상이 변했다. 아버지는 가족의 행복과 사랑을 실천하는 주체가 되어야 한다.

3. 물고기들의 부자자효 父慈子孝

공자는 부모와 자녀의 관계는 하늘이 맺어준 천륜의 관계라고 했다. 그리고 부모는 자식을 사랑으로 양육해야 하고, 자녀는 키워주신 부모사랑에 보답하는 것이 인간의 근본이라고 했다. 그런데 오늘날 우리 사는 이 사회는 패륜지국悖倫之國이 되고 말았다. 사회현상은 그 시대를 살아가는 사람들의 가치관과 인성의 수준을 나타낸다. 만물의 영장인 인간들이 모여 사는 우리 사회가 어쩌다 이 지경까지 이르렀을까? 이제는 물고기들의 삶보다 못한 하등동물로 전락하고 말았다. 미물인 물고기들도 자식을 위해 온몸을 바쳐 희생한다. 그리고 새끼들도 그 어미를 위해 희생할 줄 아는 생을 살아간다.

연어는 본래 민물에서 태어나 자라는 물고기다. 부화해서 강을 내려가 3~4년을 바다에서 살아간다. 산란을 위해 자신이 태어난 모천으로 강을 거슬러 회귀한다. 이런 고향으로의 회귀본능으로 80% 이상이 모천으로 되돌아온다. 연어가 알을 낳은 후 갓 부화되어 나온 새끼들은 스스로 먹이를 찾을 줄 모른다. 치어들을 부화한 어미는 새끼들을 살리기 위해 자신의 몸을 새끼들에게 내어준다. 어미 연어는 극심한 고통을 참아가면서 새끼들이 맘껏 자신을 뜯어먹게 한다. 새끼들은 제 어미의 몸을 뜯어먹고 무럭무럭 자란다. 어미 연어는 결국 뼈만 앙상하게 남은 채 죽어간다. 그래서 사람들은 연어를 모성애의 물고기라고 한다. 우리네 부모들 모습과 많이 닮아있다.

가물치는 알을 낳은 후 모든 영양분이 몸에서 빠져나간다. 그 후 유증으로 기력이 쇠잔해져 눈이 실명되고 만다. 가물치는 눈이 보이지 않아 먹이활동을 할 수가 없게 된다. 결국 굶어 죽어갈 수밖에 없다. 그러나 갓 부화한 새끼들은 본능적으로 어미가 굶어 죽어간다는 것을 안다. 수천 마리의 새끼들이 자진해서 한 마리씩 어미 입안으로 들어간다. 굶주림을 해결한 어미 가물치는 시간이 지나면 기력을 되찾아 눈을 다시 뜨게 된다. 그러나 어미가 눈을 뜰 때쯤이면 남은 새끼들의 숫자는 십분의 일로 현저히 줄어든다. 그래서 가물치를 사람들은 효자 물고기라 부른다. 이런 물고기들의 생을 돌아보면서 연어의 한없는 자식 사랑과 가물치 새끼들의 지극한 부모사랑을 생각한다. 오늘날 우리 사회는 이런 '물고기들의 부자자효父慈子孝'의 사랑보다 못한 사람들로 넘쳐나고 있다. 자기가 낳은 자식을 버리거나 학대하여 죽게 하는 부모가 늘어나고 있다는 추세다. 그리고 자식들

이 부모를 버리거나 재산을 탐해 부모를 죽이는 사례도 끊이지 않고
있다.

　우리 사는 세상은 그동안 부모들의 내리사랑과 자녀들의 올리
효도 모습이 살아있었던 사회였다. 이 땅은 2500년 전 공자가 그토
록 그리워하고 살고 싶어 했던 동방예의지국이다. 그런데 어느 순간
우리의 이런 아름다운 부자자효의 모습도 이제 점점 사라져 가고 있
다. 천륜을 거부한 삶은 인간의 삶이 아니다. 인간은 부모 없이 혼자
태어날 수도 없고, 부모 도움 없이는 혼자 살아갈 수 없기 때문이다.

4. 맹모들의 명절 회피 방법

민족 대이동이 일어난 4일간의 설 명절 연휴가 모두 끝났다. 3,000만 명의 대이동의 목적은 그리운 부모 형제를 만나는 것이다. 그리고 함께 살아온 고향 친구들을 만나 옛 추억을 찾는 일도 포함된다. 그러나 사람마다 고향을 찾는 느낌과 감정은 각자 다를 수밖에 없다. 그곳에서 태어나서 자란 부모나 자녀들은 즐겁고 행복한 시간이 될 수 있다. 하지만 부모 고향이기 때문에 어쩔 수 없이 따라가는 자녀들과 시집가서 가족이 된 여성들 입장은 특별한 감정이 없을 수도 있다. 더욱이 며느리는 연휴 내내 손님 치르느라 부엌에서 가사 노동에 시달린다. 이런 것들만 생각해도 긴 명절 연휴는 결코 행복한 연휴가 아니다.

얼마 전 신문에 난 재미있는 기사를 읽었다. 서울 어느 부유한 동네에 사는 엄마들이 명절에 시댁에 안 가려고 맹모孟母가 된다고 한다. 학원 가는 자녀들 뒷바라지를 위해 이번 설에 시댁에 갈 수 없다고 말한다. 이러한 맹모孟母들의 자녀 교육 핑계는 어른들로부터 가장 쉽고 떳떳하게 허락을 받아낼 수 있는 좋은 방법이다. 우리나라 사람들의 자녀 교육에 대한 열성과 관심이 이제는 어른들로부터 허락받는 하나의 수단으로 악용되고 있다. 학원 관계자들은 맹모들이 설 연휴 기간에 특강을 개설해 달라는 전화가 빗발친다고 한다. 강남의 학원가는 이런 이유로 설 연휴 기간에도 특수를 누린다. 맹모들에게 연휴 기간 학원 특강비 40만 원은 결코 비싼 금액이 아니다. 40만 원만 내면 연휴 기간 내내 가사 노동에 혹사당하지 않고 충분한 휴식을 취할 수 있다. 그리고 맹모로서 품위와 자질도 인정받을 수 있다. 매우 훌륭한 품위유지법이다. 그러나 맹모들의 근시안적이고 잘못된 발상은 스스로 파멸의 구덩이를 파는 형국이다. 머리 좋은 자녀로 키워 좋은 대학 보내고, 대기업에 입사시키고, 판검사, 의사 만들었다고 좋아할지도 모르겠다. 하지만 이런 이유로 자녀들은 가족의 소중한 가치도 모르게 된다. 결국 어른을 공경할 줄 모르는 사람으로 만들어버린 것이다. 효 인성이 올바로 확립되지 못하면 결코 올바른 자녀 교육이라고 할 수도 없다. 이런 맹모들은 향후 10~20년 후 자신들이 저지른 잘못을 자녀들로부터 고스란히 되돌려 받게 될 것이다. 예로부터 자녀들은 자라면서 부모들의 모습을 보고 배운다.

사회적으로 출세하고 성공한 사람들이 부모를 제대로 모시지 못한 패륜 사례를 매스컴에서 자주 접한다. 맹모들의 명절 회피 방법을 들으면서 부모가 먼저 자녀들에게 본을 보여야 한다는 중국 전한 시대 동중서董仲舒(기원전 176?~기원전 104년)의 "부위자강父爲子綱의 효"는 이 시대에도 유효하다. 부모 공경의 효는 대대손손 보고 배우며 대물림 된다. 스스로 무덤을 파는 현명하지 못한 맹모들의 행태가 안타깝다. 명절 때 고향 가서 어른들을 찾아뵙고 친지들과 만나 따뜻한 정과 덕담도 나눌 수 있다. 그리고 소중한 가족의 가치와 어른 공경의 모습을 배우는 것이 훨씬 더 남는 장사가 아닐까 싶다.

5. 별이 되지 말고 산소酸素가 되자!

사람들은 자신이 밤하늘에 빛나는 별처럼 되기를 원한다. 별이 되어야 주변 사람들로부터 존경받고 추앙받으면서 살 수 있다고 생각하기 때문이다. 그동안 우리 사회도 별이 되는 것이 성공한 삶이라고 가르쳐 왔다. 그러다 보니 모두가 별이 되기 위해 수단 방법을 가리지 않고 세상을 살아간다. 모두가 별이 되겠다고 하니 언젠가 하늘에 별이 너무 많아 지구로 한꺼번에 쏟아질까 봐 걱정된다. 별볼일 없는 사람이 별걱정을 다한다.

세상은 혼자만 살아가는 사회가 아니다. 주위 사람들과 함께 어울리면서 살아가는 것이 세상살이다. 세상 속에서는 자신도 사회구성원의 하나다. 조직 속의 한 일원이란 사실을 먼저 인식해야 한다. 방송인 최불암 씨는 "모두가 별이 되려는 세상에서 모두를 위한 산소가 되라."고 말한다. 저 혼자 빛나는 스타가 아니라 정신의 순수함을 내뿜는 산소처럼 세상을 빛내라는 뜻일 것이다. 밤하늘에 떠있는 수많은 별들 중 자기 스스로 빛을 내는 별은 그다지 많지 않다. 태양의 빛을 반사시켜 마치 별처럼 보이는 것들이 오히려 더 많다. 우린 일상생활 속에서도 살아가면서 중요한 것을 망각하고 살아갈 때가 더 많은 것 같다. 그렇다면 우리가 세상을 살아가는 데 진정으로 중요한 것은 과연 무엇일까? 부와 명예, 권력 아니면 주변으로부터 받는 존경, 칭찬, 찬사가 아닐까 싶다. 그러나 이런 것들은 세상을 살아가는 데 없이도 살아가는 사람도 많다. 물론 어떤 것들은 갖지 못하면 다소 불편할 수도 있을 것이다. 그러나 산소酸素가 없으면 우리는 5분도 제대로 못 버티고 숨을 쉴 수가 없다. 평소 우린 이런 산소덕분에 살아 숨 쉬고 움직인다. 그러면서도 그 고마움과 소중함을 모르고 산다. 너무나 일상화되어 있고 우리 주위에 널려있기 때문이다. 스위스에서는 청량한 알프스의 깨끗한 산소를 담아 '스위스 브리즈Swiss breze'라는 이름으로 판매하고 있다. 우리나라도 4~5년 전부터 '지리 에어JIRi AIR'라는 이름으로 깨끗한 산소를 판매하고 있다. 이 밖에도 호주, 영국 등에서도 이런 상품을 개발해 팔고 있다고 한다.

산소酸素는 당장 별처럼 빛나거나 부각되지는 않는다. 하지만 산소는 결코 없어서는 안 될 귀한 존재다. 저 혼자만 잘난 별이 되지 말자. 그리고 사람들에게 꼭 필요한 산소 같은 사람이 되자! 모처럼 좋은 아이디어가 떠올랐다. 강원도 산골 공기 좋은 곳에 살면서 산소나 팔면서 살아볼까? 그런데 역사를 거슬러 올라가 보니 봉이 김선달이 전매특허로 이미 낸 상품 같기도 하다. 그러나 잘하면 남는 장사가 될 것도 같다. 더불어 살아가는 세상 속에서 사회구성원의 한 사람으로서 살아가자. 그리고 조직사회의 한 일원으로서 산소酸素 같은 사람이 되자. 함께 있어야 조직이 살고, 함께 있어야 세상이 밝아진다. 이런 사람은 세상 어디에서나 환영받는다.

별은 팔지 말고 산소酸素나 팔자!

6. 실종된 밥상머리 교육

　　예로부터 교육은 국가의 백년지대계百年之大計라고 했다. 세계 역사를 살펴봐도 교육이 잘 된 국가나 민족은 흥했고 나라가 발전했다. 그리고 그들은 세계사에 뚜렷한 족적을 남겼다. 우리도 한때는 주변 국가들로부터 동방예의지국으로 칭송받았다. 그리고 중원 대륙의 패자로 살았던 위대한 역사를 가진 민족이었다. 그러나 오늘날 우리 사회는 부모가 자식을 버리거나 살해하는 끔찍한 범죄가 계속되고 있다. 인명 경시의 패륜 사회를 우리는 살아가고 있다. 이런 범죄가 계속 일어나는 이유는 과연 무엇일까?

　　여러 가지 이유가 있겠지만 가족의 소통 부족, 특히 밥상머리 교육의 부재가 아닌가 싶다. 과거 60~70년대의 우리 사회는 비록 먹고살기는 힘들었다. 그래도 대가족 제도하에서 3대가 모여 오순도순하게 함께 생활했다. 특히 할아버지와 할머니의 사랑과 부모님의 자상한 보살핌 속에서 따뜻한 가족애가 살아있었다. 할아버지와 할머니의 손주 사랑과 함께 하루 세 번씩 이어지는 식사 시간이 있다. 이런 환경에서 자연스럽게 밥상머리 교육이 생활화되었고 인간의 기본 도리를 가르쳤다. 식사하는 예절부터 사람을 대하는 예절과 윗사람을 대하는 예절 등 많은 것을 배웠다. 이런 교육은 말로만 하는 이론교육이 아니었다. 직접 몸으로 부딪치고 어른들의 행동 하나하나를 보고 배우고 그대로 답습했다. 이런 밥상머리 교육 덕분에 따뜻한 가족 사랑과 형제자매의 소중함을 알고 상호 유대가 돈독해질 수 있었다. 그리고 이런 전통은 그 집안의 가풍으로 이어졌고 우리 사회를 이끌어가는 사회규범과 도덕으로 자리매김했다. 그러나 핵가족 시대가 되면서 부부가 맞벌이를 하다 보니 이제는 일주일에 한두 번도 온 가족이 함께 모여서 식사할 수 있는 시간조차 가질 수 없게 되었다. 결국 사람의 도리를 가르치고 세상 사는 법을 가르치는 밥상머리 교육이 사라지고 만 것이다. 밥상머리 교육이 사라진 그 자리에는 오직 경쟁심과 이기심만 키우는 기형적인 사회로 탈바꿈되고 있다. 오죽했으면 대기업에서 신입사원 연수 교육 시 직무 적성 교육보다 예절교육을 먼저 시킨다고 한다. 식사 예절, 전화 받는 예절, 동료, 혹은 윗사람을 대하는 예절부터 가르치고 있다고 한다. 이런 교육을 받지 못한 젊은이들은 어른이 되어도 자녀를 돌볼 능력과 자격을 구비하지 못한다. 결국 이런 문제는 패륜범죄로 계속 이어질 것이다.

이제는 가정에서 하기 힘든 밥상머리 교육을 학교와 사회에서 책임지지 않으면 안 된다. 조선시대 사대부 집안은 밥상머리 교육을 통해 인성교육을 실시했다. 이율곡 집안도 자녀와 소통하기 위해 온 가족이 함께 모여 식사하는 밥상머리 교육을 실천했다. 케네디가의 밥상머리 교육은 존-F 케네디를 최연소 미국 대통령으로 만들었다. 지금도 유대인들은 밥상머리 교육을 꾸준히 실천하고 있다. 우리나라도 최소한 사람이 사람답게 사는 세상을 만들어야 한다. 우리 모두의 책임이다!

7. 지식보다 무서운 예의

오늘은 긴 연휴가 끝나고 일상 속으로 돌아가는 날이다. 그러나 일자리가 없어서 본인의 의지와는 무관하게 긴 연휴가 지속되는 사람들도 있다. 취업을 위해 다양한 스펙을 쌓고 많은 준비와 노력의 결과를 이력서에 기재한다. 이렇게 힘들게 작성된 이력서가 자신을 대신하고 자신을 대변하는 유일한 창구이기 때문이다. 그러나 때로는 그 이력서에 기록되지도 않은 요소들이 취업의 당락을 좌우하기도 한다.

어떤 조직사회에서나 능력 있는 사람이 당연히 환영받고 인정받는다. 그러나 때로는 이런 능력이나 가지고 있는 지식보다 더 무겁게 적용되는 것이 예의다. 사람의 능력은 교육을 통해 성장시킬 수 있다. 하지만 태도, 즉 예의는 가르칠 수 없기 때문이다. 사람들은 예의 없고 버릇없는 사람을 별로 좋아하지 않는다. 때로는 평범한 예의가 성공으로 이끄는 가장 중요한 무기가 되기도 한다. 이런 평범한 예의는 평소 몸에 배여 상대방에 대한 배려의 마음이 존재할 때 가능하다. 아무리 머릿속에 많은 지식과 출중한 능력을 가지고 있다 하더라도 예의가 없으면 조직사회에서도 소외당한다. 요즘 세상은 주변 사람들을 무시하고 자신밖에 모르는 이기주의자가 너무 많다. 그러나 다소 능력은 떨어지더라도 예의 바른 언행으로 주위 사람들과 소통할 줄 아는 사람이 대접받는다. 평소 주변 사람들과 협조할 줄 아는 사람은 그 조직에서 꼭 필요한 사람이기 때문이다. 이 모든 것을 다 갖춘 사람이라면 언제 어디서나 인정받을 것이다. 자신의 부족한 부분을 예의로 보완하자. 언젠가 그 예의는 능력으로 인정받을 수도 있기 때문이다. 예의는 자신이 가지고 있는 능력과 지식을 더욱 빛내주는 윤활유 역할을 한다. 이제는 남을 우선 배려할 줄 아는 올바른 인성의 소유자가 세상 어느 곳에서나 환영받는 세상이 될 것이다. 이처럼 예의가 그 사람의 능력이나 지식보다 더 강력한 무기가 될 수도 있다. 하지만 예의가 너무 지나치면 오히려 아첨이 될 수도 있다. 그래서 올바른 예의를 행하기가 어려운 것이다. 도를 넘지 않고 마음속에서 우러나는 진정한 예의를 행할 줄 아는 사람이 되어야 한다. 예의 바른 사람과 함께 있는 것만으로도 사람들은 행복해한다. 특히 예의는 능력과 태도에 대한 계산에서 덧셈이 아니라 곱셈이란 사실이다. 제아무리 능력이 뛰어나도 예의가 없으면 모든 것을 상실할 수 있다.

'윈스턴 처칠Winston Churchill(1874~1965)'은 "사람의 태도는 인간 관계에서 큰 차이를 만든다."고 했다. 이처럼 예의가 실종된 사회에서 능력보다 예의가 훨씬 더 귀하게 대접받는 시대가 되었다. 그 이유는 예의를 제대로 배우고 실천하는 사람이 점점 줄어들고 있기 때문이다. 예의 바른 사람만이 상대방으로부터 예의 바른 대접을 받게된다. 이제 예의 바른 사람을 찾기가 힘든 세상이 되었다. 이런 귀한 예의는 어디를 가나 모두가 선호하고 환영할 것이다.

8. 도덕과 질서가 무너진 사회

이틀 전 강원도 영서 지역은 폭설이 내렸다. 온 세상이 하얀 눈 천지다. 산과 들, 그리고 도로까지 눈이 덮여 차량 통행이 불가능했다. 다행히 제설차가 신속히 출동해 눈을 치워준 덕분에 차량 통행에 지장은 없었다. 감사하고 고마운 일이다. 그들의 노고와 신속한 출동에 감사하며 길을 통과했다. 그런데 길가 음식점 주인이 자기 집 주차장과 집 앞에 쌓인 눈을 열심히 도로 쪽으로 밀어내고 있다. 그 길을 통과하는 차량의 안전에는 전혀 관심이 없다. 오로지 자기 집 앞 눈만 치우면 된다는 생각인 것 같다.

만약 눈길에서 차량이 미끄러져 가게 안으로 돌진하게 되면 어떻게 될까? 가게의 안전과 사람의 생명까지도 위협할 수 있다. 가게 바로 뒤쪽에 계곡이 붙어 있어서 그쪽으로 눈을 밀어내면 아무런 문제가 없을 것 같은데 자신에게 편하다고 이런 식으로 눈을 치우고 있다. 이처럼 조금도 남을 배려하지 않은 행동은 잘못되면 더 큰 화를 불러일으킬 수도 있다. 도로를 지나가던 비싼 외제차의 운전석 문이 열린다. 운전자의 손이 창밖으로 나오더니 담배꽁초를 손가락으로 획 튕겨버린다. 아직도 불이 덜 꺼진 담배꽁초가 길에 떨어지면서 하얀 연기가 포물선을 그리며 사라진다. 아마 이 차의 주인은 자기 차를 제외한 세상 모든 공간이 자기 재떨이로 보이는 모양이다. 학교에서 아이들에게 잘 가르친 사회 기본 질서와 도덕은 이처럼 어른답지 못한 사람들 때문에 쉽게 무너지고 있다. 어른들의 공중도덕 불감증과 무질서와 이기주의 때문에 아이들의 올바른 가치관이 한순간에 무너지고 있는 서글픈 현장이다. 현재 우리 사회에서 벌어지고 있는 불법과 편법, 무질서는 이미 도를 넘어섰다. 작은 질서와 도덕이 무너지기 시작하면 법과 도덕을 잘 지키는 사람이 오히려 손해를 본다. "악화가 양화를 구축한다."는 엥겔스Friedrich Engels(1820~1985)의 경제 논리가 통용되는 사회가 될 수밖에 없다. 이렇게 되면 작은 편법이나 무질서 그 자체가 문제가 아니다. 이런 사회는 더 큰 비리, 더 큰 무질서가 판치는 세상이 될 수도 있기 때문이다.

법과 질서, 그리고 도덕이 바로 선 사회가 건강하고 미래가 밝은 사회다. 모두가 함께 만들어 나가야 할 우리 사회의 바람직한 모습이다. 그리고 이것이 우리가 자녀들에게 넘겨줄 위대한 유산이다.

사회에서 지켜야 할 공중도덕과 질서는 모두에게 도움이 된다. 그리고 우리 사회의 성숙도를 가늠하는 척도이기도 하다. 내 스스로 실천하다 보면 그 혜택은 내가 가장 먼저 누리게 된다.

9. 이순신 리더십의 근원은?

내일은 이순신 탄생 478돌이다. 작년 세월호 사고로 전 국민이 실의에 빠져 있었다. 그때 대한민국 국민은 한 편의 영화 '명량'에 열광했다. 그리고 이순신의 리더십을 그리워했다. 2005년에 순천향대와 KBS가 공동으로 조사했다. 그 설문에서 대한민국 국민이 가장 선호하는 리더로 이순신을 선택했다. 그를 선호하는 가장 큰 이유는 애국정신과 충효 정신을 들었다.

이순신의 애국심과 충효 정신의 근간은 과연 어디에서부터 시작되었을까? 그의 인생관과 가치관 그리고 국가관에서 찾을 수 있다. 그의 삶은 평탄하지 않았다. 올곧은 그의 성정은 22년의 군 생활 동안 현실과 타협하지 않았고 주변에 부화뇌동附和雷同하지도 않았다. 자신의 올바른 삶의 철학과 자신의 가치관을 지켜내며 살아왔다. 그러다 보니 당시의 시류로 볼 때 그는 시대의 이단아였다. 상관과 주변 사람들의 눈에는 무척 껄끄러운 존재였을 것이다. 3번의 보직해임과 2번의 백의종군이 이를 잘 말해주고 있다. 또한 그는 부모님에 대한 남다른 효행을 실천한 효자 중의 효자였다. 부모님들은 이순신이 태어나자 효자가 되기를 바랬던 것 같다. 중국의 대표적인 〈24효〉의 첫 장에 게재된 '효감동천孝感動天'의 순舜임금의 효를 본받기를 염원했다. 그래서 부모들은 이순신의 이름을 순임금의 순舜자를 넣어서 지어준 것 같다. 그리고 순신舜臣의 이름 속에 형제들의 돌림자로 쓰인 신하 신臣자가 들어있다. 그 글자 속에도 이미 충의 의미가 내포되어 있었다. 이처럼 그의 이름자 속에는 효와 충의 의미가 포함되어 있었다. 그의 이름에 새겨진 효와 충은 이순신의 성장 과정 속에서 자신의 삶의 가치로 내면화되었을 것이다. 7년 전쟁의 와중에서도 난중일기에 어머니를 그리워하는 113번의 기록과 효행 모습이 나온다. 전장에서도 어머니의 건강과 안위를 늘 걱정하고 챙기는 효자의 모습이 눈물겹다. 『효경』〈개종명의장〉에서 "효덕지본야 교지소유생야孝德之本也 敎之所有生也"라고 하였다. 효는 모든 덕의 근본이며 모든 가르침이 그로부터 생겨나는 근본이란 뜻이다. 결국 이순신의 부모를 사랑하고 어른을 공경하는 효는 그의 덕으로 표출되었다. 그리고 그의 리더십은 부하들에게 덕의 리더십으로 승화되어 그들과 함께했다.

이러한 덕의 리더십은 주변 사람들과 부하들, 그리고 백성들에게까지 영향을 미쳤다. 덕의 리더십은 '삼도수군통제사'에서 파직되고 의금부에 구속되어 죽음의 문턱에서 그를 살려냈다. 어머니 상중에서도 삼도수군통제사의 재임명을 수용한다. 칠천량해전에서 궤멸된 조선 수군을 불과 40여 일 만에 재건한다. 그리고 명량해전을 승리로 이끌어 낸다. 이런 결과는 결국 이순신의 덕의 리더십이 있었기에 가능했던 일이다. 『논어』〈이인편〉에 "덕이 있는 사람은 외롭지 않다. 이것은 반드시 따르는 사람이 있기 때문이다." '덕불고 필유린德不孤 必有隣'의 가치는 이 시대 모든 리더들에게도 여전히 유용한 가치다.

10. 배려가 실종된 사회

　어제 어느 신문 사회면에 "군 관사 아파트가 집값 떨어뜨린다." 라는 기사가 실렸다. 참으로 황당하고 어이없는 세상이다. 20대 대선이 이제 17일 남았다. 이번 대통령 선거에서 국가안보가 가장 중요한 이슈로 등장하고 있다. 국민의 삶이나 국가 경제력은 국가가 존재하고 난 다음에 문제다. 한마디로 국가안보는 국민의 안전과 생존을 보장하기 때문에 그 가치를 따질 수가 없다.

　이런 중차대한 국가안보를 위해 유사시 생명을 담보로 복무하는 군인들의 마음에 아픔을 줘서는 안 된다. 현재 대한민국은 전 세계 200여 개 국가 중에서 유일하게 분단된 국가다. 주변 4대 강국은 자국의 이익과 번영을 위해 군사력 증강을 멈추지 않고 있다. 북한은 핵을 가지고 한반도를 위협하고 있다. 언제 전쟁이 일어날지도 모르는 일촉즉발의 위기다. 근무 특성상 군인들은 잦은 이사로 자녀들의 교육 문제가 군인 가족들에게는 그 무엇보다도 어렵고 힘든 과제다. 초등학교만 해도 최소 2~3회 전학을 시켜야 한다. 그리고 중고등학교와 대학까지 마치려면 최소 10여 차례 학교를 옮겨 다녀야 한다. 이렇게 잦은 전학이 군인 자녀들에게는 엄청난 심리적 부담을 안겨준다. 학교생활이 어느 정도 적응되려고 하면 또다시 전학을 가야 하기 때문이다. 새로운 곳에서 다시 사람을 사귀고 학교생활에 적응해야 한다. 군인 가족 자녀들이 잘못한 것이 무엇일까? 그리고 왜 이들이 이런 고통을 당하면서 살아야 하는가? 나라를 지키는 군인 가족이라는 단 하나의 이유 때문이다. 30여 년 전 월남은 군사력이나 경제력 면에서 월맹보다 월등한 수준이었다. 그러나 국론이 분열되고 집단이기주의가 만연해 사람들은 기득권만 주장하고 연일 데모와 시위의 혼돈 속에 빠졌다. 1975년 결국 나라가 지구상에서 사라지고 말았다. 20년간 전쟁으로 350만 명이 죽거나 다치고 나라가 망했다. 그리고 100만 명의 국민이 보트피플Boat People로 바다를 떠돌다 비참하게 죽어갔다. 어느 시대나 건강하고 튼튼한 나라가 있어야 한다. 그래야 국민의 삶의 질과 국가 경제력을 보장할 수 있다. 튼튼한 안보를 원한다면 나라 지키는 군인과 그 가족들에게 결코 상처를 주어서는 안 된다. 그들의 마음을 아프게 해서도 안 된다. 배려가 실종된 사회는 분열된다. 그리고 분열된 사회와 분열된 국가는 그 역사를 오래 간직할 수 없다는 역사의 냉엄한 진리를 귀담아들어야 한다.

오늘은 어린이날이다. 군인 자녀들이 교육을 받을 권리를 보장해줘야 한다. 아파트 집값이 하락한다는 편협되고 이기적인 생각을 버려야 한다. 군인이 존재하기 때문에 국민이 편안한 일상과 삶이 보장되고 있는 것이다. 그리고 후방에서 마음 놓고 생계 활동도 할 수 있다는 것이다. 그들의 희생에 대한 보상은 제대로 해주지 못하더라도 그들의 사기를 꺾어서는 안 된다. 그들이 대한민국의 안보를 책임진 자랑스러운 군인이라는 자부심을 가질 수 있도록 해줘야 한다. 그것이 국가안보를 보장해 주는 첫걸음이 아닐까 싶다.

11. 청렴은 천하의 큰 장사

　　다산 정약용茶山 丁若鏞(1762~1836)은 『목민심서』 〈율기편〉에서 "염결廉潔이란 천하의 큰 장사이다. 그러므로 크게 탐하는 자는 반드시 염결廉潔한 것이니 사람이 염결廉潔하지 못한 것은 그 지혜가 짧기 때문이다."라고 갈파하고 있다. 전 세계가 지금 코로나 사태로 2년간 큰 고통을 당했다. 거기다 대장동 사건과 가진 자들과 고위층에 있는 사람들이 비리까지 합세해 국격을 훼손시키고 있다.

　　다산은 "염결廉潔이란 목민관의 본무本務이며 모든 선의 원천이요, 모든 덕의 근본이다."라고 말하고 있다. 이 시대를 사는 사람들의 문제를 보면 자기가 맡은 임무에 대한 책임감과 멸사봉공의 시대정신이 부족하다. 일이 잘못되어도 책임진 사람이 없고, 일을 추진할 때도 대충대충, 적당히 하루하루를 편하게 산다. 그리고 두 번째 잘못은 남을 배려할 줄 모르고 함께 더불어 사는 삶의 자세 부재다. 오직 자기 자신과 자기 집단의 이익만을 추구한다. 주변과 이웃들에 대한 배려는 조금도 생각하지 못한다. 극도의 개인주의와 이기심이 가져온 결과다. 세 번째는 오로지 출세지상주의자들로 자기 철학의 빈곤과 내실이 없다. 그러면서도 자기 이름만 드높이려는 사람들이 많고 자기 철학과 사명감조차도 없다. 빈 수레가 요란하다. 스스로 덕을 쌓고 청렴으로 일관된 삶의 철학을 지키며 살아가야 한다. 어느 순간 자연스럽게 세상 사람들로부터 칭송받게 되면 지도자로 거듭날 수 있다. 눈앞의 작은 이익에 눈이 멀어 지혜로운 처신을 하지 못한 사람들을 자주 본다. 자신의 인생 최고의 정점에서 하루아침에 몰락하는 사람들의 모습이다. 우리 땅에 들어온 과거제도는 고려 광종 때 도입되었다. 조선 말 고종 때까지 1000년간 유지된 제도다. '김용운' 박사는 그의 책 『역사의 역습』에서 많은 모순과 폐해도 많았지만 가장 큰 폐단은 학문이 출세의 수단으로 세속화된 점이라고 주장한다. 과거제도로 입신한 선비는 '수신제가치국평천하修身齊家治國平天下'를 외친다. 그리고 정치에 참여할 기회만 찾는다. 그러다가 감투만 쓰면 골치 아픈 '수신제가修身齊家'는 내팽개쳐 버린다. 그리고 '평천하平天下'에만 도취되어 산다. 이런 고위 관리들의 최대 목표는 권력, 재산, 명예만 탐하다 스스로 자멸해간다.

다산 선생의 "청렴은 천하의 큰 장사!"라는 화두가 이 시대를 질타하고 있다. 아마 이 뜻의 의미는 청렴한 사람은 어떤 공직, 혹은 사업이나 각자 주어진 일에서 오랫동안 그 자리에서 계속 일할 수 있다. 직업의 안정성이 가장 남는 장사라는 교훈을 주고 있다. 그리고 남을 배려해 주는 이타적 자세만 갖는다면 이런 난국은 피해 갈 수 있다. 정당하게 땀 흘리고 정의롭게 사는 사람들이 대접받는 세상이 되어야 한다. 200년 전 다산이 18년의 유배생활에서 쓴『목민심서』가 우리에게 그 길을 제시해 주고 있다. 왜 월남의 국부 호치민 대통령이 전쟁 시에도 목민심서를 지하 벙커 머리맡에 두고 읽은 줄 알 것 같다.

12. 딱새의 자식 사랑

집 앞 현관 천정에 딱새가 둥지를 튼 지 올해로 2년째다. 딱새 부부가 5월에도 집을 짓고 새끼를 쳐서 둥지를 떠났다. 그런데 6월에 또 다른 딱새 부부가 같은 둥지에 또 새끼를 쳤다. 그리고 요즘 어미 딱새와 아비 딱새가 부지런히 교대로 벌레를 잡아다 먹인다. 사람이 현관 근처에 있으면 벌레를 입에 물고 새끼들에게 주려고 접근하다가도 건너편 진달래 나뭇가지로 자리를 옮긴다. 그리고 주변을 관찰하다 둥지로 접근하는 동선을 바꿔서 새끼들에게 날아가 먹이를 준다. 먹이를 물고 오면 새끼들을 서로 달라고 쨱쨱거리며 울어댄다. 그 소리가 무척이나 청아하게 들린다. 오늘 아침에도 딱새 부부는 새끼들에게 먹이를 교대로 물어다 주느라 바쁘다. 이들의 자식 사랑도 인간들의 자식 사랑과 별반 다르지 않다는 생각이 든다.

언젠가 어느 방송에서 유목민의 후예 '키르키즈스탄' 사람들의 삶을 방영하는 것을 시청했다. 그들은 아이들의 돌잔치 때 두 가지를 기도한다고 이야기한다. 첫째는 "부모를 존경하는 아이가 되게 해주십시오!" 두 번째는 "민족에게 보탬이 되는 아이가 되게 해주십시오!" 하고 축원을 올린다고 한다. 반면 우리의 돌잔치는 여러 가지 물건들을 진열해 놓고 아이가 손에 쥔 것을 보고 자녀의 장래를 예측한다. 책을 잡으면 훌륭한 학자, 실타래를 잡으면 수명이 길 것이고, 동전을 집으면 부자가 될 것이라고 좋아한다. 우리의 전통 풍습과는 사뭇 다른 모습이다. '키르키즈스탄' 사람들의 자식을 위한 기도의 모습과 염원하는 소망이 훨씬 더 지혜로워 보인다. 가정에서부터 그렇게 양육되고 교육된 자녀들은 부모 공경을 최우선으로 생각하고 살아갈 것이다. 그리고 민족에게 보탬이 되는 삶이 되도록 기도한 부모들의 염원대로 자녀들은 개인보다는 민족을 먼저 생각하는 아이로 성장할 것이다. 그리고 자녀들의 민족에 대한 올바른 자각은 결국 국가관과 애국심으로 승화될 것이다. 이런 자녀들은 개인보다는 민족공동체를 먼저 생각하는 의식이 싹틀 것이다. 세계 유일의 분단국 대한민국에 사는 우리보다 훨씬 더 현명하게 자녀를 키우는 것 같다. '키르키즈스탄' 사람들의 삶의 자세가 부럽다. 우리보다 부모 공경과 민족에게 보탬이 되는 자녀로 키우는 '키르키즈스탄'의 사람들의 삶의 지혜가 더 가슴에 와닿는다.

자녀의 출세, 수명, 부귀영화는 혼자서만 잘 산다고 해결되는 문제가 아니다. 가장 기본이 되는 국가라는 튼튼한 울타리가 구축되어야만 이루어질 수 있는 일들이다. 국가가 존재하지 않거나 국가에 재난이 발생하면 그 어떤 것도 보장받을 수 없다. 북핵 문제, 경기 침체 등 최근 우리의 생존과 직결되는 문제들을 위정자들은 슬기롭게 극복해야 한다. 그리고 사회와 가정에서는 자녀들이 부모를 가장 존경하는 아이로 키워야 한다. 평소 민족에 보탬이 되는 아이로 자랄 수 있도록 교육해야 한다. 그것이 이 시대를 사는 우리들의 진정한 책무가 아닐까 싶다.

'키르키즈스탄' 사람들의 삶의 자세에서 한 수 배운다.

제2부

역사의 시간

나라가 없다면 기구한 운명

Impressed into service by the Japanese, this man was captured by the Soviets in the Manchurian Border clashes in August 1939, who impressed him into the Red Army. He was then captured by the Germans, who impressed him into service to build the Atlantic Wall. Captured by the Americans, no one could figure out what language he was speaking. He was determined to be Korean and told his story to Army Intelligence.

Utah Beach
Normandy, France
June 6, 1944

이 사람은 일본군에 징집되었고 1939년 소만(蘇滿)국경전투에서 소련군의 포로가 되어 적군에 편입되었다. 그는 다시 독일군의 포로가 되어서 독일군에 편입되어 대서양 방어선 건설에 투입되었다. 미군에 다시 포로가 되어 심문을 할 때 아무도 그의 말을 알아들을 수 없었으나 미군 정보당국에 의해 한국인으로 밝혀졌다..

유타해안,
노르망디, 프랑스
1944년 6월 6일

기구한 양경종씨의 삶이 바로 대한민국 역사다...

History

I

역사

History

1. 홍익인간弘益人間

홍익인간弘益人間 사상은 단군왕검의 건국이념이다. 그 의미는 "인간 세상을 널리 이롭게 한다."는 뜻이다. 5천 년 전에 이미 단군왕검은 우리 민족을 넘어선 모든 인간을 이롭게 하자는 큰 뜻을 제시하였다. 오늘날 세계시민까지 아우르는 위대한 발상이고 멋진 건국이념이다. 이러한 홍익인간 사상은 오늘날 한 민족의 정신적 삶의 근간이 되었다. 그 결과 고조선과 고구려는 주변 유목민까지 아우르며 무려 2000년 이상 고대 동아시아의 패자였다.

그런데 홍익인간 정신이 쇠퇴하고 난 후의 우리 역사는 급격하게 쇠락한다. 고구려는 연개소문 가家의 권력 다툼이 결국 망국의 길을 열었다. 그리고 백제도 즉위 초에는 동양의 해동증자라 칭송받았던 의자왕의 야욕과 향락으로 망하고 만다.

삼국을 통일한 신라도 정권 말기에 권력 잡기에 혈안이 된 왕족들의 권력욕과 정치적 혼란이 후삼국시대를 불러들인다. 고려와 조선으로 이어지는 역사 속에서도 백성을 이롭게 한 군주들은 성공적인 치세를 했다. 그러나 자신들의 권력과 부귀영화만을 추구한 군주들은 나락의 길로 떨어졌다. 조선 말 권력 잡기에만 혈안이 된 왕족들의 행태는 결국 나라를 일본에 빼앗기는 치욕스런 역사를 기록하고 만다.

이제 우리가 살길은 남북한을 아우르는 7천만 한민족 모두가 홍익인간 세상을 구현해야만 다시 살아날 수 있다. 홍익弘益이란 천지의 웅대한 뜻과 이상을 우리들의 삶과 역사 속에 구현시켜야 한다. 한마디로 홍익인간이란, 하늘이 원하는 '이상 세계'를 건설하는 사람을 말한다. 이를 뒷받침하는 것이 재세이화在世理化이다. 『삼국유사』에 홍익인간과 함께 재세이화의 통치이념이 기록되어 있다. "재세이화"란 "세상을 하늘의 이치로 교화한다."는 뜻이다. 여기서 말한 하늘의 이치는 하늘의 섭리를 의미한다. 그러므로 재세이화는 하늘의 섭리에 부합하는 세상을 말한다. 따라서 하늘의 뜻이 세상에 이루어지도록 앞장서는 사람이 바로 홍익인간이다. 우리의 홍익인간과 비슷한 사상이 유대인들의 세상을 개선한다는 "티쿤 올람" 사상이 있다. 유대인들은 자식이 태어날 때부터 이 세상을 더 나은 세상을 만드는 일이 그들의 사명으로 알도록 교육한다. "티쿤 올람" 사상은 그들이 세상에 태어난 이유이자 삶의 가치로 인식하고 있다. 이 사상이 바로 그들이 주장하는 현대판 메시아사상이다.

한반도 주인인 우리가 단군왕검이 주장한 '홍익인간 정신'을 뼛속 깊이 각인시키고 실천해야 한다. 다음의 한류 문화는 세계인의 정신문화를 구원할 사상으로 '홍익인간 정신'이다. 한반도에 사는 모든 사람은 먼저 '홍익인간 정신'으로 무장되어야 한다. 그 길이 우리 민족이 전 세계를 구원하는 정신적 선진국이 될 수 있는 지름길이기 때문이다. 널리 세상을 이롭게 하는 홍익인간 세상에서는 전쟁도 마침표를 찍을 것이다.

2. 금신전선 상유십이 今臣戰船 尚有十二

새해 벽두 사람들은 리더십이 실종된 우리 현실을 우려한다. 그리고 새로운 리더십을 갖춘 리더를 기다린다. "아직도 신에게는 12척의 전선이 있습니다."는 "금신전선 상유십이今臣戰船 尚有十二"의 이순신 장군의 장계를 거론하는 사람들이 많다. 선조는 칠천량에서 패배한 조선 수군을 재건할 임무를 이순신에게 부여한다. 그러나 선조는 수군 재건이 어려우면 수군을 포기하고 육지에서 싸우라는 유지도 내린다. 이순신은 아직도 12척의 전선이 있으니 죽을힘을 다해 싸우면 적이 함부로 우리를 넘보지 못할 것이라는 내용의 장계를 올린다.

이순신은 약 6년 동안 조선 수군을 육성하여 한 번도 지지 않는 불패의 신화를 기록하였다. 이런 막강한 조선 수군이 칠천량해전에서 하루아침에 궤멸되고 만다. 그리고 이순신은 전투함도 병력도 없는 이름뿐인 삼도수군통제사가 된다. 사람들은 이순신의 "상유십이尙有十二"의 장계를 언급하면서 뛰어난 전쟁 능력만을 칭송한다. 그러나 그 이면을 살펴보면, 단지 전쟁 수행 능력만 가지고 그를 평가할 수 없는 또 다른 이유가 있다. 이순신은 선조로부터 삼도수군통제사로 임명받은 날짜가 정유년(1598년) 8월 3일이었다. 그리고 일본 수군은 조선 수군의 씨를 말리기 위해 남해를 따라 서해로 북상하면서 조선 수군의 뒤를 쫓고 있는 매우 급박한 상황이었다. 이순신은 궤멸되어 버린 전선을 수소문해서 찾아내야 했다. 그리고 병력과 무기, 그리고 군량미를 모아야 했다. 명량해전은 그해 9월 16일에 일어난다. 이순신에게는 명량해전까지 준비할 수 있는 시간은 불과 43일밖에 없었다. 이 짧은 시간에 이순신은 수군을 재건해야 했다. 그리고 싸울 장소를 선택하되 반드시 이길 수 있는 장소가 필요했다. 그래서 택한 곳이 수로가 협소하고 수심이 제한되는 울돌목이었다. 적의 대규모 병력을 제한시켜 조선 수군과 1:1로 싸울 수 있도록 적 전력을 한정시키기 위한 전략이었다. 그리고 부족한 전투력을 보강하기 위해 울돌목의 빠른 유속과 물때를 파악하여 작전에 적용한다. 아군에게 유리한 전장을 만들기 위해서다. 300여 척의 적선 앞에 선 이순신의 외롭고 고단한 전선에 반가운 지원군이 나타난다. 자진해 전투에 참가한 100여 척의 피난민 어선 선단이다. 이순신은 선조에게 12척의 배가 있다는 장계를 올릴 때 이미 죽기를 각오한 상태였다. 명량해전은 지난 6년간 바다에서 생사를 함께했던 역전의 부하들이 있었다. 그리고 남해안의 이름 없는 민초들까지 이순신을 신뢰하고 있었기 때문에 승리할 수 있었다.

결국 명량해전은 이순신의 탁월한 덕德의 리더십 결과다. 이 덕의 리더십은 평소 부모와 어른 공경에서부터 시작되었다. 그리고 부하들을 아끼고 사랑하며 나라에 대한 지극한 충성심이 만들어준 덕이다. "상유십이尙有十二"의 이면에는 이런 깊은 뜻이 담겨있다. 이 시대가 이순신의 덕의 리더십을 그리워하는 이유다. 13척의 전선으로 적선 300여 척을 물리치고 역사를 바꾼 이순신의 덕의 리더십에 박수를 보낸다.

3. 역사는 반복된다!

    1592년 발발한 임진왜란은 아직도 끝나지 않았다. 그해 4월 13일 부산 앞바다에 나타난 왜군은 20일 만에 한양에 입성한다. 군왕 선조는 왜군이 두려워 백성과 한양을 내팽개치고 빗속에 도망간다. 선조의 무책임한 행태에 화가 난 백성들은 창덕궁, 창경궁, 경복궁을 불태워버린다. 불타 버린 궁궐들은 임진왜란이 끝난 후 270여 년간 폐허로 방치된다.

    고종이 즉위 후 흥선대원군이 10년 동안 섭정 정치를 시작한다. 가장 먼저 시도한 일이 왕권을 확립하기 위해 임진왜란 때 불타버린 경복궁을 중건한다. 궁을 건립하기 위해 원납전을 징수하고 문세를 거둔다. 그것도 모자라 전국 각지에서 거목과 거석을 징발하여 백성들의 원성을 산다. 경복궁 중건 공사는 조선을 망하게 하는 데도 일조하게 된다. 그리고 임진왜란 때 일본으로 끌려간 조선 도공들은 16C 일본의 도자기 문화를 꽃피우는 주역이 된다. 일본은 조선 도공들이 만든 도자기로 벌어들인 외화로 서구 유럽에 신사 유람단을 파견한다. 그리고 그들이 주축이 되어 명치유신을 단행했다. 그 돈으로 유학한 그들이 외친 첫 번째 구호가 정한론征韓論이다. 그들의 야욕은 임진왜란 종전 330년이 지난 1910년 조선은 결국 일본에 강제 병합되고 만다. 일본인들이 바라본 임진왜란은 1598년 노량해전으로 끝난 것이 아니다. 1910년 조선을 강제 병합하면서 끝난 것이다. 역사는 끊임없이 반복된다. 1945년 2차 세계대전에서 패망한 일본은 경제가 파산되어 국민들의 생존 자체가 어려운 상태였다. 그런데 5년 후 1950년 한반도에서 전쟁이 발발한다. 그리고 그들은 UN군과 미군의 후방 병참기지로 다시 등장한다. 그리고 그 대가로 경제를 부활시켜 오늘날과 같은 경제 대국으로 성장했다. 2차 세계대전이 끝난 지 70여 년이 지났다. 전쟁 가해자인 일본은 한때 세계 2위의 경제 대국으로 부상했다. 힘없는 한반도만 70여 년간 분단의 비극을 안고 살아가고 있다. 요즘도 이어지고 있는 일본의 행태를 보자. 멀쩡한 독도를 자기네 땅이라고 계속 우긴다. 그리고 위안부 문제도 해결됐다고 우리 땅에 설치된 소녀상 철거를 외친다. 일본인들의 이런 모습이 결코 낯설지 않은 이유는 무엇 때문일까? 아직도 그들의 힘이 우위에 있다고 생각하며 한국을 얕보고 있다는 증거다. 이처럼 똑같은 역사가 반복되지 않으려면 대한민국 국민 모두가 목소리만 높이지 말고 내실을 기해야 한다.

인류 역사에 힘없는 국가는 이 지구상에서 모두 사라져 갔다. 일본 천황이 일본 각료를 모두 인솔하고 와서 무릎 꿇고 진정으로 사죄할 때만이 임진왜란은 끝난 것이다. 그렇기 위해서는 대한민국이 경제력과 군사력, 그리고 문화 등의 소프트 파워가 일본을 월등히 능가해야 한다. 그들 스스로가 생존하기 위해서 한반도와 손잡지 않으면 일본의 미래가 없다고 판단할 때가 와야 한다. 이런 일이 현실화될 때 임진왜란 전쟁은 진정으로 끝난 것이다. 아직도 임진왜란은 끝나지 않았다!

4. 일월오봉도

경복궁 내 근정전 임금이 앉은 자리 뒤쪽에 대규모 그림이 비치 되어 있다. 이 그림을 '일월오봉병', 혹은 '일월오봉도'라고 부른다. 이 '일월오봉도'는 조선의 왕들이 홍익인간 정신을 표방하는 개념을 그림으로 그린 것이다. 역대 왕들에게 어떻게 백성을 다스려야 하는 지를 명확히 제시해 주고 있다. 일월오봉도의 그림은 조선 왕조를 500년간 지켜냈다. 그러나 그 이면에는 숱한 과오와 시행착오도 많 았다.

이 그림은 해와 달, 다섯 개의 산봉우리, 폭포와 소나무, 그리고 파도치는 큰 바다가 그림에 그려져 있다. 그림 속의 해는 왕을 상징 하고, 달은 왕비를 상징한다. 그리고 다섯 개의 산은 국내에서 제천 의 제사를 올리는 다섯 곳의 영산을 의미한다. 그중 가운데 있는 산이 서울에 있는 북한산이다. 소나무는 직언을 할 줄 아는 곧은 신하를 의미하고 파도치는 물은 백성을 의미한다. 그 물에 나타난 의미는 평소 왕이 치세를 잘하면 그 물이 왕을 떠받치고 있다. 하지만 치세를 잘못하면 그 물이 왕을 뒤집을 수도 있다는 뜻도 함께 내포하고 있다. 이런 뜻을 담은 그림을 왕이 있는 곳에 설치했다. 왕이 돌봐야 할 것이 무엇인지를 깨우쳐 주려고 했던 것이 조선 왕조의 정신이었다. 그리고 재미난 것은 이 '일월오봉도'의 그림은 왕이 어좌에 앉아야만 비로소 이 그림이 완성된다고 한다. 결국 이 그림이 왕들에게 주고자 했던 메시지는 무엇이었을까? 밤낮으로 국가와 백성을 잘 돌보아주라는 '홍익인간 정신'을 표방한 것이다. 세상을 널리 이롭게 한다는 홍익인간 정신이 조선 왕조의 정치이념이었다. 새로 등극한 왕은 이 일월오봉도의 마음으로 정사를 펼치다가 왕이 죽어 땅에 묻힐 때 함께 묻혔다고 한다. 왕들에게 사후세계까지 이런 정신을 가지고 가라는 준엄한 깨우침이 아니었나 싶다. 과연 조선의 임금 27명 중에 이 '일월오봉도'의 교훈을 제대로 지키고 실천한 임금은 과연 몇 사람이나 될까? 고대 중국을 비롯한 주변 나라들은 왕조가 백 년도 못 가고 불과 몇십 년 만에 붕괴된 왕조가 많았다. 그래도 조선의 역대 왕들이 이런 홍익인간 정신의 마음으로 치세를 펼쳤기에 500년의 역사가 이어질 수 있었다고 본다. 그러나 그 중간중간에는 함량 미달 왕들도 있었다.

최근 대한민국의 답답한 정치 상황을 지켜보면서 과연 국민을 대표한다는 정치인들이 조선시대 '일월오봉도'에 새겨진 홍익인간 정신을 알고나 있는지 모르겠다. 하루하루 치열한 국가경쟁의 소용돌이 속에서 밤낮으로 오직 국가와 국민을 위해서만 헌신해야 한다. 이런 올바른 정치인이 많아져야 나라가 발전하고 사람들이 살만한 세상이 되지 않을까 싶다! 지금도 대한민국 정치인들은 국민의 생존과 안위는 뒷전으로 내던져놓고 오직 자신들의 정치권력 잡기에만 몰두하고 있다. 이런 쓸모없는 국회의원들과 능력 없는 지자체장들은 모두 사라져야 한다. 그렇지 않으면 일월오봉도의 시퍼런 물결이 언젠가 세상을 뒤덮을 대풍으로 변할 것이다.

5. 백악관 최후의 날

　얼마 전 봤던 영화 제목이다. 대한민국 국무총리가 미 대통령과 회담을 위해 백악관을 방문한 것으로 영화는 시작된다. 그리고 그 시각 백악관의 공중 방공망을 뚫고 이동하는 의문의 무장헬기 편대가 있었다. 대한민국 국무총리를 수행하던 경호원들과 그 시각 백악관을 관람하던 일단의 관람객들이 테러리스트로 돌변한다. 대한민국 국무총리는 현장에서 살해되고 테러리스트들이 백악관을 순식간에 장악한다. 그리고 미 대통령과 국무위원들을 인질로 생포한다.

　테러리스트들은 백악관의 전자정보 통제시스템과 핵무기 폭파 장비까지 모두 장악한다. 인질이 된 미 대통령과 국무위원들, 그리고 미국과 전 세계에 배치된 핵무기 폭파 비밀코드를 무기로 미 정부를 위협한다. 대통령 권한대행인 상원의장을 상대로 백악관을 점령하기 위해 출동한 미 특수부대 철수를 요구하여 관철시킨다. 그리고 다음은 한반도 DMZ에 주둔하고 있는 미군과 동해안에 배치된 미 7함대를 한 시간 내에 모두 철수시키라고 요구한다. 자기들의 요구를 이행하지 않을 경우 인질들을 차례대로 죽이겠다고 협박한다. 미 육군 참모총장은 미군이 한반도에서 철수했을 경우 3일 이내에 한반도는 초토화되고 수백만 명이 죽을 것이라고 반대한다. 그러나 대통령 권한대행은 대통령과 국무위원들을 위해 불가피한 조치라고 테러리스트들의 요구를 수용한다. 테러리스트들은 미 본토와 전 세계에 배치된 핵무기 폭파시스템을 가동한다. 그리고 자기들이 타고 떠날 헬기를 요구한다. 다행히 전직 대통령 경호원 한 명이 살아남아 일촉즉발의 위험에서 대통령을 구한다. 그리고 핵무기 통제 시스템을 원상복구 한다. 약 2시간에 걸친 영화를 시청하면서 이것이 단지 영화만이 아니고 실현 가능한 시나리오가 될 수도 있겠구나 하는 생각이 든다. 만약 미군이 한반도에서 철수하고 한국군 단독으로 북한군과 싸운다면 얼마나 버틸 수 있을까? 대한민국은 북한군보다 매년 30배 이상의 국방예산을 사용한다. 그러면서도 한국군 단독으로 북괴군을 제압할 수 있는 전력을 갖추지 못하고 있다. 그리고 언제까지 대한민국 군사작전 지휘권은 남의 손에 맡겨야 하나? 과거 임진왜란, 병자호란, 구한말, 그리고 6.25 전쟁의 전후 처리 모습이 생각난다. 분명 전쟁터는 한반도인데, 그 협상 테이블에 앉아보지도 못한 힘없는 대한민국이었다. 언제까지 우리는 내 땅에서 주인 행세 조차 못하고 살아야 하나?

어떤 정부는 이런 북한과 평화 협상으로 한반도의 통일을 달성하겠다는 망상으로 보냈다. 집권 5년 내내 중국과 북한 눈치만 보느라고 국가 안보만 퇴보시켰다. 그리고 국가의 생존 문제조차도 안중에 없었다. 오로지 자신들의 권력욕에 혈안이 된 함량 미달 사람들이었다. 이런 사람들에게 국가권력을 맡긴 국민들 책임도 크다. 국민들의 정치적 식견과 올바른 판단으로 국가와 민족을 위한 올바른 지도자를 선택해야 한다. 그 길만이 대한민국이 살 수 있는 생존의 길이다.

6. 손에 쥔 것을 버려야 산다

인도네시아에는 숲속에 사는 원숭이를 포획해 생계를 유지하는 사람들이 있다. 그들이 원숭이를 잡는 방법은 아주 간단하다. 나무에 구멍을 뚫어 그 구멍 속에 바나나만 집어넣으면 된다. 원숭이는 손을 구멍 속으로 집어넣어 바나나를 움켜쥔다. 바나나를 움켜쥔 손이 빠져나오지 못한다. 그 때문에 결국 사람들에게 붙잡힌다. 손에서 바나나만 놓으면 살아날 수 있는데, 당장 손에 쥔 바나나 한 개 때문에 원숭이는 생포되어 팔려간다. 이런 문제는 단지 원숭이들에게만 해당되는 욕심은 아닐 것이다.

로마의 위대한 황제 카이사르가 죽으면서 유언장을 남겼다. "나의 먼 친척인 옥타비아누스를 나의 후계자로 삼고 나의 전 재산을 가족들에게 남긴다." 당시 카이사르가 지명한 옥타비아누스는 시골의 평범한 10대 소년이었다. 아무도 그를 알아주지 않았고, 누구도 그를 진정한 카이사르의 후계자로 인정해주지도 않았다. 이때 옥타비아누스는 엄청난 결단을 한다. 그리고 그는 "카이사르는 로마 시민의 아버지였다. 나는 아버지의 유언대로 그의 재산을 카이사르의 자녀들인 로마 시민들에게 똑같이 나누어주겠다."며 카이사르의 전 재산을 로마 시민들에게 모두 나누어주었다. 그 후 옥타비아누스는 카이사르의 진정한 후계자로 인정받게 된다. 이처럼 손을 폈을 때만이 더 큰 것을 얻을 수 있고 살아남을 수 있다. 그러나 세상을 살아가는 사람들의 실제 모습은 이와 다르다. 당장 눈앞의 작은 이익을 놓지 못해 평생 어렵게 이룩해 놓은 것을 한순간에 모든 것을 잃은 사람들을 본다. 배운 것도 많지 않으시고 시골에서 농사일만 하시던 어머님의 말씀이 귓가에 맴돈다. "항상 손해 본 듯 하면서 살아라, 살다 보면 그것이 오히려 남는 것이다." 너무 이해타산만 따지지 말고 매사 손해 보는 듯하며 살아가라는 어머니의 말씀이 새삼 가슴에 와닿는다. 시골에서 많이 배우지도 못하시고 생활에 쪼들리며 사셨다. 그런 어머님의 생각과 로마 황제 옥타비아누스의 삶에 대한 생각이 같다는 것이 놀랍다. 삶의 지혜는 때로는 이처럼 시간과 공간을 초월해 일치한다. 그것이 바로 진리이고 세상을 살아가는 최고의 지혜이기 때문이다. 우리는 세상을 살아가면서 남들보다 조금이라도 더 많이 가지려고 각박한 삶을 살아간다. 그러나 시간이 지나고 나서 되돌아보면 별것도 아닌 것들 때문에 서로 의가 상해 등지고 살기도 한다.

인도네시아 숲속의 원숭이처럼 살아갈 것인지? 아니면 옥타비아누스처럼 진정한 로마 황제로 살아갈 것인지? 그 결정은 자신의 손안에 달려 있다. 더 큰 것을 바란다면 일단 손을 펴고 손에 쥔 것을 버려야 산다. 그래야 또 다른 것을 손에 쥘 수 있는 여력이 생기기 때문이다. 지금 손에 쥔 것을 버릴지 말지는 오직 본인만이 선택할 수 있다. 현명한 결정은 결국 현명한 사람의 몫이다!

오늘따라 하늘에 별이 되신 어머님 모습이 새삼 그립다.

7. 법 3장

　국회의원이 직접 몰고 가던 승용차가 절벽에서 굴러떨어져 논 바닥에 추락했다. 며칠 후 현장 확인을 나온 경찰이 사고 차량이 국회의원 차량인 것을 확인한다. 깜짝 놀라 운전자는 어떻게 됐느냐고 농부에게 묻자? 그 사람을 땅에 잘 묻어줬다고 이야기한다. 그러면 운전자가 죽었는지를 확인했느냐고 질문하자? 본인은 살았다고 하는데 국회의원 말은 믿을 수가 없었다고 말한다. 웃자고 하는 이야기지만 참 서글픈 현실이다. 많은 봉급과 수많은 보좌관을 거느린 국회의원 말을 못 믿는다면 그런 국회의원은 필요 없는 것이 아닌가?

　나라가 잘 살고 부강해지기 위해서는 위정자들이 정치를 잘해야 한다. 좋은 법을 만들고 그 법을 잘 집행해 국민이 정부와 국가를 신뢰해야 한다. 그래야 국민 모두가 소외됨 없이 행복하고 편하게 사는 세상이 될 것이다. 그런데 지금 대한민국은 정부와 국회가 법 속에 파묻혀 서로 네 탓만 해대고 있다. 그러니 매일 국회에서 자기 당의 이해득실만 따지며 싸우고 있으니 되는 것이 하나도 없다. OECD 국가 중 출산율 최하위인 나라에서 출산율 장려를 위한 누리 예산은 예산편성조차 못하고 있다. 서로 책임 공방만 하고 있다. 그리고 국회 선진화법 때문에 경제 상황은 점차 심각해지고 있다. 일자리 창출을 위한 법도 이처럼 제자리를 맴돌고 있다. 연봉 7천만 원밖에 안 되신 귀족노조 덕분에 노사정 합의는 또 물 건너갔다. 대학을 졸업한 젊은 실업자들이 넘쳐난다. 보좌관까지 함께 돈 벌어주는 국회의원님들의 직무유기로 인해 국회에서 처리하지 못한 법안이 수백 건 계류되어 있다고 한다. 기원전 206년 유방과 항우는 초나라에서 출발하여 관중에 먼저 들어간 사람이 천하의 왕이 되기로 약속했다. 유방이 먼저 관중에 들어가 진秦나라 왕 자영子嬰의 항복을 받고 옥새와 절부를 인수한다. 야영지로 돌아온 유방은 여러 나라의 노인들과 호걸들을 모아놓고 법삼장法三章을 선포한다. "지금까지 진나라의 가혹한 법에 천하의 백성들이 시달려 왔습니다. 나는 진나라의 잡다한 법 대신 다음의 세 가지 법만 시행하려 합니다. 첫째, 사람을 죽인 자는 사형에 처하고, 둘째, 사람에게 중상을 입힌 자와 도적질하는 자는 합당한 벌을 내리겠소. 마지막으로 진나라의 모든 법은 폐지하겠소!" 유방은 이 법삼장法三章 하나로 천하를 통일하고 400년 역사의 한漢 제국을 세우고 통치했다.

대한민국도 이처럼 모든 법을 폐지하고 유방이 제시한 세 가지 법만 가지고도 잘 살 수 있는 나라를 만들 수 있지 않을까? 이 세 가지 법만 시행돼도 사형을 당할 사람과 응분의 대가를 받을 사람은 차고 넘친다. 그리고 이 법삼장法三章만 존재한다면 굳이 국회의원 300명도 필요 없고 4년마다 선거를 치를 필요도 없다. 그렇게 되면 막대한 선거비용과 정당 지원비나 국회의원 세비도 안 나갈 것이다. 그리고 이들 국회의원과 보좌관들이 현장에 투입되면 생산인력이 증가하여 국가 경제도 한층 나아질 것 같다. 그리고 국가 재정도 튼튼해져 국민이 지금보다 더 잘 살 수 있을 것 같다.

8. 영화 '귀향'을 관람하고

울면서 영화를 봤다. 가슴이 미어지는 슬픔과 함께 분노가 치솟아 오른다. 왜 한반도에서 사는 사람들은 이런 수모를 당하면서 살아왔을까? 2차 세계대전이 끝나자 프랑스 남성들이 프랑스 여성들의 정조 관념이 희박하다는 여론이 들끓었다. 이때 분노한 프랑스 여성들은 "그것은 우리들 책임이 아니라 허약한 남성들 당신들 탓이다."라고 반박하였다. 이런 문제에서 우리나라도 자유롭지 못하다. 우리 역사에서 이 땅에 살면서 죽음과 치욕을 함께했던 백성들의 고단한 삶은 누가 책임져야 할까? 그리고 임진왜란, 병자호란, 일제 36년의 뼈아픈 역사는 누구를 탓해야 할까?

'귀향' 영화 마지막에 이 영화를 "정신대에 끌려갔던 분들에게 바친다."는 자막이 스쳐 지나갔다. 그러나 그것을 보는 순간 그 자막은 뭔가 잘못됐다는 생각이 머리를 스친다. "이 영화는 한반도에서 태어난 못난 남성들을 고발한다."라는 자막으로 바뀌어야 하지 않을까? 꽃다운 14~15세 어린 소녀들에게 펼쳐진 전쟁터의 지옥은 이 땅에 살았던 못난 선조들 탓이고, 못난 남성들 탓이다. 이 영화 제작을 위해 감독은 돈이 없어 10여 년 동안이나 허송세월했다. 결국 이름 없는 민초들 7만 5천여 명의 후원 덕분에 어렵게 영화가 제작되었다. 대한민국의 그 돈 많은 재벌들은 어디서 무엇을 하고 있었을까? 그리고 천만 관객을 동원한 영화감독들과 투자자들은 다 어디 갔을까? 그리고 선거철만 되면 저마다 나라를 구하겠다는 그 수많은 정치인들과 정부는 어디서 무엇을 하고 있었을까? 유대인들처럼 "쉰들러 리스트" 같은 대작 영화 한 편을 제작해 전 세계에 방영했다면 일본의 태도가 지금처럼 계속 발뺌하거나 미온적이지는 않았을 것이다. 지금도 일본은 UN에서 "강제 동원 증거가 없다."는 망언만 계속하고 있다. 이제 피해자 231명이 사망해 9명의 할머니 밖에 생존해 계시지 않는다. 엊그제 3.1절에 부산에서 또 하나의 소녀상이 추가됐다. 역사적 사실은 결코 되돌리거나 바꿀 수도 없다. 고려시대 바다 건너 왜구의 지속된 침략과 7년 임진왜란과 한 말 암흑의 시대, 그리고 일제 통치 시대 백성들이 당했던 고통과 치욕의 역사는 누가 치유해 줄까? 이 아픔을 치유하고 극복할 유일한 대안은 힘 있는 국가가 되었을 때만이 가능할 것이다. '귀향' 영화를 제작한 감독과 출연료 없이 무보수로 봉사한 손숙 님에게도 감사와 존경의 마음을 전한다.

오늘날 대한민국 모습은 너무나 안타깝다. 정치가, 기업가, 그리고 각계각층의 리더들과 전 국민이 현실을 똑바로 직시해야 한다. 그리고 통합된 국민의 힘으로 강한 국가를 만들어야 한다. 그래야만 후손들에게 자랑스러운 국가를 넘겨줄 수 있다. 세계 역사를 보면 개인이나 국가나 힘이 없으면 모두 사라져 갔다. 그것이 냉엄한 역사의 진리다! 우리에게 득이 되는 역사나 유리한 역사는 결코 남이 만들어 주지 않는다. 자랑스러운 역사는 우리 손으로 만들어가야 한다. 역사는 힘 있는 나라만이 계속 쓸 수 있다. 그 나라만의 특권이기 때문이다.

9. 위대한 만남

　오는 봄을 시샘하는 꽃샘추위가 맹위를 떨치는 3월이다. 인간이 태어나 한 세상을 살아가면서 진정으로 나를 알아주는 사람을 얼마나 만날 수 있을까? 최고 지존의 자리에 있는 사람은 항상 2인 자를 경계한다. 그리고 2인 자는 호시탐탐 1인 자 자리를 넘본다. 그러다 보니 역사는 늘 시끄러웠다. 그런데 우리 역사에 두 사람의 위대한 만남이 있었다. 그 덕분에 오늘날까지 우리 역사가 계속되고 있지 않나 싶다.

　임진왜란 7년 전쟁을 승리로 이끈 유성룡과 이순신의 만남이다. 당시 조선의 군주는 선조였다. 하지만 선조는 제 한 몸 살기에도 정신이 없었다. 실질적으로 전쟁을 이끈 사람은 이 두 사람이다. 유성룡은 도체찰사란 직책으로 전시 국정의 모든 책임을 지고 7년 전쟁을 승리로 이끈다. 그리고 이순신은 군왕 선조와 조정 대신들의 시기와 질시로 죽음의 문턱까지 간다. 천행으로 살아나서 바다에서 적을 물리치고 7년 전쟁을 종결한다. 만약 유성룡이 이순신을 천거하지 않고 임진왜란 발발 14개월 전에 전라 좌수사로 부임하지 못했다면 바다에서의 전쟁 승리는 불가능했을 것이다. 또한 유성룡도 이순신이 남해바다를 지켜내고 곡창지대인 호남을 확보하지 못했다면 천군天軍인 명나라 군대와 조선군의 군량도 확보하지 못했을 것이다. 그랬다면 결국 조선은 망해서 아마 지금쯤 일본 말을 사용하거나 중국 말을 사용하는 사람들이 이 땅에 살고 있을 수도 있었다. 유구한 5천 년의 역사와 한글의 위대함과 함께 두 분의 만남에 감사드린다. 2014년에는 영화 명량이 개봉되어 1,300만이 넘는 최대 관객을 끌어모았다. 2015년에는 드라마 징비록이 개봉되어 국민들의 관심과 사랑을 받았다. 우리 역사에는 출중한 인물들이 많았다. 그러나 때를 얻지 못하고 사람을 잘못 만나 자기의 꿈을 미처 펼쳐보지도 못하고 역사의 뒤안길로 사라진 사람들도 많았다. 조선시대만 해도 개혁가 조광조, 의병장 곽재우, 조헌, 김덕령 장군 등이 아닐까 싶다. 이순신과 유성룡은 다행히 이런 척박한 토양 속에서도 서로를 알아봤다. 이런 만남의 인연은 서로를 지지하고 후원하는 돈독한 관계가 되었다. 혼탁한 시류와 격동의 역사 속에서도 자신들의 꿈을 펼칠 수 있었다. 두 사람의 만남은 우리 역사를 바꿔놓았다.

이순신은 1598년 11월 19일 노량해전을 승리로 마무리한다. 그리고 남해에서 우리 민족의 별이 되었다. 그리고 그날 유성룡은 조정에서 파직되어 고향 안동으로 낙향한다. 두 사람의 인연은 삶의 마지막까지도 이처럼 궤를 같이한다. 한 분은 이승에서 저승으로, 또 한 분은 조정에서 고향으로 귀향한다. 두 분의 인연의 끈은 이처럼 길게 이어졌다. 오늘날 이 두 분처럼 위대한 만남이 또 어느 곳에서 이루어지길 바란다. 그리고 세상을 바꿀 새로운 역사가 만들어지길 기대해본다. 시대가 영웅을 만들기도 하지만 사람도 시대를 잘 만나야 한다. 난세에 태어나지 않아 영웅은 못됐지만 평화로운 시대, 전쟁 없는 시대를 살았던 내 삶에도 감사한다.

10. 잘못 만난 이웃

나라나 개인이나 이웃을 잘 만나야 한다. 세계 역사를 돌아보면 이웃과 관계가 좋은 나라보다 서로 불편한 나라가 더 많다. 프랑스 와 영국, 독일과 프랑스, 그리고 우리와 일본의 관계가 그렇다. 그중 에서도 우리나라와 일본의 관계가 가장 좋지 않은 사이가 아닌가 생 각된다. 일본이란 나라는 반성이나 회개할 줄 모르는 사람들이 모여 사는 나라다. 정치가들은 지난 잘못에 대해 전혀 반성할 줄 모른다. 그리고 국민들은 한국이 잘 되는 것에 대해 배가 아픈 나라다. 지금 일본 시내에서는 매일 같이 한국인들을 죽이라는 험한 시위가 끊이 지 않는 것을 보면 참으로 이상한 나라다.

그들은 고대 삼국시대부터 한반도에서 약탈과 노략질을 통해 생 존해 왔던 나라였다. 그러면서도 일본은 역사적으로 한반도로부터 선진문물을 받아들여 개화된 나라다. 신라시대부터 노략질을 일삼던 좀도둑에서 조선 중기 임진왜란을 계기로 나라를 빼앗으려는 큰 도둑으로 변했다. 임진왜란 때는 7년간 한반도가 초토화되었다. 그리고 1910년에는 강제로 조선을 식민지로 만든다. 35년간 조선 백성에게 저질렀던 만행과 잘못을 지금도 인정하지 않고 있다. 1905년부터는 멀쩡한 남의 나라 땅 독도를 자기네 땅이라고 우기고 있다. 최근에는 한민족의 피와 땀으로 이룬 한강의 기적을 자기들이 도와준 덕이라고 세계에 홍보하고 있다. 그러나 한국의 근대화에 들어간 외국의 자본은 미국과 유럽이 70% 이상이었다. 일본의 자본은 고작 20% 정도에 불과했다. 그리고 IMF 때는 한국이 망하기를 바라면서 가장 먼저, 그리고 가장 많이 일본 자본을 빼갔다. 그러나 일본이 2차 대전의 패배로 경제 상태가 파산상태일 때 그들의 경제를 살린 것은 한국전쟁이었다. 당시 후방 병참기지 역할을 했던 일본은 1950년부터 1953년까지 경제를 부활시킨다. 2차대전 패전 후 7년 만에 전쟁 전前의 국력을 회복한다. 당시 일본 총리였던 요시다 시게루는 한국전쟁이 일본 경제를 살린 것을 "천우신조였다."고 말한다. 그렇다면 한국에 대한 고마움도 알아야 할 터인데, 지금도 한국이 잘 되는 것을 배 아파하고 질시하고 있다. 일본이 저지른 처참하고 뼈아픈 상처를 어루만지며 기억하자. 그러나 보상 요구나 독도 논쟁에만 열을 올리지 말고. 이제는 전 국민이 냉철하게 극일克日하는 방법을 고민하고 실천에 옮겨야 할 때이다.

2500년 전 공자가 말한 "군군신신부부자자君君臣臣父父子子"의 화두처럼 각자가 자기 위치에서 최선을 다해야 한다. 정치가는 정치가답게, 경제인은 경제인답게, 군인은 군인답게 제자리에서 올바른 역사의식을 가지고 밥값 해야 한다. 그 길이 극일克日하는 길이다. 그리고 대한민국을 부강하고 강한 나라로 만드는 지름길이 될 것이다. 대한민국 5천 년 역사를 돌아봐도 나라가 힘이 있을 때는 우리의 강역이 넓었다. 주변 국가들로부터 존경과 선망의 대상이 되었다. 그러나 나라가 힘이 없을 때는 국론이 분열되고 영토가 좁아졌다. 역시는 늘 힘 있는 자의 편이었다.

11. 자연재해를 내 편으로 만드는 방법

　새벽부터 빗방울이 떨어진다. 태풍의 후유증으로 오늘 전국적으로 많은 비가 내릴 것이라는 기상예보가 있었다. 그리고 이 비는 주말에 다시 시작되어 장마로 바뀐다고 한다. 이처럼 계절 관계없이 지구온난화로 인해 최근에는 자연재해가 많이 발생하고 있다. 그렇다면 이런 자연재해는 과연 사람들에게 나쁜 영향만 미치고 도움이 되었던 사례는 없었는지 궁금해진다.

　큰비와 지루한 장마, 그리고 태풍, 폭설 등의 자연재해가 때로는 한 국가나 개인의 운명을 바꾸기도 했다. 서기 589년 중국을 통일한 수나라 문제는 고구려에 수나라의 신하가 되어 충성을 다하라고 요구한다. 그러나 고구려 26대 영양왕은 단호히 이를 거절한다. 수나라와의 전쟁을 피할 수 없게 됐다고 판단한 영양왕은 랴오허강을 건너 수나라의 요서 지방을 먼저 공격한다. 이 소식을 들은 수 문제는 598년 6월에 30만 대군을 이끌고 랴오허강으로 출동한다. 1400여 년 전에 이처럼 대규모 병력을 동원 했다. 하지만 이 전쟁에서 수 문제는 전투다운 전투 한번 해보지 못하고 사상자만 내고 퇴각하고 만다. 병력을 출동시킨 그해 6월은 장마 때문에 강이 범람하여 논밭이 침수되고 지루한 장마가 계속되었다. 설상가상으로 병사들은 불어난 강물에 떠내려가고 전염병까지 창궐하여 많은 병력만 잃고 철수하고 만다. 그러나 고려 말 요동 정벌을 나갔던 이성계는 지루한 장마로 인해 전쟁이 불가하다는 이유를 들어 위화도에서 회군한다. 그리고 정권을 장악한 이성계는 500년 고려사직을 마감하고 조선을 건국한다. 러시아를 침공했던 나폴레옹과 히틀러도 러시아의 혹독한 추위를 이겨내지 못하고 패배하고 만다. 그리고 그 여파로 독재자들의 영광도 함께 몰락하고 만다.

이처럼 자연재해는 인간들에게 분명 재앙이다. 그러나 이런 자연재해도 어떻게 이용하느냐에 따라 재앙이 될 수도 있고 오히려 복이 될 수도 있다. 지루한 장마와 혹한의 추위는 수나라 문제와 나폴레옹, 히틀러에게는 대재앙이었다. 그러나 고구려 영양왕은 전투 한번 하지 않고도 수나라 문제를 혼내주고 수나라 군사력에 심대한 타격을 준다. 그리고 이성계는 나라를 얻게 되었다. 러시아도 동장군의 위력으로 나폴레옹 군과 히틀러 군을 참패시켰다.

이처럼 자연을 거스르지 않고, 자연에 순응한 사람들은 자연조차도 자기편으로 만들 수도 있다는 교훈을 주고 있다. 폭염과 지루한 장마를 자기편으로 만들 줄 아는 현명한 지혜가 필요한 시기다. 장마에 대비해 철저한 준비를 해놓고 장마를 즐기는 것도 또 하나의 지혜가 아닐까? 지구온난화로 인한 자연재해가 지구촌을 훼손하고 있다. 훼손된 지구를 복구하고 회복시키는 능력과 기술을 가진 나라가 되자. 그런 능력을 구비한다면 자연재해가 오히려 성장의 발판이 될 수도 있다. 자연재해를 슬기롭게 극복하고 복구하는 지혜가 필요하다. 자연재해 극복을 위한 최선의 방법은 재해를 내 편으로 만드는 길뿐이다. 마음이 따뜻하고 눈 밝은 사람은 찾아낼 수 있을 것이다.

12. 살수대첩

사드 배치 문제로 중국의 행태가 점점 그 도를 넘어서고 있다. 더 우려스러운 것은 일부 정치인들과 그들의 행동에 동조하는 사람들이 문제다. 내 나라 내 땅에서 우리의 생존을 보장받기 위해 취하는 조치인데, 중국이 감히 남의 나라 내정에 간섭하는 것이 몹시 불쾌하다. 그러나 그들의 눈치를 살피는 사람들의 처신이 더더욱 안타깝다. 고대 로마의 명장 베제티우스는 "평화를 원하거든 전쟁에 대비하라." 경고했다. 지금 우리는 평화를 원하기 때문에 국민의 생명과 재산을 보호하기 위해 사드 배치를 서두르고 있다.

1400여 년 전前 중국 땅에 위진남북조시대를 마감하고 통일왕조 수나라가 들어섰다. 당시 수나라는 주변국들을 그들의 영향권 안에 복속시키기 위해 지금과 똑같은 행태를 보인다. 지금의 베트남과 대만, 말레이반도를 정벌하고 돌궐은 멀리 고비사막으로 몰아냈다. 그러나 당시 동아시아의 패자였던 고구려는 수나라의 통제하에 들어가지 않는다. 그러자 고구려를 정벌하기 위해 수 문제는 30만의 대군을 이끌고 589년 요하를 건넌다. 그러나 고구려인들의 강한 상무정신과 백성들의 일치된 힘으로 당대 최강의 수나라를 물리친다. 수 문제의 뒤를 이어 등장한 수양제는 무려 113만의 대군을 이끌고 612년에 고구려 정벌에 나선다. 그러나 당시 고구려 영양왕은 수나라의 공세를 예상하고 요하 일대에 천리장성을 축조하고 전쟁에 대비한다. 113만의 대병력은 요하 일대에서 고구려 성 하나도 점령하지 못하고 고전을 면치 못한다. 자신들의 예상대로 성이 함락되지 않고 진출 속도가 늦어지자 수양제는 별동대를 조직한다. 30만 5천 명으로 편성된 돌격군은 우문술과 우중문을 지휘관으로 임명한다. 평양성을 직접 공략하도록 임무를 부여한 것이다. 당시 고구려의 방어를 책임진 승상 을지문덕은 거짓 항복을 하고 협상을 핑계로 적진에 들어가 군영의 허실을 염탐한다. 그리고 무려 일곱 번이나 적에게 진지를 내주어가면서 평양성까지 철수하면서 지연전을 펼친다. 그들이 천신만고 끝에 평양성 인근에 도착했으나 그들의 보급을 책임질 내호아 수군들의 시체가 그들을 마중한다. 눈물을 머금고 철군하는 우중문의 손에는 을지문덕이 보낸 시詩 한 수만이 들려있었다.

을지문덕이 요서 일대에 미리 매복시켜 둔 고구려군에 의해 철군하던 당나라 30만 5천 명의 별동대를 대파한다. 불과 2,700여 명만 겨우 목숨을 부지해 도망가고 나머지는 전멸된다. 사전에 중국의 동태를 예의주시해 전쟁을 준비하고, 전 백성이 일치단결해 수양제를 혼내준 고구려인들의 기상과 상무 정신이 그 어느 때보다 그립다. 세 차례나 고구려 정벌을 단행했던 수나라는 결국 그 여파로 불과 29년 만에 왕조가 무너지고 만다. 아직도 대한민국 국민의 얼 속에는 고구려인들의 기상과 기백이 흐르고 있다는 것을 중국은 알아야 할 것이다. 을지문덕 장군의 힘찬 말발굽 소리가 지금도 귓가에 들려온다.

13. 이 시대의 진정한 지도자

지금 나라를 구하겠다는 집권 여당의 TK 출신 국회의원들과 일부 야당 의원들이 사드 배치에 결사반대하고 있다. 그들의 눈에는 국가는 보이지 않고 정파의 이해타산과 지역 이기주의만 보이는 모양이다. 진정으로 나라를 구하겠다는 리더는 정파의 이익이나 개인의 이익보다 국가 안위를 위해 판단하고 행동해야 한다. 오늘날 이렇게 한반도가 시끄럽고 참담한 역사를 맞이하게 된 것도 알고 보면 600여 년 전 잘못된 지도자 한 사람 탓이다.

고려 말 요동 정벌군의 최고 사령관으로 임명된 이성계는 장마 등의 4가지 이유를 들어 위화도에서 회군한다. 그리고 4년 후 500년 역사의 고려왕조를 문 닫게 하고 조선을 건국한다. 만약 그때 요동을 정복해 우리 영토가 만주를 포함한 요동까지 넓혀졌다면 대한민국의 국력과 국가 위상은 지금보다 훨씬 달라졌을 것이다. 1388년 이성계의 위화도회군 이후 한반도로 고착된 우리 역사는 중국의 간섭과 일본의 침략 대상으로 전락하고 말았다. 1592년 임진왜란 때는 백성과 나라를 모두 버리고 제 한 몸 살겠다고 국왕 선조는 앞장서 의주로 도망가고 말았다. 그런 무능하고 무책임한 지도자가 무려 40년간 이 나라를 통치했다. 그리고 명나라 황제에게 나라를 구해달라고 구걸하고 작전 지휘권까지 갖다 바쳤다. 400여 년 전의 잘못된 이런 행태는 70년 전에도 똑같이 나타나 미군에게 전시 작전 지휘권을 맡겼다. 해방된 지 80여 년이 지난 지금도 이 땅을 지키는 사람은 한반도 사람들이 아닌 멀리 바다 건너온 천군天軍인 미군이 책임지고 있다. 전시 작전 지휘권이 없는 나라다. 거기다가 지금은 핵과 미사일로 무장한 북한의 눈치만 보고 있다. 위정자들은 국익보다 개인이나 정파의 이익에만 목매고 있다. 주변국들과 세계 여러 나라들은 과연 대한민국을 어떻게 보고 있을까? 그동안 우리 역사에 한반도의 안보는 지도자의 결단과 군의 능력에 좌우되지 않았다. 오직 천군天軍에게 달려 있었다. 고려 때는 무신 집권 100년 동안 국방력은 강화하지 않고 스스로 만든 천군天軍인 팔만대장경八萬大藏經에게 모든 국운을 맡겼다. 그리고 임진왜란 때는 명나라가 천군이었다. 6.25 때에는 UN과 미군이 천군이었다. 지금도 우리나라는 천군天軍인 미군이 지켜주고 있다.

오죽했으면 애국가의 가사마다 천군天軍을 찬양하고 있을까? "하느님이 보우하사 우리나라 만세!" 스스로 힘을 기르지 않고 이처럼 하느님의 보호만 기다리는 나라가 되었다. 천군天軍에게만 기대고 있는 오늘의 대한민국의 현실이 가슴 아프다. 이 시대의 진정한 지도자라면 1000년 앞은 아니더라도 최소 100년은 내다보는 혜안과 식견을 가져야 한다. "이순신 사공 삼고, 을지문덕 마부 삼아, 파사검 높이 들고" 고토를 회복하자는 만해 한용운의 시 「무제無題」가 생각난다. 천군이 필요 없는 세상, 우리 스스로가 천군天軍인 나라가 되어야 한다.

14. 역사의 수레바퀴

지금 한반도는 또다시 100년 전 구한말의 역사로 되돌아가고 있다. 위정자들은 나라 생각보다 자신들 당의 이익과 이해타산에만 집착해 대선 놀음에 빠져 있다. 국민의 생명과 나라의 안위가 걸린 사드 배치 문제를 놓고 여야가 엇갈린 주장을 한다. 심지어 여당 내에서도 지역 이기주의와 자신들의 표만 계산하고 있다. 한 마디로 함량 미달의 우물 안 개구리들이 판을 치고 있다. 국가의 안위가 걸린 사안에는 여야가 따로 없어야 한다. 모든 국민이 한목소리를 내도 부족한 판국에 참으로 안타까운 현상이다.

구한말 대원군은 아들의 왕권을 강화하기 위해 12년 치의 세금 750만 냥을 원납전이란 미명으로 거둬들여 경복궁을 복원한다. 그리고 돈이 부족하자 다시 당백전이란 고액의 화폐를 발행하여 조선 경제를 마비시킨다. 그 틈을 비집고 일본은 철도부설권을 따내고 조선을 야금야금 잠식해 들어온다. 나라가 발밑에서부터 망해가고 있었다. 그런데도 대원군과 민비는 서로 권력을 잡기 위해 일본, 청나라 러시아를 끌어들여 집안싸움만 한다. 그리고 500년 역사의 조선은 점점 침몰해 간다. 군대가 해산되고 나라의 주권을 빼앗기고 통감 정치가 시작된다. 조선을 집어삼키기 위한 일본 군대는 조선 땅에서 청나라와 러시아를 상대로 전쟁을 벌인다. 그런데도 위정자들은 나라를 구하기보다는 자신들의 안위와 부귀영화만 추구하고 있었다. 어쩌면 이 나라가 망하는 것이 당연했지 않았나 싶다. 그런데 오늘날 대한민국의 모습이 100년 전 구한말의 모습과 너무나 닮아있다. 위정자들은 나라의 안위보다 자기 파당의 권력 다툼에만 열을 올리고 있다. 고위 공직자와 공무원들은 부패와 무사안일에 빠져 국가는 활력을 잃고 무너져 가고 있다. 그리고 수출은 감소하고 경제는 점점 위축되어 얼어붙고 있다. 과연 누가 나서서 침몰하고 있는 대한민국을 구할 것인지 참으로 안타깝고 걱정스럽다. 미국의 저명한 외교 전략가 '즈비그뉴 브레진스키Zbigniew Kazimierz Brzezinski(1928~) 박사'는 2016년 출간한 그의 저서 『전략적 비전』에서 미국이 아시아에서 밀리는 상황에서 한국이 택할 수 있는 길을 세 가지로 요약했다. 첫째, 중국에 종속되는 것, 둘째, 핵을 보유하는 것, 일본과 협력해 중국에 맞서는 것! 그러나 현시점에서 그 어떤 것도 선택할 수 없는 기로에 서있다. 그렇다면 제4의 길은 무엇인지? 어떻게 해야 강대국들의 틈바구니에서 살아남을지? 정치권과 경제인들, 그리고 국민이 한목소리를 내야 한다.

그 길을 찾지 못하고 지금처럼 우왕좌왕하고 있다면 향후 어떤 일들이 벌어질지 아무도 모른다. 주변 강대국들은 구한말 100년 전 역사를 떠올리며 다음 수순을 밟을 것이다. 중국, 일본, 러시아 그리고 또 다른 강대국들이 한반도를 집어삼키려고 모든 마수를 동원할 것이다. 한반도의 지정학적 위치와 한반도의 땅은 누구라도 탐내는 국토이기 때문이다. 지금 정신 차리지 않으면 우리의 미래는 또 다시 치욕스런 역사로 점철될 것이다. 역사의 수레바퀴는 다시 반복되고 있다.

15. 천행 天幸

며칠 전 어느 TV에서 여름방학 특선으로 영화 "명량"이 방영되었다. 단 13척의 조선 수군과 330여 척의 왜군과의 전투를 앞둔 명량해전은 죽음의 그림자가 짙게 드리워져 있었다. 칠천량해전에서 패한 조선 수군은 두려움에 떨고 있었다. 단 13척의 배로는 아무것도 할 수 없다는 좌절감과 함께 패배에 대한 두려움이다. 그러나 삼도수군통제사로 재임명된 이순신은 이미 죽기를 각오하고 전장에 임한다. 죽기를 각오한 이순신과 죽기를 두려워한 부하들은 죽음을 극복하고 명량에서 대승을 거둔다.

명량해전을 승리로 이끈 이순신에게 아들이 묻는다. 전쟁을 지휘하는 기함이 울돌목의 거센 회오리 물결 속으로 꼭 들어가야 했는지 질문한다. 그리고 잘못되면 지휘함이 빠져나오지 못하고 절벽에 부딪혀 파괴되거나 침몰할 수도 있었다. 그런데도 그 길밖에는 없었느냐고 묻고 있는 것이었다. 이순신은 "나는 모든 것을 감수하고 그 길을 택했다. 다행히 천행天幸으로 살아났다." 적을 붙잡아두기 위해서는 그 방법이 최선이었고 나의 희생은 이미 각오했다. 당시 이순신은 죽음을 각오한 전쟁이었기에 모든 것을 걸었다. 그러나 다행히 배가 회오리 속에 끌려 바위에 부딪혀 부서지기 직전 백성들이 탄 피난선들이 나타나 이순신의 지휘선을 끌어낸다. 이순신은 여기서 살아난 것을 "천행天幸"이라고 말한다. 국어사전에는 천행을 "하늘이 준 은혜나 다행"이라고 기술되어 있다. 그러나 이순신은 막연히 하늘이 그를 구한 것이 아니라 백성들이 그를 구해준 것을 천행이라고 표현한다. 즉 백성이 하늘이라는 이순신의 생각을 말하고 있다. 이 시대를 사는 위정자들과 각계각층의 리더들이 다시 한번 생각해볼 화두다. 사드 배치 문제로 주변국들의 거센 압력에 굴복하였다. 국익에 반하는 의견을 피력하는 과거 정권의 장관이나 일부 교수들의 그릇된 발언이 안타깝다. 설령 자신의 소신이나 견해와 다르다고 하더라도 국가의 정책으로 한번 결정되었으면 그것을 수용해야 한다. 그리고 모두가 한목소리를 내는 것이 성숙된 사회의 모습이고 강한 국가의 모습이다. 모든 위정자들과 공직자, 그리고 지도층 인사들이 평소 '백성이 곧 하늘'이라는 의식을 갖는다면 이런 현상은 일어나지 않았을 것이다.

이들의 그릇된 행태는 백성들의 안위보다 세상에 자기 자신을 알리기 위한 수준 낮은 공명심 탓이다. 이처럼 "천행天幸"은 백성들의 안위를 위해 죽음을 불사한 공직자의 근무 자세에서만 나타난다. 오로지 백성들로부터만 천행天幸을 구할 수 있는 것이다. 400년 전에도 이순신은 멸사봉공의 근무 자세로 백성들의 지지와 호응을 얻었다. 그리고 그것을 스스로 "천행天幸"이라고 말하고 있다. '백성이 곧 하늘'이라는 이순신의 생각은 21세기에도 통하는 화두가 아닐까 싶다. 천행은 결코 거저 얻어지지 않는다. 죽음을 불사한 애국애족의 리더십만이 천행을 불러올 것이다.

16. 에비(耳鼻)

어제 어느 칼럼니스트가 쓴 글 중에 '중국 = 에비(耳鼻)'론論을 이야기하고 있다.

최근 한반도에서 벌어지고 있는 사드 배치에 대한 문제를 놓고 안타까운 심정을 피력한 글이다. 일부 사람들의 "에비가 오지 않게 하려면, 미·중 사이에 균형 외교를 해야 한다."는 논지는 잘못된 것이라고 그는 강력히 반박하고 있다. 그 의견에 100% 동감한다. 국가의 사활이 걸린 사드 배치 문제는 남의 나라 눈치를 볼 사안이 아니다. 우리의 생존권이 걸린 문제이기 때문에 최초 계획대로 추진되어야 한다. 여기서 '에비(耳鼻)'라는 가슴 아픈 단어에 대해 잠시 생각해 본다.

'에비' 혹은 '이비(耳鼻)'라는 단어의 어원은 420여 년 전 임진왜란 때 생긴 가슴 아픈 역사의 산물이다. 왜군은 전쟁을 시작하면서 적을 사살한 전과 보고를 적의 귀를 잘라서 보고하도록 전군에 지시한다. 임진왜란 발발 시부터 1597년 정유재란이 일어나기 전까지는 조선군과 명나라군의 귀를 잘라 소금에 절여 일본 땅으로 보내게 하였다. 귀가 두 개란 것을 알고 정유재란 때는 코를 잘라 전과 보고를 하게 한다. 왜군은 전과 보고를 부풀리기 위해 힘없는 조선 백성들의 귀도 잘라가고 코도 베어 갔다. 그러다 보니 당시 조선의 백성들은 왜군들을 보면 '코 베어 간다', '귀 베어 간다' 하면서 '에비야, 이비(耳鼻)야'를 외치면서 도망갔다. 그 아픈 역사가 지금도 아이가 태어나 성장해가면서 기어다니다 걸음마를 배운다. 아기가 위험한 것을 만지거나 무서운 것을 보면 '이비', 혹은 '에비' 하면서 못하게 말리거나 경고하는 단어로 자리 잡게 된다. 지금도 충청, 전라, 경상도에서는 쓰이고 있는 말이다. 도쿄의 도요토미 히데요시를 기리는 도요쿠니 신사 입구에는 430년 전 당시 전과 보고를 위해 베어간 조선군과 명나라군, 그리고 힘없는 조선 백성들의 코와 귀를 묻어둔 귀 무덤(미미츠카)이 있다. 그 숫자가 무려 16만여 명이나 된다. 참으로 가슴 아프고 치욕적인 역사의 잔해다. 그런데 430년 전의 악몽이 사라지기도 전에 이제는 중국이 '에비, 이비'의 무서운 모습으로 우리 앞에 다시 나타난 것이다. 언제까지 우리는 이렇게 당하고 강대국에 휘둘리면서 살아야 하는지 참으로 가슴 아프다.

국론이 통일되지 못하고 각자의 의견과 지역 이기주의가 득세해서는 안 된다. 이 시점에서 국론이 분열되어서도 안 된다. 대한민국 국민 5천만이 하나로 똘똘 뭉쳐 한목소리를 내야 한다. 허리띠를 졸라매고 신발 끈을 다시 조이면서 이 위기를 슬기롭게 극복해야 한다. 그 무엇과도 바꿀 수 없는 우리 민족의 생존이 걸린 문제이기 때문이다. 일본의 귀 무덤과 코 무덤을 반환받아 조국에 안장해야 한다. 그것이 후손들이 해야 할 의무이기 때문이다. 그리고 일본의 진정한 사과를 바란다. 그 길이 한일 관계의 평화와 우호를 위한 초석이 될 것이다. 그리고 그 행위가 일본이 저지른 죄를 사해주고 인류 평화에 사죄하는 길이 될 것이다. 아픈 역사를 가져다준 '에비'라는 단어는 쓰지 않아야 할 단어다. 그러나 반드시 가슴에 새겨야 할 단어다.

17. 역사를 망각한 민족

　　대한민국은 지금 역사문제로 아침저녁이 시끄럽다. 며칠 전 끝
난 이산가족 상봉을 TV로 보면서 참으로 못난 민족이고 안타까운
민족이란 생각이 든다. 전 세계에 하나밖에 남지 않은 분단국 대한
민국이다. 민족의 통일문제를 수많은 사람들은 원한다. 하지만 북측
김정은 일당과 그를 비호하는 기득권들의 권력욕에 7천만 민족이
볼모로 잡혀있다. 그런데 더 놀라운 사실은 그들을 추종하는 세력이
남한에도 각계각층에 기생하고 있다고 하니 참으로 한심하고 답답
한 노릇이다.

　　430여 년 전 왜군의 침략으로 7년 전쟁이 조선 땅에서 벌어졌다.
당시 임진왜란을 조선의 승리로 끝났다고 자위하지만 전 국토는 폐
허로 변했다. 문화재가 모두 불타거나 수탈당한 입장에서 과연 조선

의 승리라고 할 수 있을까? 일본은 이때 납치해간 조선의 도공들을 일본으로 데려가 도자기 문화를 꽃피운다. 1600년경 명나라가 망하고 청나라가 들어서면서 중국의 도자기 수출이 급감하자 일본의 도자기들이 유럽 수출로 호황을 맞게 된다. 1600년 중반 일본이 외국으로 수출해 벌어들인 돈의 90%가 도자기를 수출해 벌어들인 돈이다. 그리고 일본은 그 돈을 종잣돈으로 하여 메이지 유신을 단행한다. 그 덕분에 아시아에서 가장 먼저 근대화를 이룬다. 한마디로 오늘의 일본을 만든 것은 임진왜란 때 일본으로 끌려간 조선 도공들이 만들어 낸 피눈물과 땀방울의 결과다. 그들은 조선에서는 천민으로 대접받고 무시당하다가 일본으로 끌려가서 지방 영주들의 비호 아래 도자기로 성공했다. 바로 그들이 오늘의 일본을 만든 사람들이다. 과연 임진왜란은 조선의 승리였을까? 지금도 일본과의 전쟁은 끝나지 않았다. 역사를 망각한 민족은 또다시 역사의 수레바퀴에 깔려 비참한 말로를 맞이할 수밖에 없다. 이 시점에서 역사 논쟁은 매우 불필요한 국력 낭비일 뿐이다. 5천 년 역사 중에 통일신라 259년, 고려 457년, 조선 512년, 도합 1200여 년만 주변 나라들로부터 무시당하고 살았을 뿐이다. 3천800여 년의 시대는 중국과 자웅을 겨루며 중원을 누볐다. 그리고 일본에 우리의 선진문물을 전수해주면서 오늘날의 일본을 만들어줬다.

오늘날 대한민국은 14억 중국보다 경제, 문화, 정치면에서 우월하다. 그리고 1억 인구를 가진 일본보다 우리가 더 앞설 수 있는 조짐들이 나타나고 있다. 일본 대장성 관료 출신인 '노구치 유키오(81)' 히토쓰바시대 명예교수는 2020년 구매력 평가 기준 1인당 GDP에서 한국은 43,319달러로 세계 19위, 일본은 41,775달러로 세계 23위라고 발표했다. 그리고 2020년 노동 생산성에서도 한국은 세계 24위인데, 일본은 28위다. 일본은 2030년이 되면 1인당 GDP가 OECD 절반 수준으로 추락한다. G-7자리도 한국에 뺏길 것이라고 경고한다. 비록 국토는 좁고 인구는 그들보다 적지만 우수한 민족성과 훌륭한 자질을 가진 대한민국 5천만 국민이 있다. 그리고 우리의 소프트파워는 현재 전 지구촌을 강타하고 있다. 아픈 역사는 잊지 말자.

18. 지도자의 역량이 국가의 운명을 결정한다

430여 년 전 1597년 7월 16일 이른 새벽 칠천량해전에서 조선 수군이 궤멸된다. 임진왜란이 발발하고 무려 6년간 제해권을 장악하고 단 한 번도 패하지 않았던 조선 수군이 패한 것이다. 그것도 임진왜란 발발 이후 꾸준히 전선을 증강하고 전투병을 훈련 시켜 조선 수군은 당시 최고의 전투력을 보유하고 있었다. 패인은 무능하고 능력 없는 인물을 3도 수군통제사로 임명한 결과였다. 국왕 선조의 오판과 자기 당파의 권력 연장을 위한 이해득실만 따지는 조정 대신들의 사리사욕이 부른 결과였다.

1592년 4월 임진왜란 발발 이후 부산 앞바다에 나타난 왜군은 싸움다운 싸움 한번 제대로 치루지 않았다. 그리고 단 20일 만에 한양이 무혈점령된다. 지금처럼 고속도로가 개설된 것도 아닌 상태에서 놀라운 속도로 진출한 것이다. 당시 부산에서 한양까지 산길을 따라 거리를 환산해 보면, 대략 600~700km는 되었을 것이다. 하루에 최소 30~35km를 이동했다는 계산이 나온다. 나라를 지켜야 하는 통치자와 조정 대신들, 그리고 조선의 군대는 다 어디 가고 죄 없는 백성들만 전쟁의 참화 속으로 내몰렸다. 왜군의 너무 빠른 진격에 명나라는 조선이 왜의 앞잡이가 되어 명을 침공하는 것이 아닌가 하고 의심했다고 한다. 또한 백성들도 자신들을 버리고 도망가기 바쁜 선조와 무능한 정부를 지켜본다. 그리고 지리멸렬한 조선 관군을 보고 조선을 등지고 왜군의 앞잡이가 된 백성들도 많았다고 한다. 이런 외우내환의 위급한 국가 운명을 일거에 반전시킨 인물이 바로 이순신이다. 조선 육군이 연전연패하는 와중에 도망가는 선조와 조정 대신들에게 날아든 낭보가 옥포해전승리 소식이었다. 1592년 5월 7일 옥포해전 승리를 시작으로 합포, 적진포, 사천포, 당포해전 등 연이은 승리 소식에 선조와 조정 대신들은 환호했다. 명나라도 이 소식을 듣고서야 조선이 명나라의 앞잡이가 아니라는 것을 인식하고 명나라군을 파병하기에 이른다. 그리고 그동안 왜군에 동조하거나 겁을 먹고 사태만 관망하고 있던 조선의 백성들도 적을 물리쳐야 한다는 적개심과 자신감을 가지고 의병이 전국에서 들불처럼 일어나기 시작했다. 이처럼 이순신의 해전 승리는 단순히 하나의 전투 승리로만 생각하면 안 된다. 명나라 조정과 조선 백성들의 마음을 움직이게 한 것이다. 이런 배경에는 이순신과 조선 수군의 역할이 매우 컸다. 이런 조선 수군이 칠천량해전에서 전투다운 전투 한번 제대로 해보지 못하고 왜군의 포위 작전에 말려들어 칠천량 앞바다에서 모두 수장되고 만다.

임진왜란 발발 이후 칠천량해전 전前까지는 단 한 번도 패하지 않았던 조선 수군이다. 그런데 이처럼 허무하게 무너진 것은 리더 한 사람의 잘못된 기용 때문이다. 오늘날 국내 정치 상황을 보면서 리더의 중요성을 다시 한번 뼈저리게 통감한다. 리더의 한 사람의 능력과 자질에 따라 국가 운명이 결정된다. 칠천량해전 패배는 이런 교훈 하나 얻기에는 너무나 큰 손실이고 값비싼 대가였다.

19. 극일克日 방안

　새해 벽두부터 일본은 또다시 역사를 왜곡 및 날조하고 있다. 최근 일본은 사도 광산을 유네스코 세계문화유산으로 만들기 위해 등재를 추진하고 있다. 그러나 일본은 2010년 잠정목록에 처음 올릴 때부터 강제노역으로 끌려간 1천여 명 이상의 조선인들에 대해서는 전혀 언급하지 않았다. 문화계 일각에서는 이를 놓고 "정부가 사도 광산의 등재 추진은 물론 조선인 강제 노역 문제를 언급하지도 않은 것이 아니냐."는 지적이 나왔다. 정부의 부실 대응에 대한 문화계의 질타도 충분히 이해가 간다. 하지만 일본인들의 의식구조나 사고방식은 바뀌지 않는다.

　한반도에 대한 잘못된 인식은 대한민국 정부의 항의나 시민 몇 사람의 규탄 정도만 가지고는 절대 바꿀 수 없다는 것을 우리는 알아야 한다. 세계 역사를 보면 힘이 없는 국가는 강대국들로부터 굴욕과 수난을 당하다가 역사 속으로 사라져 갔다. 우리의 국력과 역량을 키워야만 일본의 잘못되고 왜곡된 역사를 바로잡을 수 있다. 세종은 1419년 이종무를 시켜 대마도를 정벌하여 그들의 본거지를 공략한다. 그러나 안타깝게도 세종 이후 올바른 지도자 부재로 그들을 다시 불러들였다. 조선 중기는 임진왜란 7년 전쟁의 참화로 온 나라는 초토화되었다. 그리고 조선말에 나라를 빼앗기는 치욕의 역사로 점철되고 만다. 지금도 역사는 힘이 있는 나라만이 존재할 수 있다는 준엄한 경고를 우리에게 던져주고 있다.

최근 K팝, K드라마가 주도한 한류 콘텐츠 수출 규모가 한국 7,900억 원, 일본 5,400억 원으로 아시아 콘텐츠 강국 일본을 멀리 따돌리고 있다. 5년 전만 해도 세계 한류 콘텐츠 수출 규모는 56억 1,000만 달러에 불과하였다. 그러나 2021년에는 115억 6천만(약 13조 8,315억 원) 달러로 두 배가량 증가하였다.

세계적으로 일고 있는 한류는 갑자기 어느 한순간에 만들어진 것이 아니다. 이렇게 된 배경에는 조선시대부터 일본을 능가한 세종대왕, 이순신, 박정희 같은 참다운 지도자와 묵묵히 자신의 일에 혼과 열정을 다한 수많은 민초들 덕분이다. 한 마디로 뛰어난 지도자들의 혜안과 리더십의 결과물이다. 그리고 5천 년 한민족의 얼과 한恨, 신바람이 응축된 결과가 아닐까 싶다. 이런 한류의 막강한 확장세와 우리 민족의 근면성과 창의성을 가지고 우리의 세계시장을 계속 넓혀나가야 한다.

한류의 성장과 경제력 확장이 바로 극일의 지름길이 아닐까 싶
다.

20. 침묵은 비겁한 자들의 자해행위!

2022년 베이징 동계올림픽 개막식에서 중국 국기를 게양하는 이벤트에 56개 소수 민족 사람들이 자신들의 전통 복장을 하고, 중국 국기를 이송하는 장면을 연출했다. 그 자리에 한복 입은 조선족의 모습도 보였다. 자신들은 당연한 것으로 생각할지 모르지만, 과거 조선족은 오늘날의 대한민국 국민이다. 국가 간 최소한의 예의나 도리를 생각한다면 이런 행태는 연출해서는 안 될 처사다. 우리가 만약 전 세계인이 보는 앞에서 우리나라에 사는 중국인을 대한민국 내 소수 민족이라고 전통 중국옷을 입혀 국기 게양대 앞에 세운다면 중국은 어떤 기분이 들까?

국가 간에도 최소한의 예의가 있고, 지켜주어야 할 도리가 있다. 56개 소수민족 사람들이 모두 다 좋아하지는 않았을 것이다. 중국

내에는 아직도 자기 나라 독립을 외치는 나라들도 있고, 특히 한복 입은 조선족의 후예는 남북한만 7천만 명이 살고 있고 대한민국은 세계 10대 경제 대국이다. 한복은 우리 고유의 복장이고 한민족을 대변하는 상징적 의미가 크다. 문제는 잘못된 중국인의 의식을 살펴볼 필요가 있다. 시진핑은 2017년 미국 트럼프 대통령과 회담 중에 "한국은 역사적으로 중국의 일부"라고 이야기한다. 이 한마디로 중국인들의 한국에 대한 인식을 가늠할 수 있다. 지금 중국은 역사 왜곡을 통해 5천 년 한반도 역사를 모조리 부정하고, 자기네 역사로 날조하고 있다. 일례로, 2002년부터 동북공정으로 고조선의 역사와 고구려 역사를 날조 및 왜곡하고, 1998년부터는 백두산을 중국식 명칭 장백산으로 명칭을 바꿔서 부르며, 고대부터 자기네 땅이었다고 주장하고 있다. 2020년부터는 김치도 자기네 것이고 한복도 중국 것이라고 우기고 있다. 이번 한복 공정을 지켜보면서 갑자기 바다 건너 일본의 과거 행태가 생각난다.

1907년 일본은 메이지유신 40주년 기념 도쿄 박람회 전시관에 한복에 갓 쓴 남자와 쪽진 머리에 한복 입은 여자를 전시했다. 그리고 그날 신문에 "조선 동물 2개가 있는데, 아주 우습다."라고 기록하고 있다. 피가 거꾸로 솟는다. 1907년이면 청일전쟁과 러일전쟁을 승리로 이끈 일본이 헤이그 밀사 사건을 빌미로 고종을 강제 퇴위시키고 순종을 등극시킬 때다. 조선을 합병하기 위한 마지막 수순을 밟고 있는 순간이었다.

세계 10위의 경제대국 대한민국이 주변국들로부터 이처럼 우롱 당하고 무시당하고 있는, 최근의 사태를 보면서 그동안 정부는 무슨 조치를 하고 있는지 참으로 궁금하다. 그동안 동방예의지국 대한민 국은 아무 말도 하지 않고 있다. 역사는 기억되었을 때 우리의 역사 가 되고 잊혀진 역사는 남에게 빼앗길 수밖에 없다. 올바른 지도자 는 자신의 역사를 지킬 줄 알고 자신과 국가의 존엄성도 지킬 줄 알 아야 진정한 지도자이고 리더다. 침묵은 비겁한 자의 회피에 불과하 고, 가해자의 부당성을 인정하는 자해행위이다. 오늘날의 이런 사태 에 책임질 지도자는 과연 아무도 없는지 묻고 싶다.

II

교육

Education

1. 평생학습 효과

얼마 전 어느 일간지에서 세계 400대 기업에 대한 기사를 접했다. 미국 등 선진국은 자수성가형 기업가들이 일군 기업이 70% 이상이라고 한다. 그러나 우리나라의 세계적 기업은 모두가 상속형 기업이다. 그러다 보니 대한민국 사회에서는 수저계급론이 등장했다. 젊은이들이 미래에 대한 꿈이 없고 현실에 좌절하는 사람들이 늘어나고 있다. 그러나 이런 어려운 환경에서도 세계 400대 기업에는 못 들지만 나름대로 자기 분야에서 최선을 다하고 있는 기업들도 많다. 맨손으로 시작해 스스로 못 배운 한계를 극복해 성공적인 기업을 일군 CEO들이 바로 그들이다.

국내 1위 계란 유통기업인 '조인'의 한재권 회장의 삶을 살펴보자. 그는 1979년 직원 3명과 함께 서울 내곡동에서 병아리 부화장을 시작했다. 그의 정규학력은 초등학교 졸업장이 전부다. 그의 사업은 2005년에 300억대이던 매출이 9년이 지난 2014년에는 700%나 증가했다. 이처럼 그의 사업이 번창하게 된 원동력은 끊임없는 '학습의 힘'이었다. 10년 넘게 매월 7,000km에 달하는 거리를 스스로 운전하며 전국을 돌았다. 그러다 그는 40세 때 배움에 대한 갈증을 느껴 운전기사를 고용한다. 그리고 자동차 뒷좌석을 독서실 삼아 하루 4~5시간씩 경영, 경제, 회계 분야와 미래를 예측 할 수 있는 서적을 꾸준히 탐독했다. '피터 드러커' 박사와 '이나모리 가즈오 회장'의 저서는 모조리 밑줄 쳐가며 읽고 또 읽었다. 그리고 책에서 배운 이론과 지식을 회사업무에 어떻게 적용할지 직원들과 토론을 생활화 했다. 이렇게 정독한 서적만도 1,000여 권이 넘었다. 그리고 매일 아침 5시 이전에 일어나 조찬, 만찬, 학습 프로그램에 참석해 경영 노하우를 배우고 세계 경제 흐름에 눈뜨게 된다. 평소 꾸준히 새벽 휴대폰 앱 강좌를 통한 공부로 대학원생 뺨치는 외국어와 인문학 식견을 갖춰나갔다. 20년간의 이런 노력 덕분에 2010년에 매출 1,000억 원을 넘는 기적이 찾아온다. 그리고 다시 4년 만에 회사 매출은 2배를 뛰어넘어 2,000억을 넘게 된다. 평소 자신의 부족한 학력을 극복하기 위한 끊임없는 노력이 기업의 매출을 이처럼 극대화 시킨 것이다.

결국 어떤 일을 하든지 간에 끊임없는 학습은 자신을 발전시키고 앞으로 더 나아갈 수 있게 해주는 동력을 만들어준다. 나이와 신분에 상관없이 꾸준히 책을 보고 스스로 공부하는 사람만이 살아남을 수 있는 세상이다. 평소 학습의 힘은 이처럼 대단하다. 현실을 탓하지 않고 평생 공부하는 사람은 자신의 꿈을 이룰 수 있다. 이처럼 진취적인 삶을 살아간 조인 그룹의 한재권 회장이 우리에게 준 살아 있는 교훈이다. 때로는 이런 결핍조차도 자신을 채찍질하는 동력으로 잘 활용하면 성공적인 삶을 살 수 있다. 결핍을 성취의 동력으로 승화시킨 한재권 회장님의 삶에 아낌없는 박수를 보낸다.

2. 청년실신 시대

　　사람들은 이 시대를 '청년실신 시대'라고 부른다. 대학을 졸업하고도 취업하지 못한 실업자와 대학 공부하기 위해 대출받은 학자금을 상환하지 못해 신용불량자가 된 청년들의 처지를 말한다. 그리고 4년제 대학을 나와 어렵게 대기업에 입사해도 50세 이전에 잘리는 직장인들도 많다. 이들은 또다시 일자리를 찾아 길거리로 나서고 있다. 지금 대한민국은 남녀노소를 불문하고 모두가 취업 전쟁에 돌입하고 있다. 생계를 해결할 직장을 얻어야 최소한의 인간으로서 살아남을 수 있기 때문이다.

　　어제 어느 친구가 서울시 주차 관리 요원을 선발하는데 응시했다. 그런데 놀랍게도 25명을 선발하는데 무려 650명이나 지원했다고 한다. 우리 사회 청장년층의 취업난의 한 단면을 보는 것 같다.

친구는 이런 치열한 교통 고시에서 1차 필기시험에 100점 만점에 95점을 받고 운전 실기, 면접 등의 과정을 거쳐 최종 합격했다. 친구의 합격을 축하한다. 이처럼 자신이 노력해서 정당한 평가를 받고 합격한 것이 당연한 수순이고 노력의 대가인데, 지금 우리 사회는 지금 이런 기본 룰과 원칙조차 무너지고 있다. 얼마 전 '매경과 사람인'이 함께 조사한 어떤 설문조사에 의하면, 직장인 2명 중 한 명은 우리 회사에 낙하산이 있다고 믿는다. 그리고 빽으로 들어온 이런 사람들이 오히려 입사 후에 특혜를 받는다. 이렇게 응답하는 사람들이 무려 84%에 달했다. 그렇다면 기업 낙하산들은 과연 어떤 사람들일까? 그 대상자들을 살펴보니 82.1%가 회사 임원 자제나 친인척이고 거래처 간부 자제나 친인척도 17.8%나 차지하고 있다. 그리고 국회의원 등 사회지도층 인사들의 자제나 친인척들이 7.35%나 된다고 한다. 과거에는 이런 낙하산 출신들은 자신의 신분을 숨기고 쉬쉬하는 최소한의 염치라도 있었다. 지금은 드러내놓고 자신이 낙하산이라고 말한다. 이런 낙하산 출신들은 모두가 부러워하는 꿀 보직을 차지한다. 그러다 보니 상사들도 함부로 하지 못한다고 한다. 이런 천국 같은 신나는 직장생활이 또 어디 있을까? 이런 사회풍토 속에서 청년들과 취업을 희망하는 많은 사람들은 절망한다. 도대체 왜 계약직 교직원을 뽑는데 부모 직업을 묻는지 모르겠다고 토로하는 사람들도 있다. 지원자의 능력과 품성, 그리고 열정만 보면 되는 것 아닌가? 부모의 직업과 직급까지 알아서 자녀 취업에 당락을 결정짓는 사회는 결코 건강한 사회가 아니다.

결국 이런 사회풍토가 개천에서 용이 날 수 없게 만들고, 바로 이런 모습들이 흙수저들을 더 비참하게 짓밟고 있다. 모두가 자기 능력대로 인정받고 자기 역량 것 노력해서 꿈을 키울 수 있어야 한다. 올바르고 공명정대한 취업풍토가 만들어져야 청년들이 살아갈 수 있다. '청년실신 시대'라는 자조적인 단어보다 '청년도약 시대'라는 희망차고 멋진 용어가 등장했으면 좋겠다. '청년도약 시대'에는 전국 팔도에서 여의주를 물고 비상하는 멋진 용들의 승천을 그려본다.

3. 한 사람의 인재가 역사를 바꾼다

세상의 모든 일을 구상하고 계획하는 것은 사람이다. 그리고 그 일이 되도록 추진하는 것도 사람의 몫이다. 결국 사람이 모든 것을 좌지우지하고 결정하게 된다는 뜻이다. 따라서 어떤 일을 추진하고자 할 때 그 일을 수행할 사람의 능력이 일의 성패를 좌우한다. 아무리 훌륭한 계획이라도 사람을 잘못 쓰면 실패할 수밖에 없다. 그래서 훌륭한 인재를 찾아내는 일이 무엇보다 중요하고 우선이 되어야 한다.

초패왕 항우는 부와 권력을 가진 부모와 집안의 막강한 위세, 그리고 자신의 뛰어난 힘과 기량이 타의 추종을 불허할 정도로 많은 것을 다 가진 인물이었다. 그러다 보니 모든 것이 자신 뜻대로 좌우되고 뜻대로 이루어졌다. 굳이 남의 조력과 도움이 필요하지 않았다. 반면 유방은 자신의 출신도 보잘 것 없었고 가진 것도 없었다. 그러다 보니 주변 사람들의 도움과 조력이 필요했던 인물이다. 이처럼 서로 출발부터가 극과 극을 달린 두 사람이었다. 하지만 항상 부족했던 유방이 승리하게 된다. 유방을 도와 중국을 통일하고 한漢나라를 세운 개국공신 중에 소하라는 걸출한 참모가 있었다. 소하가 한신을 유방에게 추천한 재미난 일화가 있다. 원래 한신은 초나라의 항우 밑에서 성문 위병조장 정도의 직책인 집극랑이란 하찮은 직책을 수행하고 있었다. 한신은 자신의 능력을 인정해 주지 않는 항우를 떠나 유방을 찾아온다. 그러나 유방 역시 한신의 능력을 인정해 주지 않자 유방 곁을 떠나게 된다. 한신의 뛰어난 능력을 알아본 소하가, 군왕 유방에게 한신의 발탁을 건의한다. "왕께서 한중의 왕으로만 만족하신다면 한신의 문제를 거론하지 않겠습니다. 그러나 천하를 놓고 다투시려면 한신이 아니고서는 함께 일할 사람이 없습니다." 군왕의 역린을 건드릴만한 직언으로 한신을 추천한다. 소하의 추천으로 한신은 일약 대장군으로 발탁된다. 대장군이 된 한신은 많은 전투에서 연전연승한다. 그리고 마지막으로 초패왕 항우를 물리쳐 천하를 통일해 유방에게 바친다. 이처럼 무장으로서 출중한 능력을 가진 한신이었지만 소하의 추천이 없었다면 빛을 보지 못했을 것이다. 그리고 유방도 천하통일이 쉽지 않았을 것이다. 세상 모든 일은 결국 사람이 구상하고 사람이 만들어 낸다. 만약 항우가 유방보다 먼저 한신의 능력을 알아보고 발탁했다면 중국의 역사는 또 다른 궤적을 그렸을 것이다. 이처럼 한신이란 걸출한 인재 한 사람 때문에 유방과 항우의 삶의 명암이 엇갈렸다.

　이런 인재를 알아보는 탁월한 식견을 가진 소하라는 출중한 참모를 둔 유방의 복이다. 세상을 살아가면서 자기를 알아주는 사람이 있다는 것은 참으로 복 받은 삶이다. 한신의 능력을 알아주고 목숨 걸고 추천해준 소하의 뛰어난 안목과 유방의 부족함이 거둔 승리다. 세상 살면서 모든 것을 다 갖춘 풍요도 좋지만 때로는 이런 적당한 결핍도 필요하다.

　결핍은 꿈을 이루겠다는 강력한 삶의 원동력이 될 수도 있기 때문이다.

4. 관노 장영실을 발탁한 조선 태종

　　주말연속극 장영실을 보면서 참으로 대단한 인물이란 생각을 하면서 매주 흥미롭게 봤다. 그동안 장영실 하면 초등학교 때 교과서에서 봤던 기억이 전부였다. 그러나 이번에 방영되는 드라마를 보면서 새롭게 인식하게 되는 계기가 되었다. 신분 질서가 엄격히 구분된 조선 사회에서 양반도 아닌 종의 신분이었던 천민이 이런 큰일을 하게 된 것이 신기하다. 그리고 이런 대단한 인물을 과연 누가 어떤 연유로 발탁하게 되었는지 더 궁금하다.

　　장영실의 발탁은 세종이 아니고 3대 태종이 발탁했다. 태종 하면 떠오르는 역사의 기억은 고려 말 충신인 정몽주를 개성 선죽교에서 죽인 사람, 그리고 자신이 왕이 되기 위해 왕자의 난을 일으켜 형제들을 죽인 비정한 권력의 화신 정도로 기억된다. 조금 더 부언

한다면 자기 아들 세종의 든든한 왕권 강화를 위해 자기 당대에 모든 악역을 자처했던 왕 정도로 알고 있다. 그러나 태종은 능력을 갖춘 사람은 누구나 신분에 구애받지 않고 발탁했다. 그리고 그 역량을 새로운 왕조에 동참하도록 했던 뛰어난 창업 군주였다. 그렇다고 태종의 권력 잡기에 혈안이 되었던 부분까지는 인정하고 싶지 않다. 조선 사회는 철저한 신분사회로 종의 신분은 인간이 아닌 소나 말과 같은 가축으로 인정하여 사고파는 것이 보편화된 사회였다. 당시 말 한 마리 값이 종 두 사람과 같은 가격으로 매매되고 있었던 사회였다. 그런 사회에서 관가의 종이었던 장영실을 발탁해 종의 신분을 면천해 준다. 그리고 종3품의 벼슬까지 오르게 된 것은 대단한 파격이고 신분 상승의 기적이다. 당시 종3품의 벼슬은 양반 신분의 사대부들도 오르기 힘든 벼슬이었다. 장영실을 발탁한 것은 3대 태종이었다. 그리고 자기의 기량을 마음껏 펼칠 기회를 주고 여건을 만들어 준 것은 4대 세종이었다. 조선 왕조 500년의 역사 속에서 최고의 인재 선발은 바로 관노 장영실이 아니었나 싶다. 가축보다 못한 종의 신분에서 발탁된다. 한 시대를 뛰어넘어 조선 백성들의 삶을 개선시킨 장영실의 장엄한 삶을 다시 한번 되돌아본다. 인재를 선발한 태종의 안목도 뛰어났다. 하지만 장영실 스스로 자신의 능력을 계발했다. 그리고 열악한 환경에서도 좌절하지 않고 부단한 노력을 한 관노 장영실의 삶에서 많은 것을 배운다.

우리가 사는 오늘날은 신분에 대한 차별이 없는 사회다. 사람들은 발탁되지 못한 것을 한탄하고 아쉬워한다. 그러나 자신의 능력만 출중하다면 언제든지 발탁될 수 있는 사회다. 만약 발탁되지 못하다면 스스로 자신을 발탁해 멍석을 깔면 되는 사회이기도 하다. 사람들은 이것을 창직創職이라 부른다. 자신이 좋아하는 것, 자신이 잘하는 것을 찾아내 그 분야에서 제일 잘하는 사람이 되면 멋진 삶을 살 수 있다. 세상 살면서 좌절하며 남들은 부러워하는 것보다 자신의 능력을 보름달처럼 키우는 것이 더 먼저가 아닐까? 대낮 같이 밝은 밤하늘에 보름달과 구름이 서로 앞서거니 뒤서거니 하면서 밤하늘을 거닐고 있다. 할 이야기가 무척 많은 것 같다.

5. 교육을 바꿔야 나라가 산다

　　작년 연말 미술학원 다니는 초등학교 3학년 학생 그림이 생각난다. 자신의 모습을 그린 그림으로 어깨에 멘 책가방 속에는 연필과 볼펜들이 총과 칼처럼 꽂혀있고, 자신의 좌우측 허리에도 연필과 볼펜들이 빼곡히 꽂혀있다. 그림 밑에는 '학원동물'이란 제목이 붙어있었다. 오늘날 대한민국에서 자라는 어린이들과 청소년들은 참으로 불행한 삶을 살고 있다. 이렇게 된 가장 큰 원인은 자녀 교육열이 너무 높은 부모들 탓이다. 얼마 전 40대 남편이 "새벽까지 초등학생 딸을 재우지 않고 공부시키는 아내와 결혼생활을 계속할 수 없다."고 남편은 가정법원에 이혼소송을 냈다. 서울가정법원은 "두 사람은 이혼하라."고 판결했다.

　　아내는 초등학생 딸을 각종 학원에 보냈다. 그리고 학원이 끝나면 밤에 예습, 복습뿐만 아니라 학습지 3~4개를 또 풀게 했다. 아이는 보통 자정이 넘어야 잠자리에 들었다. 때로는 새벽 3시까지 책상에 앉아있기도 했다. 한참 자라는 아이들은 충분한 수면을 취해야 몸도 마음도 성장한다. 이런 잘못된 교육은 아이의 성장뿐만 아니라 꿈도 키워주지 못하고 잘못하면 자신의 삶 전체를 포기해 버릴 수도 있다. 한참 뛰어놀고 호기심 많은 초등학생에게 꿈과 미래를 선물해 주지 못하는 엄마의 잘못된 교육열이 안타깝다. 필자는 시골에서 4km를 걸어서 초등학교를 다녔다. 당시는 교실이 부족해 2부 수업은 아침 먹고 쉬다가 오후에 학교에 등교했다. 어느 겨울날 오후에 친구들과 학교에 가는데 눈이 내리고 있었다. 모처럼 내리는 눈이 좋아 친구들과 등교 길에 눈사람을 만들며 갔다. 학교에 도착했더니 수업 마지막 시간이었다. 시골에서 자연과 더불어 살면서 메뚜기 잡고 가재 잡고 뛰어놀았다. 그리고 밤에는 밤하늘에서 쏟아지는 별을 세면서 지냈던 나의 유년 시절을 지금 되돌아본다. 그때가 내 인생에서 가장 행복했던 시간이었다. 지금까지 유년 시절에 얻어진 체력과 감성과 추억을 자산으로 세상을 살아왔다. 대한민국 교육은 이미 초등학교 때부터 "등수 올리기 전쟁"으로 변질되어버렸다. 오로지 성적 지상주의가 되어 잠재력을 끌어올리지도 못하고 꿈도 키워주지 못 하는 학교가 되어 버린 것이다. 이런 학생들이 고등학생이 되면 수능 포기자가 되어 학급의 1/3이 책상에 머리 박고 잠을 잔다. 더군다나 자녀들의 지나친 사교육비로 인해 가정경제까지 휘청거린다. 누가 이런 현상을 만들었을까? 공교육이 정상화되고 사교육이 근절되지 않으면 대한민국은 미래가 없다.

홍익인간弘益人間의 교육이념에 맞는 교육의 체질을 근본부터 바꾸어야 한다. 그렇지 않고 지금처럼 사교육이 공교육을 밀어낸 교육풍토 속에서는 대한민국은 희망이 없다. 국가와 가정의 미래는 자라나는 청소년들에게 달려 있다. 공교육이 학교 교육의 주가 되어야 한다. 사교육은 예체능 분야를 위한 보조수단으로 끝나야 한다. 쓸데없는 사교육비가 가정경제를 휘청거리게 해서는 안 된다.

공교육 활성화로 아이들과 학부모의 행복한 교육풍토가 하루속히 이루어져야 한다.

6. 교토삼굴 狡兎三窟

　　교토삼굴狡兎三窟! 영리한 토끼는 굴을 세 곳에 판다는 고사다. 기원전 3세기 무렵 춘추전국시대 식객 3천 명을 거느린 맹상군과 풍헌에 얽힌 고사다. 맹상군은 자기를 찾아오는 사람들이 있으면 귀천을 가리지 않고 먹여주고 재워주었다. 그러다 보니 천하의 다양한 사람들이 맹상군에게 모여들었다. 제나라의 풍헌이란 사람이 맹상군에게 자신을 식객으로 받아달라고 요청한다. 맹상군이 "어떤 재주를 가지고 있느냐."고 묻자, "집안이 가난해서 한 몸을 의탁하려고 왔다."고 한다. 너무나 솔직하고 평범한 이유였다. 그리고 별다른 재주가 없어 보이는데도 그를 두말없이 받아들여준다.

　　식객이 된 풍헌은 어느 날 대접이 소홀하다고 생각했다. 하루는 가지고 있던 장검을 두드리며 "밥상에 생선 한 마리도 없으니 장검아! 장검아! 이제 그만 집으로 돌아가자."며 노래를 부른다. 이를 들은 맹상군이 생선을 대접하라고 지시한다. 며칠이 지나자 또 풍헌이 외출할 때 타고 다니는 수레도 없었다. 그러자 "장검아 이제 집으로 그만 돌아가자."며 또 불만을 노래한다. 이를 들은 맹상군이 풍헌이 외출할 때 탈 수레를 내주라고 집사에게 지시한다. 며칠이 지나자, 또 풍헌이 "식구를 봉양할 음식도 주지 않으니 장검아 이제 집으로 돌아가자."며 노래한다. 맹상군은 모셔야 할 어머니가 계신지 확인 후 매일 집으로 음식을 보내자 풍헌의 불평이 없어졌다. 세월이 흘러 재상직에서 파직당한 맹상군에게 위기가 닥쳐왔다. 다른 식객들은 모두 떠났지만 풍헌만은 맹상군과 함께 영지인 설 땅으로 돌아갔다. 그리고 맹상군에게 "영리한 토끼는 세 곳에 굴을 팝니다. 그래야 살아남을 수 있습니다." 하며 교토삼굴의 지혜를 들려준다. 풍헌의 이야기를 듣고 맹상군은 대비책을 강구한다. 그리고 나서 얼마 후 맹상군은 제나라 재상으로 다시 복직하게 된다. 현대인들은 맹상군처럼 수천 명의 사람을 대접할 수 있는 세상은 아니다. 그러나 많은 부를 축적한 사람들은 국내외를 막론하고 어려운 이웃을 위해 자선사업을 펼치고 있다. 빌 게이츠의 '빌 앤드 멜린다 게이츠 재단'이나 UN 국제구호 단체, 국경 없는 의사회 등에서도 선한 영향력을 실천하고 있다. 먹고살기 힘든 춘추전국시대에 아무런 조건 없이 대접한 맹상군의 포용과 아량이 멋지다. 그리고 끝까지 의리를 지킨 풍헌의 모습도 아름답다.

그러나 교토삼굴의 고사는 맹상군 시대에만 유효한 것이 아니다. 오늘날에도 꼭 필요한 지혜가 아닌가 싶다. 100세 시대에는 세계적인 추세로 출산율은 저하되고 노인인구는 증가할 것이다. 그러다 보면 경제활동인구가 줄어들어 나라마다 경기가 침체 될 수밖에 없다. 그 해결 방안으로 정년 제도가 폐지될 것이다. 100세 장수 시대를 맞이한 이 시대에는 최소한 2~3개의 직업을 거쳐야만 삶이 끝난다. 하나의 직업에만 안주하고 있다가는 어느 날 갑자기 길거리로 내몰릴 수도 있다. 현재 하는 일에 최선을 다하면서 또 다른 일을 대비하는 지혜가 필요한 시대다.

교토삼굴의 고사가 생각나는 아침이다.

7. 덕승재德勝才

덕승재德勝才는 덕이 재주를 이긴다는 뜻이다. 그 뜻을 헤아려 보면 아무리 높은 자리에 있는 사람도 다이아몬드를 주우려면 허리를 굽혀야 한다. 인재를 구하고 스승을 찾으려면 겸손하라는 뜻이다. 더 큰 꿈과 자신의 야망을 이루기 위해서는 재주도 중요하다. 하지만 더 중요한 것은 덕을 갖춰야 한다는 의미를 담고 있다.

199년 유비가 조조의 전횡을 막기 위해 서주에서 반란을 일으킨다. 평소 유비라면 이를 갈던 조조가 직접 출전해 유비를 격파한다. 유비는 간신히 도망쳐 원소에게 몸을 의탁한다. 이때 관우는 유비의 처와 자녀를 보호하며 하비를 사수하고 있었다. 조조는 예전부터 관우의 무공을 높이 평가하여 자기 부하로 삼고 싶어 했다. 조조군은 관우를 하비에서 포위하고 관우와 친했던 장료를 보내 관우의 투항을 설득한다.

　장료는 "관우 공이 지금 죽게 되면 세 가지 죄를 짓게 됩니다.

　첫째, 유비와 한날한시에 죽기로 맹세한 도원결의를 저버린 것이 그 하나요,

　둘째, 유비가 가족들을 맡겼는데 먼저 죽으면 누가 그들을 보호합니까?

　셋째, 한실을 부흥하겠다는 꿈은 버리고 자기만 생각했다는 죄를 짓는 것입니다."

　장료의 논리정연한 설득에 관우는 마음을 바꾸고 세 가지 투항 조건을 내건다.

　"첫째, 나는 황제께 항복하는 것이다. 결코 조조에게 항복하는 것이 아니다.

　둘째, 유황숙의 두 부인을 정중하게 보호해주어야 한다.

　셋째, 유황숙이 계신 곳을 알게 되면 언제든지 곧바로 떠나겠다."

　조조는 관우의 세 가지 조건을 승낙한다. 그리고 관우의 마음을 얻기 위해 다양한 노력을 기울인다. 그중 하나가 굴신제천하屈臣制天下다. 이 글의 뜻은 "대업을 이루고자 한다면 아무리 별 볼일 없는 인재라도 모두 수용할 수 있어야 한다. 그러기 위해서는 우선 자신을 낮추지 않으면 안 된다."는 뜻이다. 조조는 당시 나는 새도 떨어뜨린다는 막강한 권한을 가진 한漢나라의 승상이었다. 조조는 일개 무장으로 포로로 잡혀와 있는 관우를 "영웅"이라 부르며 존대한다.

그리고 자기 스스로 자신을 "소인배"라 부르기를 주저하지 않는다.

그러나 관우는 유비의 위치를 확인하자 주저 없이 떠나버린다. 조조의 전략은 실패로 돌아가고 만다. 그러나 훗날 적벽대전에서 쫓기던 조조를 관우는 화용도에서 풀어줘 살아나게 해준다. 결국 조조의 덕이 관우의 재주를 이기게 된 것이다. 이처럼 자신의 부족한 재주를 덕으로 보완하는 것도 세상을 살아가는 또 하나의 지혜가 아닐까 싶다. 자신의 재주만 앞세우고 목에 힘주다가 중도에 도중하차한 사람들을 자주 본다. 훌륭한 재주가 덕이란 아름다운 옷을 입는다면 그 재주는 더더욱 빛을 발할 것이다.

공자가 말한 "덕이 있는 사람 주변에는 좋은 이웃이 있다."는 "덕불고 필유린德不孤 必有隣"의 고사가 생각난다.

8. 사람의 명함

모든 자연과 사물에는 자기를 대변하고 드러내는 자신만의 명함을 갖고 있다. 어느 시인은 이렇게 말한다. 도로의 명함은 이정표이고, 꽃의 명함은 향기라고 했다. 그렇다면 사람의 명함은 과연 무엇일까? 손바닥만한 종이에 현재 자신이 하는 일의 직책과 직함이 새겨져 있다. 이런 종이쪽지를 사람들은 명함이라고 부른다. 그것은 자신이 현재 하는 일에 대해 자신을 알리는 광고다. 그러나 명함은 단지 자신의 하는 일만 알리는 의미만 담고 있지 않다고 본다.

꽃의 명함이 향기라고 하듯이, 사람의 명함은 그 사람의 향기가 난다. 한마디로 사람의 인품과 덕성이 그 명함에 새겨진 이름에 묻어있다고 본다.

어느 사람은 꽃과 사람의 향기를 이렇게 표현한다. "화향백리花

香百里, 난향천리蘭香千里, 인향만리人香萬里."라고 했다. "꽃의 향기는 백리를 가고, 난향의 향기는 천리를 가고, 사람의 향기는 만리를 간다."는 뜻이다. 계절마다 피고 지는 꽃은 자신만의 향기를 내뿜어서 벌과 나비를 불러들인다. 그리고 벌에 의해 수정을 도움받아 자신의 꽃을 피우고 열매를 맺는다. 그러나 어떤 꽃은 색깔과 자태는 아름다우나 향기가 없어 벌과 나비가 찾지 않는 꽃도 있다. 그렇다면 사람의 향기는 무엇일까? 그 사람이 가지고 있는 인품이 아닐까? 타인을 배려할 줄 아는 사람이다. 약자의 편에 설 줄 아는 사람일 것이다. 그리고 정의를 위해 목숨을 바칠 수 있는 사람이다. 또한 국가와 민족을 위해 올바른 사생관과 국가관을 가진 사람이다. 또 어떤 사람들은 자기 하는 일에 긍지와 자부심을 가지고 살아가는 사람도 있다. 그리고 삶 속에서 항상 친절해 주위를 밝게 해주는 아름다운 심성을 가진 사람도 있다. 우리는 그런 사람들의 모습에서 그 사람만의 향기와 체취를 느낀다. 사람의 향기는 이처럼 저마다 자신이 가지고 있는 인품과 개성으로 나타난다. 아름답고 화려한 색상의 꽃도 향기가 없는 꽃이 있는 것처럼 때로는 사람의 명함에 직책은 화려하나 향기가 없는 명함도 있다. 그러나 그 흔한 세속의 명함조차 없으나 사람의 향기가 가득한 사람들을 우리 주변에서 많이 본다. 이런 사람은 언제 어느 곳에 가더라도 주변 사람들로부터 대접받고 환영받는다. 이런 사람들은 자신만이 가지고 있는 향기가 세속의 명함을 초월했기 때문일 것이다.

"화향백리花香百里, 난향천리蘭香千里, 인향만리人香萬里."의 경구처럼 자신의 향기가 만리를 가는 사람들은 잘사는 사람이다. 이런 사람들은 타인을 배려할 줄 알고 약자를 도울 줄 안다. 그리고 불의를 보면 참지 못하는 정의감이 불타는 가슴 따뜻한 사람들이 바로 이런 사람들이다. 이런 사람들은 자신의 일에 대해서도 긍지와 자부심을 가진 자존감이 강한 사람들이다.

세속의 명함보다 사람의 향기가 만리萬里를 가는 삶은 참으로 복받는 삶이다.

9. 책 읽는 사람이 성공한다

"한국은 책도 읽지 않으면서 노벨문학상 수상자가 나오길 기다리는 이상한 나라다."라는 해외기사를 읽으면서 창피하다는 생각이 들었다. 그러나 2024년 한강 작가가 노벨문학상 수상으로 자긍심을 가질 수 있게 되었다. 한국인의 읽기 능력은 15세 때는 OECD 1위를 차지한다. 그러나 55세 이후에는 꼴찌권을 맴돈다고 한다. 세계 경제포럼은 한국의 글로벌 순위가 2007년에 11위에서 2015년에는 15계단이나 떨어져 26위에 머물렀다고 한다. 참으로 안타깝다. 책 안 읽는 대한민국의 미래가 걱정된다.

1995년 유네스코에서는 4월 23일을 세계 책의 날로 제정했다. 이 날로 선정하게 된 배경에는 1616년 세르반테스Miguel de Cervantes(1547. 9. 29~1616. 4. 23)와 셰익스피어William Shakespeare(1564~1616. 4. 23)가

사망한 날을 기념하기 위해서라고 한다. 그리고 세계 어린이책의 날은 동화작가 안데르센의 생일을 기념하기 위해 4월 2일로 정했다. 이처럼 전 세계는 책의 가치와 그 효용성을 알기 때문에 책의 날을 선정해 책을 읽도록 유도하고 있다. 과연 우리나라 사람들의 독서율은 얼마나 될까 궁금하다. 2005년 국제여론 조사기관 'NOP 월드'가 세계 30개국 3만 명을 대상으로 하는 "국민 1인 평균 주당 독서 시간" 조사에서 한국인의 평균 독서 시간은 하루 6분에 불과하다. 특히 성인의 독서율은 21년 사이에 87%에서 65%로 하락했다고 한다. 10년이 지난 지금은 아마 독서 시간이 더 많이 하락했을 것이다. 작년에 가구당 책을 사기 위해 쓴 돈은 매달 1만 6천 원으로 5년 연속 최저치를 경신하고 있다. 우리 국민이 얼마나 책을 안 사보는지 알수 있는 수치다. 책을 안 읽는 국민은 노벨문학상은 고사하고 절대 선진국이 될 수 없다. 책 읽지 않은 사람은 남보다 뛰어난 창의력과 사고력을 가질 수 없기 때문이다. 그러다 보면 세상을 보는 시야도 좁아질 수밖에 없다. 자녀들에게 책 읽는 습관을 길들여주자. 그 어떤 재물보다 값진 유산이 될 것이다. 그러기 위해서는 먼저 부모들부터 책 읽는 것을 습관화해야 한다. 그 길이 가장 빠르고 효과적인 교육 방법이다. 2023년 나온 자료를 보면, 우리나라 성인 57%는 1년에 단 한 권의 책도 읽지 않는다고 한다. 그러다 보니 어떤 연구 결과에 의하면 고학력자의 문서 문해력이 OECD 국가 가운데 최하위라고 한다.

세계 역사에 한 획을 긋고 간 위대한 사람들은 모두 독서광들이었다. 백 번 읽고 백 번 쓰기를 거듭했던 세종은 조선 500년 역사에 최고의 군왕이 되었다. 전쟁터 마상에서도 독서를 즐겼던 나폴레옹은 전 유럽을 석권했다. 도서관을 통째로 읽은 모택동과 루즈벨트는 당대 최고의 리더가 되었다. 중국 알리바바의 마윈 회장, 일본 소프트뱅크 손정의 회장, E랜드 박성수 회장이 성공할 수 있었던 비결은 그들 모두가 지독한 독서광들이었다. 책을 읽지 않는 국민은 불행한 국민이고, 책을 읽지 않는 사람은 성공할 수 없다. 그러기 위해서는 먼저 거실에서 TV를 추방해야 한다. 그리고 13세 이전 아이들에게는 스마트폰이나 게임기를 주면 안 된다. 부모가 먼저 책 읽는 사람이 되어야 자녀들이 따라 배운다.

10. 성공의 세 가지 조건

사람들은 성공한 삶을 살기 위해 주어진 일에 최선을 다하며 살아간다. 그러나 무조건 열심히 산다고 모두 다 성공적인 삶을 살아갈 수는 없다. 살아가면서 중요한 것은 삶의 방향과 태도가 무엇보다 중요하다. 그리고 본인의 집념과 열정, 삶에 대한 태도 등이 긍정적이고 진취적이어야 하지 않을까? 그렇다면 성공적인 삶을 살아가기 위해서 진정으로 필요한 성공의 Key 워드가 궁금하다.

여러 가지 요소들이 있을 수 있다. 핵심적인 요소 몇 가지만 들어보자. 근면한 자세와 진실성, 그리고 일에 대한 헌신과 집념이 필요하지 않을까?

첫째는, 근면한 삶의 자세다. 예로부터 근면하게 사는 사람은 최소한 밥은 굶지 않는다고 했다. 일확천금을 바라지 말고 스스로 땀 흘려 성실하고 바른 자세로 살아야 한다. 그러다 보면 하는 일에 자신감도 생기고 삶의 방법도 터득하게 될 것이다. 10년 법칙이란 것이 있다. 어떤 일에 10년만 미치면 그 일에 전문가가 될 수 있다는 이야기다. 그러나 그 일이 이 사회와 세상 사람들에게 유익한 일이 되어야 한다. 그리고 그 일은 근면한 삶의 자세에서부터 시작되어야 할 것이다.

둘째는, 진실한 삶의 자세다. 이 세상은 혼자서는 절대 살아갈 수 없다. 사람들과 더불어 살아가야 한다. 사람과 사람의 관계 속에서 가장 중요한 것은 그 어떤 이해타산이나 권위가 아니고 진실성이다. 가식이 아닌 상대방의 진실성을 보았을 때 그 사람을 신뢰하고 그를 진정한 친구 혹은 동반자로 인정하게 된다. 진실성 없는 인간관계는 그 끝이 좋지 않다.

셋째, 헌신과 집념의 자세다. 자기에게 주어진 일에 헌신하는 자세와 그 일에 대한 집념을 가져야 한다. 이미 일어난 일이라도 그 일을 긍정적으로 받아들이고 극복한다면 그 결과는 좋을 것이다. 조선 중기 실학자 다산 정약용茶山 丁若鏞(1762~1836)은 유배생활을 하면서도 좌절하지 않았다. 귀양 생활 중에도 자신이 할 수 있는 일을 찾아냈다. 그리고 오로지 그 일에 헌신하고 집념하다 보니 182책 499권의 방대한 책을 저술할 수 있었다. 일본 어느 학자는 "18년의 그의 귀양 생활은 개인에게는 불행이었지만 조선 역사에서는 행운이었다."고 평가하고 있다.

근면한 삶의 자세와 진실한 삶의 태도 그리고 헌신과 집념의 자세가 우리 삶에서 필요하다. 근면, 진실, 헌신, 집념의 자세만 가지고 살아도 삶은 결코 자신을 배신하지 않을 것이다. 최소한 이 지구에 왔다 간 흔적은 남기고 떠날 수 있지 않을까? 우수 경칩이 지난 앞산 삼봉산은 진달래와 산철쭉 등이 개화를 서두르고 있다. 화사한 봄을 만들기 위해 자연과 함께 찬바람과 폭설을 이기고 봄이 찾아왔다. 그것도 얼어붙은 얼음장을 깨고 맨발로 찾아왔다. 꽃들은 뒤따라온다고 한다. 힘들게 찾아온 봄날을 마중하면서 봄날에 어울리는 멋진 삶을 꿈꾼다.

11. 저두족 低頭族

중국 이야기다. 자라나는 어린아이들과 청소년들은 부모들의 관심과 칭찬을 먹고 자란다. 그런데 부모들이 스마트폰을 보느라 집 안에서 밥 먹을 때도 고개 숙여 스마트폰에 빠져 있다. 젊은 부모들이 한마디로 저두족이 된 것이다. 그러다 보니 자녀와의 진정한 대화가 사라졌다고 한다. 자녀들과 눈도 안 맞추고 묻는 말에 건성으로 대답한다. 이로 인해 아이들은 학교에 가서도 의기소침해지고 학업성적도 점점 떨어지게 된다. 자녀들은 이렇게 된 것은 부모들이 자기에게 관심이 없기 때문이라고 자신들의 심정을 토로한다.

올해 중국은 스마트폰 이용자가 5억 명을 넘어설 것이라고 한다. 지하철과 버스 등에서도 저두족이 넘쳐나고 있다. 이제는 집안에서조차 식사할 때도 상대방의 얼굴 대신 스마트폰을 보고 얘기하느라 가족들 얼굴도 쳐다보지도 않는다고 한다. 중국이 최근에 발표한 '2014년 국민 가족관계 보고서'는 가장의 70%가 자녀와의 관계에서 '저두족 현상'을 보이고 있다고 밝혔다.

특히 어린 자녀들은 부모와 눈 맞추고 애정 어린 대화와 칭찬, 관심을 통해 부모의 애정을 확인하고 사랑을 먹고 자란다. 그런데 이런 저두족이 많아지다 보니 자녀들은 부모들의 애정결핍에 걸리기 쉽다. 그러다 보면 자녀들은 대인관계나 사고력 등에서 심각한 영향을 받게 된다. 보고서는 부모들의 자녀에 대한 애정결핍이 심해지면 반사회적 인격장애를 일으킬 수도 있다고 우려한다. 부모는 아이가 세상에 태어나서 가정에서 최초로 만나는 스승이다. 최초의 스승이 스마트폰에 빠져서 자녀를 돌보지 않는다면 미래는 희망이 없는 사회가 될 것이다. 아무리 좋은 문명의 이기라 해도 어떻게 사용하느냐에 따라 이익을 얻을 수도 있고 해악을 줄 수도 있다. 비단 저두족 문제는 남의 나라만의 문제가 아니다. 우리나라도 버스와 지하철을 타보면 알겠지만 고개 숙인 겸손한 사람들로 넘쳐난다. 과거 스마트폰 없이도 아무런 문제없이 잘 살아왔다. 문명의 이기를 잘 활용해서 내가 주인이 되어야 한다. 하지만 문명의 이기인 스마트폰의 노예가 된 사람들은 어떤 삶을 살아갈지 참으로 미래가 걱정스럽다.

그래서 나는 학교에서 강의 시작 전에 맨 처음 확인하는 일이 교탁 앞에 정리해 놓은 스마트폰으로 출석을 확인한다. 스마트폰을 회수하지 않으면 수업 시간에도 책상 밑 본인 무릎 위에 스마트폰 올려놓고 검색하거나 문자를 보낸다. 심지어는 걸어가면서도 스마트폰을 들여다보는 스마트폰의 노예가 된 사람들도 자주 본다. 상대방과 눈을 맞추고 얼굴을 마주 보며 대화해야 한다. 그래야 그 사람의 진심과 대화의 핵심을 파악할 수 있다. 이런 대화가 이루어져야만 상대방의 신뢰도 얻을 수 있지 않을까?

저두족은 중국만의 일이 아니고 우리나라도 예외가 아닌 것 같다.

12. 독서 휴가

종이신문과 책을 읽으면 좋은 학교와 좋은 직장에 갈 확률이 높아진다고 한다. 그리고 개인과 한 나라의 경제 발전에도 도움이 된다는 연구 결과가 밝혀졌다. 미국으로 이민 간 '심활경' 어머니가 쓴 책 『나는 이렇게 세 딸을 하버드에 보냈다.』란 책을 봤다. 딸 셋을 하버드에 보낸 비법이 책 읽기였다. 자녀들이 어려서부터 책을 가까이 하는 습관을 길러줬다고 한다. 이런 책 보는 습관은 자녀들이 성장하면서도 책을 보는 행위 자체가 그들에게는 가장 즐거운 놀이로 인식되었다고 한다. 평생을 이런 즐거운 놀이로 세상을 살 수 있게 해준 부모가 참으로 대단한 분들이다.

지난달 서울교육청은 독서로 인한 뇌 발달이 매우 효과적인 시기인 "독서 골드타임"이 12살까지라고 밝혔다. 김은주 강남세브란

스병원 정신건강의학과 교수는 "책을 읽고 행간의 의미까지 파악하는 고자원 이해력과 사고력이 뛰어난 아이로 키우려면 적어도 만 12세 이전에 독서 습관을 길러주는 것이 좋다고 한다." 이 시기에 받아들인 자극을 가지고 평생 사용할 뇌 신경망을 형성할 수 있기 때문이다. 독서를 사회적으로 장려하는 분위기는 오늘날뿐만 아니라 조선시대에도 있었다. 젊고 재주가 뛰어난 문신들을 뽑아 독서할 수 있도록 휴가를 주었다. 집에서 독서하면 친구가 찾아올까 봐 전용 건물까지 지어주기도 했다. 1426년 12월 세종대왕은 권채, 신석견, 남수문 등을 불러 독서 휴가를 주었다. 그리고 1442년에도 신숙주, 성삼문 등 집현전 학자 여섯 명에게도 독서 휴가를 주었다. 1451년 문종은 11명에게, 1453년 단종은 4명에게 주었다. 그리고 1455년 즉위한 세조는 14명에게 독서 휴가를 주었다.

조선왕조실록에 따르면, 1426년 세종 때부터 1773년 영조 때까지 총 48차에 걸쳐서 320명이 선발되어 독서 휴가를 받았다고 한다. 그리고 1492년 성종은 용산에 독서당을 지어주었다. 중종도 현재의 서울시 성동구 옥수동인 두모포에 새로 독서당을 짓게 했다고 한다. 이때부터 용산의 독서당을 '남호 독서당', 두모포의 독서당은 '동호 독서당'이라고 불렀다.

이처럼 한 사람의 뛰어난 군주로 인해 시작된 독서 휴가는 세계 역사에서 그 유례를 찾을 수 없는 획기적이고 참신한 제도다. 세종대왕은 아버지로부터 한 권의 책을 받으면 백 번 읽고 백 번 쓰는 뛰어난 독서가였다. 그리고 자신의 좋은 독서 습관을 신하들에게 접목시킨 위대한 군주였다. 한글 창제와 수많은 과학의 발달은 거저 얻어지는 것이 아니었다. 독서 열기가 더욱 확산되어 대한민국이 세계 문화강국이 되고 진정한 선진국이 될 수 있는 기틀이 다져졌으면 하는 바램이다. 좋은 독서 습관은 개인과 국가를 발전시키는 최고의 원동력이 될 것이다. 지금 전 세계를 강타하고 있는 영화 기생충과 오징어 게임, 그리고 BTS와 걸그룹 등이 일으킨 한류 붐은 결코 그냥 만들어진 것이 아니다.

13. 독수리의 선택

　"모든 성장은 어둠 속에서 도약하는 것이다. 경험해 보지 않았고 미리 계획한 것은 아니지만 무모하더라도 뛰어드는 것이 성장이다." 라고 미국의 소설가 '헨리 밀러Henry Miller(1891~1980)'는 말하고 있다. 우리 삶은 자신이 원하는 대로 모두 이루어지는 것은 아니다. 그리고 자신이 소망한 것을 이루기 위해서는 수많은 도전과 노력이 필요하다. 이처럼 인간은 자신의 삶 속에서 끊임없이 선택을 강요받고 선택해야 하는 상황에 늘 직면한다. 선택은 자신의 성장을 도와줄 수도 있지만, 때로는 자신의 성장을 오히려 방해할 수도 있다. 어떻게 하면 올바른 선택을 할 수 있을까?

　많이 경험할수록 현명하게 선택할 수 있고, 현명하게 선택할수록 위험부담을 줄일 수 있다. 그러나 성장을 위해서는 때로는 무모하더라도 도전하지 않으면 도약할 수 없다. 이처럼 도전하기 위한 선택은 인간을 한 단계 도약시켜준다. 그리고 그 선택은 자신의 능력을 100% 발휘시킬 수 있는 발판이 되기도 한다. 새끼 독수리들이 성장하게 되면 어미 독수리 품을 떠나게 된다. 그 떠나는 시기를 결정하기 위해 새끼독수리들에게 스스로 날 수 있는 법을 가르친다. 언제까지 높은 벼랑 위에서 뛰어내리지 못하고 구경만 하고 있을 것인가? 위험에 몸을 도사리고 독수리가 벼랑 끝에서 뛰어내리지 못하고 구경만 하고 있었다면 드높은 창공을 나는 독수리의 힘찬 날갯짓과 비상은 꿈도 꾸지 못했을 것이다. 높은 벼랑 위에서 목숨 걸고 뛰어내렸기 때문에 새들의 제왕 독수리의 비상은 시작되었다. 뛰어내리다가 날개가 퍼지지 않아 절벽으로 끝없이 추락해 목숨을 잃을 수도 있다. 때로는 잘못되어 다리가 부러지거나 날개를 다칠 수도 있다. 그러나 날아오르기 위한 새끼 독수리의 몸부림은 자신의 힘찬 비상의 서막이 될 수 있었다. 때로는 무모하더라도 도전하지 않으면 더 이상 날아오르지 못한다. 무모한 도전이라도 과감한 선택 후 자기 자신을 믿고 뛰어내리는 것이다. 그것이 바로 발전의 지름길이며 도약을 위한 최선의 선택이 아닐까? 어린아이들도 태어나 한돌이 되면 걷기 시작한다. 그러나 그 걸음은 2천 번 이상 일어서면서 넘어지고 한 발짝 옮기다가 도로 주저앉는 수많은 시행착오 속에서 얻어진 '걸음마'다.

천 길 벼랑 끝에 선 새끼 독수리의 선택은 생사를 걸고 뛰어든 최고의 모험일 것이다. 일단 뛰어내리고 나서 계곡에 추락하지 않기 위한 필사의 날갯짓은 독수리의 몸을 힘차게 비상시킨 원동력이 된다. 일단 신중한 선택을 하고 새끼 독수리는 뛰어내린다. 이처럼 하늘의 제왕 독수리의 힘찬 비상은 새끼 독수리의 선택과 도전에서부터 시작되었다. 수많은 도전 속에서 선택의 순간을 슬기롭게 극복하기 위해서는 일단 한번 뛰어내려 보자! 선택은 자신만이 결정할 수 있다. 그 선택에 따라 창공을 나는 힘찬 날갯짓은 더 높게, 더 멀리 날 수 있는 발판이 되어줄 것이다.

14. 시간을 내 것으로 만들자

　하루하루를 어떻게 보내느냐에 따라 인생이 결정된다. 그 하루를 만들어 주는 시간의 총합이 자신의 인생이다. 그 시간의 가치는 그 무엇과도 바꿀 수 없다. 그리고 대체할 수도 없다. 스마트폰 출현으로 지금은 별로 인기가 없지만 한동안 전화기는 사람들의 삶을 바꿔놓았다. 인류 최초로 자석을 이용한 전화기를 발명한 사람은 벨 A.G Bell(1847~1922)이다. 그러나 벨과 같은 시기에 같은 시간대에 전화기를 완성한 또 한 사람의 발명가 '엘리사 그레이Elisha Gray(1835 ~1901)'이란 사람이 있었다. 그는 벨과 똑같은 전화기를 완성했지만 두세 시간 늦게 특허를 출원하는 바람에 그의 이름은 아무도 기억하지 못한다.

　이 세상은 모든 것이 공평하지 않다. 그것이 세상살이고 우리네 인생이다. 세상에 태어난 것부터 시작해서 현재 살아가는 자신의 모습을 살펴보면 알 수 있다. 온종일 땀 흘려 일해도 사람마다 주어지는 보수도 천차만별이다. 그 사람의 능력과 가치에 따라 달라지는 것이다. 그러다 보니 어떤 사람들은 주말이나 연휴가 되면 해외여행을 다니며 여유 있게 사는 사람들도 있다. 하지만 주말에도 쉬지 못하고 가족들의 생계를 위해 잔업을 하거나 알바하느라 발에 땀이 나도록 뛰는 사람도 있다. 이처럼 세상은 공평하지 않다. 그러나 세상 모든 사람에게 공평하게 똑같이 주어진 것이 딱 하나 있다. 그것이 바로 시간이다. 하루 24시간은 부자나 가난한 사람이나 어린이나 노인이나, 그리고 건강한 사람이나 병든 사람이나 누구에게나 똑같이 주어진다. 그러나 똑같이 주어진 그 시간을 어떻게 사용하느냐에 따라 그 사람의 인생이 달라질 수 있다. 가치 있는 일, 보람 있는 일에 시간을 투자한 사람은 가치 있는 삶을 꾸려갈 수 있다. 하지만 가치 없는 일에 시간을 투자해 허송세월하는 사람은 결국 가치 없는 삶을 살아갈 수밖에 없다.

적도의 성자 '알버트 슈바이처Albert Scbweitzer(1875~1965)' 박사는 "주변 사람들에게 반드시 시간을 할애해야 한다. 비록 작은 일이라도 돈을 벌기 위해서가 아니라 그 일을 하는 것이 자신에게 주어진 특권이라는 생각으로 베풀어라." 신이 주신 선물이기 때문에 혼자만 다 사용하지 말고 이웃에게도 나눠주라는 슈바이처 박사의 이야기에 공감한다.

지금도 시간은 쉼 없이 흘러가고 있다. 모든 사람들에게 똑같이 주어지고, 공평하게 주어진 신의 선물인 시간을 내 것으로 만들자. 지나가 버린 시간을 후회하지 말고 현재 내 손에 주어진 시간을 가치 있고 보람 있게 사용하면 내 삶의 가치도 바뀔 것이다. 시간은 절대 사람을 기다려 주지 않는다. 그 시간을 자신을 위해 먼저 사용하자. 그리고 주변 사람들을 위해서도 할애하자. 그것이 나의 특권이기 때문이다. 한 번뿐인 내 삶에서 영원히 돌아올 수 없는 오늘 하루의 시간도 벌써 절반의 시간이 그냥 지나가고 있다. 시간을 내 것으로 만들자. 그 시간의 축적이 바로 내 삶이기 때문이다.

15. 인생의 목적

세상을 살아가는데 사람들의 인생 최종 목적은 무엇일까? 원 없이 돈을 벌어 마음껏 쓰고 살다 가고 싶다. 세계적인 예술가로 성공하여 명성을 날리고 싶다. 아니면 학문적으로 위대한 업적을 남겨 노벨상을 받는 명예를 얻고 싶다. 혹은 정치가로서 자신의 꿈을 펼쳐보고 싶다. 이런 것들은 분명 세속의 잣대로 보면 성공한 것이고 출세의 기준이 될 수 있다. 그런데 우리 주변에는 이런 것들을 모두 갖고도 잘못된 언행으로 한순간에 나락으로 떨어지는 사람들을 자주 보게 된다. 왜 이런 일이 자주 발생하는지 궁금하다.

그렇다면 세속의 출세보다 더 가치 있는 일은 과연 무엇일까? 러시아의 반체제 작가 '솔제니친'은 스탈린을 비판한 죄로 8년간의 옥살이를 하게 된다. 그가 감옥에 들어갈 때는 무신론자였으나 감옥을 나올 때는 신앙인이 되어 있었다. 그는 8년간의 감옥살이를 억울해하지 않았다. 오히려 자신의 신앙을 키우고 자신의 성품을 갈고 닦을 기회를 얻게 된 것에 감사했다. 그리고 그는 자신의 감옥살이를 회상하면서 다음과 같이 말하고 있다. "감옥아 내 삶에 네가 있었음을 축복한다. 감방의 썩어가는 밀짚 위에서 누워 깨달았다. 인생의 목적은 번영이 아니라 영혼의 성숙에 있음을 알았다." 우리 내부로 시선을 돌려보자. 한때 동방예의지국으로 칭송받던 대한민국에서 최근 발생하는 패륜범죄, 묻지 마 살인, 학교폭력 등의 심각한 사회문제가 우리를 더욱 슬프게 한다. 이런 현상은 결국 인성교육의 부재가 불러온 결과가 아닌가 싶다. 그동안 먹고사는 데에만 급급해 가정교육이 소홀했다. 그리고 부모들이 자식들에게 모범을 보이지 못한 기성세대의 잘못된 모습도 한몫했다고 본다. 그동안 기성세대도 먹고살기에 바빠서 자신이 원하는 것과 성취하고자 하는 것이 무엇인지조차도 모르고 살아왔다. 그런 상태에서는 내가 가진 잠재역량을 개발하거나 능력을 충분히 발휘할 수도 없다. 반면에 확고한 자기 철학이 있고 인성이 바른 사람은 기회가 왔을 때 그 기회를 받아들인다. 그리고 수많은 시행착오를 거쳐 자신의 꿈을 이루어 나간다. 이런 부모를 보고 자란 자녀들은 부모의 모습을 보면서 삶의 가치와 목적을 스스로 터득해 간다.

자녀를 진심으로 아끼고 그 자녀들의 성장을 돕고 싶다면 지식교육도 필요하다. 그러나 그에 못지않게 중요한 것은 인성교육이다.

일류대학과 대기업만 선호할 것이 아니다. 자신이 하고 싶은 일, 자신이 있어야 할 곳을 찾을 줄 아는 인재로 키워주어야 한다. 그리고 타인을 배려할 줄 아는 사람, 자신보다 사회와 조직, 국가를 먼저 생각할 줄 아는 사람으로 성장시켜야 한다. 인생의 최종 목적은 세속적인 성공과 출세만이 전부가 아니다. 솔제니친의 말처럼 "자신의 영혼을 성숙" 시키는 올바른 인성이 인생의 최종 목적이 되어야 한다. 영혼이 성숙한 사람은 무슨 일을 하든지 간에 그의 삶은 아름답게 빛날 것이다.

16. 인성이 스펙이다

돼지는 젖꼭지가 14개나 있는데, 새끼를 10마리부터 14마리까지 낳는다고 한다.

눈도 뜨지 못한 새끼 돼지들은 자기 젖꼭지를 정해놓고 젖을 뗄 때까지 다른 젖을 먹지 않는다. 그런데 더 놀라운 사실은 가장 작고 약하게 태어난 새끼가 가장 좋은 젖꼭지를 차지한다. 이런 나눔과 배려의 지혜 덕분에 젖을 먹고 자라는 새끼들은 2개월이 지나면 크기가 모두 똑같아진다. 누가 돼지를 미련하다고 욕할 수 있을까? 어떤 면에서는 돼지가 우리 인간들보다 더 현명한지도 모르겠다.

지금 우리 사회는 취업 전쟁이다. 그런데 취업 시 면접에 관한 인식이 사람을 뽑는 기업과 면접자 간 입장이 서로 다르다. 기업에서는 직업윤리와 도전정신, 자기 이해, 긍정적 가치관 등 인성 중심으로 사람을 뽑는다. 그러나 응시자들은 외국어 능력이나 경력, 자격증 같은 스펙에 집착하고 있다고 한다. 어느 유명 회사에서 직원 1명을 채용하는데 무려 1백여 명이나 응시했다. 이른 아침부터 정장을 갖춰 입은 지원자들이 면접장으로 속속 모여들었다. 면접장으로 이동해 가는 길목에 누군가 구겨진 종이를 버려놨다. 면접자들은 바쁜 걸음으로 그 곁을 그냥 스쳐 지나갔다. 지나가던 한 명의 응시자가 그 구겨진 종이를 주워 현관 입구에 놓인 쓰레기통에 집어넣고 면접장으로 들어갔다. 그날 1백여 명의 응시자 중 단 한 명의 합격자는 휴지를 주워 쓰레기통에 버린 지원자였다.

오늘은 주말이라 어떤 가족들이 펜션에 들어왔다. 아빠는 남자답게 생긴 외모와 듬직한 체구를 가진 사람이었다. 주인이 상냥하게 맞이해도 전혀 얼굴에 웃음기를 찾을 수 없다. 세상 온갖 근심은 혼자 다 짊어지고 있는 것 같은 잔뜩 찌푸린 표정이다. 그리고 세상의 모든 불만은 다 가진 것 같은 무뚝뚝한 언사와 퉁명스런 말투가 무척 신경 쓰였다. 그날 무슨 좋지 않은 일이 있었는지는 잘 모르겠다. 그런데 더 놀라운 사실은 자녀들 언행이 너무나 아버지와 닮아있었다. 다음날 그 사람들이 퇴실하고 난 그 방에 4명의 가족이 새로 입실했다. 가족들 모두가 인상도 좋았고 인사성도 밝았다. 특히 그 집의 장녀인 딸이 인사성이 너무나 밝아 말끝마다 "감사합니다"를 입에 달고 산다. 표정이 밝고 웃는 모습이 너무나 보기 좋았다.

조물주가 똑같이 만든 사람인데, 어떻게 이렇게 다를 수 있는가

하는 생각이 든다.

　더욱 무서운 것은 자식은 부모를 보고 배우고 부모를 닮는다는 사실이다. 부모의 삶의 자세와 언행은 자식에게 그대로 전수된다. 부모가 이런 사실을 안다면 부모의 삶도 조금은 달라질 수 있지 않을까? 인성은 돈 주고도 살 수 없는 것이다. 이런 인성은 자신의 삶에서 가장 중요한 스펙이 될 것이다. 올바른 인성을 갖는 것은 부모의 삶에서부터 시작되고 자식의 삶에서 완성된다. 올바른 인성을 가진 부모를 둔 자식들은 참으로 복받은 자녀들이다.

17. 졸업식 유감

엇그제 어느 사이버대학 졸업식에 참석했다. 학교 교정에 들어서니 대리석으로 지은 거대한 건물이 사람을 위압한다. 행사장이 4층에 있어 엘리베이터를 타려고 줄을 서있었다. 좀처럼 줄이 줄어들지 않는다. 참석인원이 너무 많아 걸어서 4층까지 이동했다. 올라가는 계단의 재질이 일반적인 대리석이 아닌 두꺼운 강화유리를 깔아 사람들의 발걸음을 스스로 조심스럽게 만든다. 고급스러운 대리석 벽 곳곳에 대형 그림 액자들이 걸려 있다. 4층 졸업식 행사장에 들어서니 앞쪽은 졸업생 좌석, 뒤쪽은 가족들 좌석으로 구분되어 있었다. 전면 졸업식 행사장 연단에는 온 벽면을 가득 채운 웅장한 파이프오르간이 사람들의 시선을 잡아끈다. 연단에 수많은 의자가 비치되어 있는 것으로 보아 학교 측 손님들이 제법 많을 것으로 추측된다.

사이버대학이라 학사 졸업생이 900명 이상 된 것 같다. 그리고 석사 졸업생도 80여 명으로 도합 1천여 명이 오늘 졸업을 하는 것 같다. 행사 시간이 임박해지자 행사장 안은 사람들로 넘쳐난다. 입구의 안내요원들이 사람들의 입장을 통제하고 있다. 자리가 없는 가족들은 5층으로 안내한다. 행사 시작 직전에 학교 상징물과 교기를 앞세우고 교수들과 손님들이 함께 입장한다. 전원이 형형색색의 박사 가운과 다양한 형태의 박사모를 쓰고 긴 행렬이 연단을 오르는 모습이 볼만하다. 그런데 그들의 모습을 보면서 중세 유럽의 성주들과 귀족들이 어떤 회의에 참석하는 모습이 연상된다. 행사가 시작되었다. 국민의례는 국기에 대한 경례와 순국선열에 대한 묵념도 없다. 그리고 애국가도 생략되었다. 그들이 부르는 찬송가만 파이프오르간의 힘찬 반주에 맞춰 우렁차게 행사장 안에 울려 퍼진다. 갑자기 머릿속이 복잡해진다. 이 학교와 이 종교단체는 국가도 없고 오로지 그들의 신앙과 종교만 있는가? 그리고 그들만의 세상이 아닌가 하는 생각이 머리를 스친다. 사드 배치 문제로 나라가 시끄러운 것이 바로 이런 데서부터 기인된 것이 아닌가 싶기도 하다. 오늘 졸업생 중에는 상당수의 현역 군인들도 있는 것으로 알고 있다. 국가가 존재해야 종교의 자유와 신앙의 자유도 보장된다. 이 나라를 지키기 위해 숨진 수많은 순국선열들에 대한 묵념은 반드시 실시되어야 한다. 그리고 애국가는 최소한 1절이라도 부르는 것이 이 땅에 사는 국민의 의무이자 당연한 책무다.

중세 유럽의 영주와 귀족들의 복장을 연상케 하는 박사 가운과 박사모는 우리 고유의 복장으로 대체할 수는 없을까 하는 생각도 든다. 이 문제는 학교만의 문제가 아니라 정부와 교과부가 검토해 올바른 지침을 내려줘야 할 것이다. 국가의 백년대계를 책임질 인재를 키우는 이 학교의 건학이념과 학교의 가치관, 그리고 학교 설립자와 총장의 의식이 궁금하다. 행사 기간 내내 안타깝고 불편한 마음을 억누를 수가 없었다. 이 학교가 생각하는 대한민국이란 국가의 존재는 과연 무엇일까?

18. 문방사우 文房四友

　요즘 세상은 다양한 문명의 이기 덕분에 참으로 편리하고 살기 좋은 세상이다. 특히 인간관계에서 컴퓨터와 스마트폰 덕분에 시간과 장소에 구애받지 않는다. 언제든지 서로의 소식을 주고받을 수 있게 되었다. 상대방 얼굴 보고 싶으면 언제든지 화상통화를 이용해 얼굴 보고 대화할 수 있다. 심지어 외국에 나가 있는 사람과도 수시로 통화할 수 있는 편리한 세상이 되었다. 참으로 감사하고 고마운 일이다.

　옛사람들은 지인들에게 편지 하나를 쓰려고 해도 벼루와 먹과 붓, 그리고 종이가 있어야 했다. 그래서 옛사람들은 이 네 가지를 문방사우文房四友 또는 문방사보文房四寶라고 칭했다. 이 네 가지가 있어야 글을 썼고 편지를 써서 소식을 알려줄 수 있었기 때문이다. 사마천은『사기』를 쓰면서 아직 종이가 발명되기 전이라 죽간에다 붓으로 글을 썼다. 이순신의『난중일기』나 허준의『동의보감』, 그리고 다산 정약용의 500여 권의 저서들도 이 문방사우로 글을 썼다. 그러나 이 문방사우를 구하기 위해서는 경제적인 여유가 있어야만 가능했다. 경제적 여유가 없는 서민들은 글을 쓰고 익히려면 땅에다 막대기를 이용해서 글을 쓰는 연습을 했다. 바닷가에 사는 사람들에게 물 빠진 백사장은 글씨와 그림을 그리기에는 더없이 좋은 장소였을 것이다. 한겨울 눈 내리고 난 눈 위에도 글과 그림을 쓰고 그리기에 좋은 장소였다. 하다못해 아궁이에 불을 지피다가 부지깽이에 붙은 불을 끄고 나서 부지깽이로 평평한 돌이나 삽날에도 글씨와 그림을 그릴 수 있었다. 문방사우보다는 못하지만 돈도 들지 않고 별도의 준비도 필요하지 않은 이런 방법은 서민들이 많이 사용하였다. 지금 되돌아보면 당시 그런 행위들은 서민들이 즐겼던 문화 활동이었다. 아마도 이런 행위가 문화의 갈증을 조금이나마 해소시켜 주었을 것이다. 오늘날 우리 주변에서 문방사우가 사라진 것은 편리한 필기구가 개발되고 컴퓨터의 등장 탓이다. 너무나 편리하고 손쉽게 사용할 수 있고 종이 없이도 동시에 전할 수 있는 참으로 편리한 세상이 되었다. 과학의 발달로 등장한 문명의 이기에 감사하면서도 부작용도 적지 않다는 것을 새삼 느낀다.

학생들에게 과제를 내주고 제출한 답안지를 읽다 보면 많은 학생들의 글이 때로는 똑같거나 비슷비슷한 답안지가 너무 많다. 컴퓨터의 장점이자 폐해다. 벼루에 물을 붓고 좋은 먹으로 벼루를 갈면서 묵향도 느껴본다. 그리고 날렵한 쪽제비 붓에 먹을 찍어서 하얀 종이에 정성 들여 글을 쓰던 정취는 이제 서예학원에서나 찾아볼 수 있는 정경이 되고 말았다. 때로는 문명의 이기가 편리하고 효율적인 것은 인정하지만 잊지 말아야 할 아름다운 풍습과 문화가 실종되어 버린 것 같아 아쉽다. 이제 문방사우와 가까워지고 좀 더 친해지려면 서예학원이라도 등록해야 할 것 같다. 먹을 가까이하면 옷에 검은 먹물이 묻는다는 "근묵자흑近墨者黑"이란 사자성어도 이제 잊혀질 것 같다.

19. 학교 통폐합으로 대한민국이 무너지고 있다

어제 어느 방송에서 학교 통폐합 35년의 공과를 집중 조명하는 방송을 시청했다. 교과부에서 시행할 당시는 학생 수가 줄어드는 학교를 통폐합했다. 이런 방법은 교과부의 예산을 절감하고 교육 여건과 질을 향상시키기 위한 정부 정책이었다. 그런데 35년이 지난 지금 이 정책은 과연 성공했을까? 그리고 이 정책은 과연 우리 사회에 어떤 영향을 미쳤는지 집중 조명하고 있었다.

35년 동안 통폐합을 시행한 학교에 주어진 예산이 무려 1조 6천억 원이나 배정되었다고 한다. 그런데 현시점에서 살펴보니, 이처럼 천문학적인 막대한 돈이 흔적도 없이 사라지고 말았다고 한다. 교과부 실무자의 답변이 학교에 인센티브로 주어진 예산이기 때문에 사용처에 대한 감사를 받을 필요도 없었다. 그리고 정확한 사용 지침도 없다 보니 학교 시설 보수, 교사들 관사 신축, 방학 중 학생들과 교직원들 연수 비용 등으로 사용되었다. 그리고 정작 학생들의 교육의 질 향상에는 전혀 도움이 안 됐다고 한다. 한 마디로 눈먼 돈이 되어 학교당 4~5억씩 지급된 돈이 흔적도 없이 사라져버렸다. 그리고 그에 대한 책임을 지는 사람 하나도 없다고 한다. 더 큰 문제는 지역마다 학교 통폐합으로 학교가 사라지다 보니 지역 사회가 붕괴되고 있다. 결국 학교가 없어지다 보니 젊은이들은 도시로 떠나버렸다. 그리고 지방은 노인들만 남는 초고령사회로 점차 활력을 잃어가고 빈집만 늘어나고 있다. 35년 동안 전국에서 무려 3,700여 개의 학교가 사라졌다. 그러다 보니 시골은 아기 울음소리를 들을 수가 없다. 젊은이들이 귀농 귀촌을 해서 전원생활하면서 일자리를 찾으려 해도 교육 여건이 열악하여 농촌을 기피한다. 그러다 보니 OECD 국가 중 출산율 최하위, 자살률 1위를 기록하고 있다. 반면 패륜 범죄, 묻지 마 살인 등의 흉악 범죄는 날로 증가하고 있다. 결국 학교 통폐합이 대한민국을 병들게 하고 망하게 하고 있다. 교육은 국가 100년지 대계라고 했다. 단순히 예산 절감이란 근시안적인 단견으로 시작된 정책이었다. 누구도 책임지지 않는 탓에 천문학적인 막대한 국민 혈세가 흔적도 없이 사라지고 말았다. 이런 결과를 초래한 정부 정책이 참으로 안타깝다. 우리와 비슷한 문제로 고민하는 일본의 교육 풍토를 타산지석으로 삼아 좀 더 신중한 판단이 필요했다고 본다. 학교가 사라지면 지역 사회가 붕괴되고 지방이 사라진다. 더 나아가 인구감소로 이어지고 나라가 망하는 결과를 초래할 수도 있다.

지금이라도 학교 통폐합 정책은 재고되어야 한다. 학교를 부활시켜 지방을 살리고 나라를 살려야 한다. 학교 통폐합 문제는 단순히 돈으로만 따질 문제가 아니다. 국가의 미래가 달려 있고, 대한민국의 사활이 걸린 문제다. 좋은 정책은 국민에게 이로운 정책이 좋은 정책이다. 그리고 나라를 발전시키는 데 쓰여야 좋은 정책이다. 내 호주머니만 채우는 교육 정책은 대한민국 교육을 스스로 죽이는 이적행위이다. 전문가도 아닌 문외한이 비분강개한 마음으로 몇 줄 적어본다.

III

군대

Army

1. 군대軍大는 나의 모교

　　요즘 군복무하는 젊은이들의 의식과 생각이 바뀌고 있다. 한때는 군 복무를 자신의 소중한 젊음의 시간을 허송세월하는 기간으로 생각하였다. 지금도 일부 사람들은 병역의무 자체를 부정하거나 기피하는 사람들도 있다. 그런 사람들 때문에 성실하게 군 복무하는 병사들까지 병역의무에 회의감이 든다고 한다. 그러다 보니 적당히 시간 만 때워도 국방부 시계는 돌아간다는 생각을 가진 병사들도 있다. 이런 분위기가 조성되다 보니 피동적인 부대 생활로 제대 날짜만 기다리는 병사들도 있다.

　　그러나 이런 가운데서도 군 복무는 결코 허송세월하는 기간이 아니고 오히려 자기 자신을 돌아보고 부족한 부분을 채우는 기간으로 활용하는 친구들도 있다. 2017년 조선일보 시 부문 신춘문예에 당선된 유수연 병장이 있다. 유 병장은 27사단(얼마 전 부대 해체)에서 천주교 군종병으로 근무했던 병사다. 대학 문창과를 나와 사회에 있을 때 조선일보 신춘문예에 몇 번 도전했으나 실패했다고 한다. 그러다가 군 복무 중에 등단의 영예를 안게 되었다. 유 병장은 일 이등병 때는 군 생활이 힘들어 시를 쓴다는 것은 생각도 못했다고 한다. 상병을 달고 어느 정도 군 생활이 적응되자 다시 시를 쓰기 시작했다. 그는 시를 쓰지 못하고 힘들게 군 생활에 적응하던 기간을 "시를 쓰기 위해 연필을 깎는 시기였다."고 말한다. 힘든 군 생활의 어려움과 고통을 극복하고 인고의 시간으로 활용했던 것이다. 그리고 그동안 내면에 응축된 자신의 소리가 시로 탄생한 것이다. 또 어떤 친구들은 중고등학교 때 방황하다가 고등학교를 졸업하지 못하고 군에 입대하였다. 병영 생활하면서 주변 전우들과 자신의 처지를 비교해보고 공부하여 검정고시를 통과한 친구들도 있다. 그래서 그들은 "군대軍大는 나의 모교"라고 부른다. 병사들을 지도하는 군의 간부들도 변하고 있다. 얼마 전 만난 사람 중에는 부사관으로 군에 입대하여 근무하다 장기 복무가 안 돼서 전역했다. 그러다가 재입대하여 현재는 상사로 진급하여 행복한 가정을 이루고 사는 사람도 있다. 또 어떤 사람은 장교로 임관하여 복무하다가 전역 후 다시 재입대하여 현재 중사로 근무하는 간부도 있다. 그리고 일부 간부들은 자신의 부족한 공부를 더하고 능력 계발을 위해 다시 대학원에 도전하는 사람들도 많아지고 있다.

이제 군대는 젊음을 허송세월로 낭비하는 시간이 아니다. 대한민국 국민의 한 사람으로서 소중한 병역의무를 수행하고 있다. 군 생활을 허송세월하지 않고 유 병장처럼 시를 쓰기 위한 연필 깎는 시간으로 활용하는 사람들도 의외로 많다. 그리고 못다 한 공부하면서 군 생활을 삶의 새로운 출발지로 삼는 사람들도 있다. 이런 젊은 이들이 군에 복무하는 한 대한민국 미래는 밝고 희망이 보인다. 그들의 도전과 용기에 힘찬 박수를 보낸다! 군 복무 1년 6개월이 서울대, 하버드보다 훌륭한 대학인『군대軍大』가 되고 있다.

2. 나라를 구한 비밀 병기

전쟁은 과연 언제부터 생겨났을까? 아마 인류가 이 지구상에 발을 들여놓은 후 먹고살기 위해 시작되었을 것이다. 내 것을 빼앗기지 않으려는 사람들과 남의 것을 빼앗으려는 사람들 간에 발생한 처절한 생존 게임, 즉 전쟁이다. 전쟁에서 최초의 무기라고 볼 수 있는 도구는 약 70만 년 전 초기 인류인 네안데르탈인이 사용한 창(Spear)이었다. 인류는 살아남기 위해 끊임없이 새로운 병기를 개발했다. 이처럼 인류문명은 살아남기 위해 병기개발로 인해 발달해 왔다. 그리고 그 시도는 지금도 계속되고 있다.

고대 우리 땅에 기반을 두었던 삼국시대의 역사를 한번 살펴보자. 당나라의 힘을 빌려 676년 신라가 삼국을 통일한다. 자신들만으로는 힘이 부족했던 신라는 당나라를 끌어들여 통일전쟁을 시작한다. 660년에 백제를, 그리고 668년에 고구려까지 멸망시켰다. 그리고 당나라는 신라마저 집어삼키려는 야욕을 보인다. 결국 신라는 백제, 고구려 부흥군과 합세해 당나라군을 한반도에서 몰아낸다. 그 전쟁이 무려 7년으로 임진왜란과 함께 우리 땅에서 일어난 가장 긴 전쟁이었다. 그때 신라에는 당나라 고종이 탐냈던 비밀 병기가 있었다. 당시 신라에는 그 어느 나라도 감히 따라올 수 없는 무기로 노弩(또는 쇠뇌) 부대가 있었다. 『삼국사기』에 따르면, "신라의 노弩는 성능이 좋아 1천보를 날아갔다고 한다. 당 고종이 이 이야기를 듣고 신라에 사신을 보내 노 만드는 기술자를 보내달라고 부탁했다." 1천 보라고 하면 대략 700m를 날아갈 수 있는 거리다. 활과 비교했을 때 노弩의 최대 장점은 활보다 멀리 날려보낼 수 있었다. 그리고 그 속도가 빨라 목표물에 대한 관통력이 훨씬 컸다고 한다. 또한 당나라 기병을 저지하기 위해 창의 길이가 45m나 되는 장창부대를 육성했다. 선두에는 노弩부대 그리고 장창부대, 그 다음은 도끼와 칼을 든 병사로 방어대형을 편성했다. 그리고 675년(문무왕 15년) 이 노弩부대와 장창부대를 이용해 4만여 명의 병력으로 매초성 전투에서 승리한다. 당나라군 20만을 물리치고 15년(660~675년) 만에 삼국통일을 완성한다. 그러나 그 통일로 인해 고구려 영토 2/3 이상을 잃어버린다. 통일 전前 고구려, 백제, 신라의 영토 1/7밖에 차지하지 못한 영토 상실의 안타까운 삼국통일이 되고 말았다.

시대가 변해도 나라마다 생존을 위해서 비밀병기 한두 개는 보유하고 있었다. 고려시대에는 최무선의 화포가 있었고, 조선시대에는 신기전과 거북선이란 비밀병기가 있었다. 이런 비밀병기 덕분에 고려와 조선 왕조는 500년을 이어가는 역사를 기록할 수 있었다. 그러나 비밀병기 보유는 꼭 국가에만 적용되는 것은 아니다. 각 개인도 자신의 장점과 취미를 개발해서 자신만의 비밀병기 하나쯤은 가지고 있어야 한다. 그래야 치열한 생존경쟁의 틈바구니에서 살아남을 수 있을 것이다. 남들과 똑같아서는 언제 어떻게 도태될지 아무도 모른다. 지금 당신의 비밀병기는 무엇입니까?

3. 한 치 앞은 내다보자!

한 치는 한 자(尺)의 10분의 1의 길이다. 한 자(尺)는 30.303cm 이고, 한 치는 약 3cm 정도 되는 거리이다. 국어사전에 "한 치 앞도 못 본다."는 뜻은 시력이 좋지 못하거나 식견識見이 얕음을 의미한 다. 세상 살다 보면 한 치 앞도 못 보고 살아가는 것이 사람 사는 세 상인 것 같다. 그러나 최소한 한 치 앞은 내다보고 살아야 현명하고 슬기로운 사람이다. 이런 혜안을 가지고 미래를 준비할 수 있다면 시행착오도 최소화할 수 있고 추진하는 일의 실패 확률도 줄일 수 있을 것이다.

역사 속에서 큰 업적을 이룬 사람들의 족적을 살펴보자. 미래를 예측하고 미리 준비했던 사람들의 삶이 훨씬 더 장엄한 삶을 살다 갔다. 한때 전 유럽을 석권했던 나폴레옹은 매 전투마다 항상 적보다 우세한 병력과 유리한 지형을 선택해서 전장을 승리로 이끌었다. 제갈공명은 오나라와 연합해서 싸운 위나라 조조와의 적벽대전에서 화공작전으로 대승을 거둔다. 제갈공명은 작전 계획 과정에서 조조의 도주로를 사전 예측하여 주요 길목마다 병력을 매복시킨다. 최후의 매복지 화용도에서 조조를 생포하기 위해 관우에게 매복 임무를 부여한다. 그러나 조조는 붙잡히지 않고 도망친다.

　제갈공명은 이미 조조가 죽을 운세가 아니라는 것까지 꿰뚫어 보았다. 그러나 관우로 하여금 조조에게 과거 빚진 것을 갚아주라는 차원에서 매복시킨다. 제갈공명은 관우를 출전시킬 때 조조를 잡지 못하면 목을 내놓으라는 군령장까지 써놓고 출전시킨다. 그러나 조조를 잡지 못하고 돌아온 관우를 용서해 주는 관용을 베풀어 제갈공명은 관우의 마음까지 얻는다. 1597년 9월 16일 이순신 장군은 울돌목(명량)에서 330여 척의 왜군 함대를 단 13척의 전선으로 대승을 거둔다. 열세한 전력으로 적을 잡기 위한 숱한 고뇌와 번민 속에서 필사즉생의 결기로 답을 찾는다. 그리고 조선 수군은 상하 혼연일체가 된다. 이처럼 세 사람의 공통점은 앞을 내다보는 혜안과 식견을 가졌다. 그 덕분에 어려운 여건하에서도 자신의 계획대로 전쟁을 지휘하고 승리를 가져올 수 있었다. 앞을 내다보는 식견과 혜안을 갖기 위해서는 부단한 연구와 현장 확인이 필요하다. 그리고 적의 능력을 정확히 파악하고 있어야만 가능하다. 그리고 그들의 차후 행동까지 예측하고 그에 합당한 대비책을 미리 강구해야 한다.

이런 식견과 혜안을 갖는다면 우리 같은 보통 사람들도 현재 자신이 하는 일에 숙달되고 그 일에 통달할 수 있다. 그리고 그 분야에서 제1인자가 되어 미래를 예측할 수 있는 능력도 생길 것이다. 아무리 힘들고 어려운 세상이지만 최소 한 치 앞은 내다보고 살자! 그래야 시행착오도 줄일 수 있고 성공적인 삶을 살아갈 수 있다. 한 치 앞은 내다보고 살려면 자신의 삶에서 생각할 여유를 가져야 한다. 삶에서 여유가 있고 여백이 있어야만 새로운 그림도 그릴 수 있기 때문이다.

4. 반대가 있어서는 안 되는 일

    어떤 조직에서나 하나의 의견이 제시되면 수없이 많은 대안과 시행 방법이 제기된다. 그리고 반대 의견도 당연히 제시된다. 그 반대 의견은 결코 나쁜 것만은 아니다. 때로는 그 반대 의견 때문에 시행방안이 다듬어지고 신중하게 검토해서 더 좋은 대안이 나올 수도 있다. 하늘을 나는 연은 순풍에 의해 연이 날아오르는 것이 아니고 역풍이 있어야만 연이 날아오른다. 이처럼 우리 삶에서는 반대가 필요할 때도 있다. 그러나 국가이익이 걸린 문제나 국가 안보에 대해서만은 절대 반대가 있어서는 안 된다.

    지금 대한민국은 사드 배치 문제로 엄청난 도전을 받고 있다. 정치권이 시끄럽다. 그리고 배치해야 할 지역 주민들의 강력한 반대 의견도 심하다. 그리고 인접 주변국들의 반대는 더욱 심하다. 그러나 더 안타까운 것은 집권 여당 내에서도 반대하는 사람도 있다. 반대를 위한 반대나 자기 집단의 이익 추구만을 위해서 반대해서는 결코 안 된다. 사드 배치는 국가 생존이 걸린 문제다. 북한 핵무기에 의해 전 국토가 노출된 대한민국은 언제 우리 머리 위에 핵폭탄이 터질지 모르는 일촉즉발의 위기에 봉착해 있다. 70년 전 저들은 전쟁을 도발하여 단 3일 만에 수도 서울을 점령했다. 지금 전쟁이 발발한다면 3일이 아니라 단 몇 분 만에 전쟁이 끝나버릴 수도 있다. 현시점에서 당리당략이나 지역 이기주의는 배부른 소리이고 국력 낭비다. 국가의 생존이 매달린 문제는 전 국민이 공감하고 100% 동참해야 한다. 인류 역사에 국가 경제력이 월등히 큰 나라가 경제력이 적은 나라에게 짓밟힌 사례가 많았다. 그 좋은 사례가 고대 중국의 송나라이고, 1970년 월남 패망이다. 현재 당장 상대방보다 경제력이 막강하다고 자만하고 있는 사이 가진 것이 별로 없는 상대는 모든 위험을 감수하고 도발한다. 그 도발이 죽기 아니면 살기로 마음먹고 도박을 감행할 수 있기 때문이다. 이런 사태가 대한민국 땅에서 일어나지 말라는 법도 없다. 앞날은 아무도 예측하지 못한다. 한반도 역사의 전쟁 주기를 놓고 볼 때도 지금이 매우 중요한 시점이다. 조선 말 한반도는 강대국들의 세력 다툼의 각축장이 되었다. 불과 100여 년 전의 일이다. 똑바로 정신 차려야 할 시점이다.

한 국가의 경제문제는 잘 사느냐 못 사느냐의 문제이다. 하지만 안보는 사느냐 죽느냐의 생존이 걸린 문제다. 정치권은 여야를 막론하고 한목소리를 내야 한다. 전 국민은 일치된 목소리로 사드 배치를 찬성하고 지지해야 한다. 그 길만이 대한민국이 사는 길이며 주변 국가들로부터 무시당하지 않는 비결이다. 그리고 우리의 생존을 위한 핵무기나 강력한 생존 대책을 강구해야 한다. 반대만이 최선의 정책이 아니다. 나라가 존재했을 때만이 반대 의견도 피력할 수 있는 것이다.

나라가 없어진 후에 반대한 자는 정신병자이거나 적군일 수밖에 없다.

5. 군인의 군복은 수의壽衣

수의壽衣라는 단어를 국어사전에 찾아보면 '염습할 적에 시체에 입히는 옷'이라고 설명되어 있다. 한 마디로 사람이 죽을 때 마지막으로 입는 옷이라고 한다. 이런 직설적인 표현이 이해가 더 빠를 것 같다. 그러다 보니 부모님이 마지막 가시는 길에 효도하라고 황금 수의를 만들어 고가에 장사꾼들이 판매하고 있다. 통상 사람들은 자신이 살아온 삶에서 최고의 영예를 누렸을 때 입었던 옷을 선호한다. 그러나 어떤 사람들은 별도로 수의를 제작해 두었다가 마지막 가는 길에 입고 가는 사람도 있다.

주말에 어느 TV에서 양복점을 배경으로 하는 드라마가 방영되는 것을 시청했다. 그 드라마 속에서 힘들게 살아가던 한 노인이 있었다. 그는 월계수 양복점에서 맞춤 양복을 한 벌 맞춰 입는 것이 평생의 소원이었다. 양복점 주인 할아버지는 양복을 맞추러 온 사람의 사정을 듣고 최소한의 비용만 받고 양복을 주문받는다. 그런데 양복점 주인인 할아버지가 갑자기 집을 나가 버린다. 그로 인해 식구들은 양복점을 폐업하고 매각을 결정한다. 그 과정에서 양복점의 마지막 손님이었던 노인의 양복을 직접 들고 주인 아들과 점원이 함께 찾아가게 된다. 어렵게 집을 찾아와 옷을 맞춘 주인공을 만난다. 그런데 뜻밖에도 옷을 맞춘 사람은 거동도 불편하고 오래 살지 못할 것 같은 병색이 완연한 할아버지였다. 할아버지께 새로 맞춘 양복을 입혀드리고 양복을 주문한 사연을 듣는다. 자기가 30년 넘게 일한 직장의 출퇴근길이 바로 월계수 양복점을 앞을 지나다니는 길이었다고 한다. 매일 양복점 앞을 지나다니면서 진열된 양복을 보았다. 언제가 자신도 양복을 한번 맞춰 입는 것이 평생의 소원이었다. 그러나 노동일을 하면서 경제 사정이 좋지 못해 현직에 있을 때는 양복을 맞춰 입지 못하고 은퇴했다. 지금은 퇴직하여 늙고 병들었지만 죽은 후에는 그 양복으로 만든 수의를 입고 싶었다고 한다. 그래서 기죽지 않고 당당하게 저세상으로 가고 싶어서 돈을 모아 양복을 맞췄다고 한다. 늙고 병든 할아버지의 소원에 가슴 한편이 시리고 아프다.

자신이 평생 주업으로 일했던 직장의 옷이 자신의 '수의壽衣'라고 생각하자. 이런 마음을 갖는다면 사람들은 삶의 자세가 달라지지 않을까? 군인은 전쟁터에서 싸우다 전사하면 그때 입고 있는 옷이 바로 수의가 된다. 전쟁터에서 목숨이 끊어지면 그 땅이 묘지이고, 입고 있던 군복이 수의이기 때문이다. 그래서 군복은 그 어떤 옷보다도 고결하고 성스러운 옷이다. 모든 사람들이 현재 직장의 근무복장이 자신의 수의라고 생각한다면, 자신이 근무하고 있는 직장에 대한 애사심과 자긍심 그리고 근무 자세가 달라질 것이다. 이런 헌신적인 풍토가 조성된다면 우리 사회에 독버섯처럼 번지고 있는 부정과 부패, 비리와 청탁 등의 잘못된 악습도 척결될 수 있을 것 같다. 최소한 수의를 입고는 어떤 사람이라도 자신의 명예와 삶에 오점을 남기지는 않을 것이다.

군복이 수의란 생각을 갖고 근무했던 군 생활이 그립다.

6. 두만강 국경선 지키는 군인

창밖은 하얗게 서리가 내린 추운 겨울이지만 방안은 따뜻하다. 서재에서 어제 보다가 접어둔 책장을 넘긴다. 방안에는 감미로운 '요한 슈트라우스'의 왈츠 선율이 흐르고 뒷산 거북산 중턱에는 빛나는 아침 햇살이 걸려 있다. 햇살에 빛나는 푸른 잣나무 숲과 벌거벗은 낙엽송의 동거가 대조적이면서 을씨년스런 겨울 분위기를 한층 더 고조시킨다. 부지런한 참새떼 한 무리가 배고픔을 달래려고 서리 내린 들판을 종종걸음으로 헤집고 다닌다.

어제 하루도 멀리서 찾아와준 사람들이 있었다. 울진에서, 서울에서, 청주에서 왔다. 세상 사는 이야기와 자식 키운 이야기, 그리고 군 생활하는 자식들의 안부를 묻고 그들은 돌아갔다. 걱정하는 부모들에게 이곳에서의 자식들의 고생은 훗날 세상 살아가는 데 오히려 많은 도움이 될 거라는 이야기로 격려해 주었다. 그리고 이제 시작된 군 생활은 금방 끝날 것이라는 위로도 함께 해주었다. 그들 모두는 자기 자식이 군에 입대하기 전에는 군에 대해서는 별 관심이 없었다고 한다. 그러나 자식들을 군에 보내고 나서는 방송에서 군대 이야기만 나와도 채널 고정하고 TV를 시청하게 된다고 한다. 그리고 길거리에서 지나가는 군인만 봐도 자식 생각이 나더라고 한다. 특히 요즘처럼 추운 겨울날은 더더욱 생각난다고 한다.

어떤 부모는 전방에서 고생하는 자식을 생각하고 겨울날 난방도 하지 않고 자식과 같은 고통을 스스로 감내한다고 말한다. 자식들을 군에 보낸 대한민국 많은 부모들의 공통된 마음일 것이라는 생각이 든다. 그러나 국가가 존재하는 한 나라를 지키는 군인이 필요하다는 것은 수천 년의 인류 역사에서 얻어진 값진 경험이다.

자기 영토를 지키고 보존하는 것이 그동안 역사를 이어준 조상들에 대한 보답이다. 그리고 이 시대를 살아가는 우리들의 의무이자 책무이기 때문이다. 그래야 후방에서 생활하는 사랑하는 가족들과 친구들이 안전하게 생계를 유지할 수 있다. 그리고 삶을 즐길 수 있는 생활 터전을 안전하게 지켜주는 것이다. 그리고 군인은 국가와 국가 사이의 국경선을 지키는 군인이 되어야 한다. 그런데 우리는 같은 동족 간에 서로 총을 겨누고 휴전선을 지키고 있다. 못난 우리 역사가 참으로 안타깝다.

힘이 없는 국가는 자신의 생명에 대한 결정권마저 스스로 선택할 수가 없다. 우리의 분단 현실이 이를 잘 말해주고 있다. 우리의 국가 경제가 더 발전하고 국론이 통일되어야 한다. 그리고 모든 국민이 건강한 민주시민으로 거듭나야 한다. 그래야만 이 땅에 통일의 씨앗이 뿌려질 것이다. 통일된 대한민국 국경선을 지키는 군인들의 모습을 그려본다. 살아생전에 두만강 국경선을 지키는 자식들에게 위문갈 수 있는 시대가 빨리 오길 기대해본다. 그리고 내 손자가 두만강 국경선에서 진지 공사를 하는 날, 나는 통닭과 피자 사 들고 격려하러 갈 것이다.

7. 긍정의 힘

세상을 잘 살아가기 위해서는 많은 자격을 갖추고 있어야 고난을 극복할 수 있다. 작은 일 하나를 추진하기 위해서도 우선 추진할 수 있는 여력을 갖춰야 한다. 또한 그 일을 추진할 수 있는 주변 상황과 여건도 매우 중요하다. 그렇다고 강한 추진력만 있다고 모든 일이 일사천리로 추진되지도 않는다. 주변 여건과 시류가 맞지 않으면 안 된다. 아무리 좋은 계획도 그냥 꿈으로 접을 수밖에 없는 경우도 허다하다. 그러다 보니 사람들은 매년 새해가 되면 신년운세를 챙겨본다.

사람들은 자신의 앞날을 매우 궁금해 한다. 특히 살기가 팍팍해지고 미래에 대한 불안심리가 커질수록 관심 가진 사람이 더 많아진다. 철학관을 찾는 사람, 토정비결을 보는 사람, 그리고 타로점을 치거나 사주카페를 찾는 사람들이 증가한다. 재미 삼아 한두 번 찾을 수는 있지만 그것을 너무 맹신해 자신의 모든 것을 다 걸고 매달리는 우를 범해서는 안 된다. 그래서 예로부터 관상가들은 최고의 미래 예측을 이렇게 평가했다. 손금보다 족상足相이 더 낫고 족상보다 관상觀相이 더 낫다고 한다. 그러나 그 관상보다 더 중요한 것은 심상心想이라고 한다. 즉 마음가짐이 더 중요하다는 의미이다.

고대 촉나라 재상 제갈량이 위나라군과의 최후의 일전을 앞두고 행군 도중 강풍에 군기가 부러졌다. 제갈량은 이를 두고 매우 불길한 징조로 받아들여 결국 전장에서 제대로 된 싸움 한번 못해보고 오장원에서 허무한 죽음을 맞이한다.

반면 청나라 2대 황제 홍타이지가 명나라 군대와 일전을 앞두고 있었다. 식사 도중에 갑자기 밥상 다리가 부러졌다. 주변에서는 결전을 앞두고 매우 불길한 징조라고 수군댔다. 하지만 홍타이지는 무릎을 치며 외쳤다. "이것은 이제 나무 소반에서 밥 먹는 것을 끝내고 명나라 궁중의 황금 소반에 밥을 먹으라는 하늘의 계시다." 결국 홍타이지는 명나라 군대를 격파하고 중원의 패자가 되었다. 이처럼 모든 것을 긍정적으로 해석하면 어떤 불리한 상황에서도 유리하게 바꿀 수 있다. 성격이 긍정적인 사람은 항상 인생을 긍정적으로 산다. 이런 자세로 살다 보면 성공적인 삶을 살게 된다.

이처럼 불길한 징조라는 현상을 똑같이 본다. 하지만 그것을 어떻게 바라보느냐에 따라 사람의 마음가짐은 각기 다르다. 결국 긍정의 마음은 긍정의 힘을 갖게 한다. 그리고 세상을 긍정적으로 변화시킨다. 그래서 최고의 관상을 심상이라고 하는 것 같다. 새해 벽두에 매사 긍정적인 마음가짐으로 세상을 바라보고 살자. 긍정적인 사람은 무엇보다도 좋은 면을 보고 항상 그 방향으로 생각한다. 비구름이 하늘을 어둡게 가려도 그 위에서 빛나는 태양을 볼 줄 안다. 그런 사람은 늘 희망적이고 불평불만을 하지 않는다. 누구나 이런 긍정적인 마음가짐을 가지고 살아야 한다.

그렇게 살다 보면 우리네 삶도 지금보다 훨씬 더 살만한 세상으로 변하지 않을까?

8. 우리 역사에 가장 불행한 세대는?

    사람은 자신의 의지와는 상관없이 이 세상에 태어난다. 자신의 태어난 시대도, 태어난 시기도, 태어난 땅도, 낳아주신 부모도 내 의지와는 전혀 무관하다. 때론 세상 살아가면서 더 좋은 나라에서, 그리고 경제적으로 여유 있는 부모 밑에서 태어났다면 좋았을 것이란 생각도 해본다. 그러나 자신의 삶은 주어진 여건하에서 태어난 후 세상을 살아가게 된다. 태어난 땅과 시대도 나에게는 선택할 권한이 없다. 그렇다면 우리 역사에 가장 불행한 세대는 과연 어느 시대를 살았던 사람들일까?

    인간의 삶을 고려해볼 때 한 인간의 수명을 평균적으로 한세대를 60여 년 정도로 본다. 우리 역사에 가장 암울한 시대를 선정해 약 60년 정도의 시대를 살펴보자. 대략 1580년부터 1640년을 살아간 사람들이다. 1580년에 한반도에서 태어난 사람들은 12살의 나이가 되던 해 임진왜란이 발발한다. 그리고 그 전쟁은 7년 동안이나 길게 이어진다. 전쟁이 끝났을 때는 그분들은 19살이 된다. 12살에 시작된 전쟁이 7년 동안 조선은 전 국토가 초토화되어 먹을 것이 없어서 산에서 칡뿌리 캐어 먹고 솔잎 따먹고 소나무 껍질을 벗겨 먹고 살았다. 그것마저 부족해 죽은 사람의 시체를 먹는 아비규환의 시대를 살게 된다. 그리고 30년 후 본인들 나이 47세가 되던 1627년 정묘호란이 다시 일어난다. 후금의 3만 병력이 조선을 침략하자, 인조와 서인 정권은 한양을 버리고 강화도로 도주한다. 힘없는 백성들만 후금군의 칼 아래 죽어가고 포로로 끌려간다. 그리고 9년의 세월이 지난 후 국호를 청나라로 바꾼 후금군 12만 명이 1636년 또다시 침략한다. 1580년에 태어난 그분들은 56세에 병자호란을 맞는다. 인조는 강화도로 도주하다 길목을 차단한 청나라군을 피해 남한산성으로 들어간다. 그리고 45일 만에 청 태종에게 항복한다. 그것도 가장 치욕스런 삼배구고두의 항복 의식을 치른다. 철군하면서 50만 명에 달하는 조선 여자들을 인질로 끌고 간다. 청나라에 항복한 이후 일본이 청일전쟁에서 승리한 1894년까지 무려 258년간 청나라의 속국이 되고 만다. 그들이 요구하는 공물을 갖다 바치고 조선의 처녀들을 뽑아서 공녀로 바쳤다. 왕이 새로 즉위하면 청나라 황제의 승인을 받아 제후국 왕으로 즉위했다. 1480년에 이 땅에 태어난 조상들은 임진왜란 7년, 정묘호란, 병자호란 등 3번의 전쟁이 그들의 한 번뿐인 삶을 관통한다. 세 번의 전쟁에서 죽은 사람은 과연 몇 명이나 됐을까? 우리 역사에 가장 불행하고 가슴 아픈 삶을 살아가신 분들이다.

그 당시 조선은 군왕들의 무능한 정치가 불러온 안타까운 질곡의 역사였다. 임진왜란을 불러들인 선조는 서자 출신이란 핸디캡 때문에 대신들의 당파싸움에 휘둘리고 자기 권력 지키기에만 안주했다. 정묘호란과 병자호란을 불러들인 인조는 서인 세력의 집권욕에 편승해 1623년 명분 없는 반정을 일으켜 정권을 탈취한다. 이괄의 난과 무능한 정치력으로 1636년 청나라 속국으로 전락하고 만다. 나라는 망했지만 왕과 조정 대신들은 영화를 누렸고 힘없는 백성들만 노예 같은 삶을 살았다.

9. 우리 역사에 두 번째로 불행한 세대는?

불편한 진실이지만 조선 후기는 청나라 속국으로 258년간의 치욕적인 시대를 살아간다. 이런 아픈 역사를 극복하기 위해서는 튼튼한 국가 안보와 국가 경제력을 형상시켜 백성이 잘사는 세상을 만들어야 한다. 그런데 조선말의 정치 상황은 최악으로 치닫고 있었다. 1863년 12월에 26대 왕 고종이 즉위한다. 당시 조정은 안동 김씨의 60년 세도정치로 왕권은 극도로 약화되어 있었다. 왕손이면서도 세도가들의 멸시와 천대를 받으며 상갓집 개로 불리며 살았던 인물 홍선대원군의 시대가 열린 것이다.

12세의 고종 아버지 홍선군 이하응이 섭정의 대권을 잡는다. 초창기에는 안동 김씨의 세도정치를 청산한다. 그리고 쇠락한 왕권을 되찾고 조선을 압박해오는 외세에 대적하기 위한 과감한 개혁 정치를 추진한다. 그러나 급변하는 세계정세를 정확히 읽어내지 못하고 지나친 쇄국정책으로 조선은 강대국들의 먹잇감으로 전락하고 만다. 1890년에 태어나 1950년까지 살았던 사람들의 삶을 한번 조명해보자. 1894년 그분들이 4살 때 우리 땅에서 청일전쟁이 일어난다. 그리고 그 이듬해 조선의 황후이자 대원군의 며느리인 명성황후가 일본 낭인들에 의해 시해되는 을미사변이 일어난다. 9년 후 그들이 14살이 되었던 1904년 러일전쟁이 발발한다. 그리고 일본과 을사보호조약을 체결한다. 1910년 8월 29일 조선은 일본에 강제 병합되고 만다. 그리고 해방되던 1945년까지 35년간 일제의 식민지 시대를 살게 된다. 1890년에 태어난 분들은 20세부터 55세까지 가장 활발하게 활동하고 살아야 하는 인생의 황금기다. 그런 소중하고 귀한 시기를 일제의 식민지 노예로 전락하고 만다. 농사짓는 자기 땅을 빼앗기고 고향을 떠나 만주로 시베리아로 하와이로 쫓겨난다. 2차 세계대전 말에는 일본군의 총알받이로 지하탄광으로 끌려간다. 그리고 꽃다운 처녀들은 정신대로 끌려가 일본군의 성노예가 된다. 1940년 일본은 진주만 미 해군기지를 기습 공격하면서 태평양 전쟁을 일으킨다. 1945년 8월 히로시마와 나가사키에 원폭 투하로 전쟁은 끝난다. 그리고 대한제국은 연합국 덕분에 1945년 해방이 된다. 그러나 한반도는 하나의 나라가 되지 못하고 남북으로 분단된다. 분단되려면 전쟁을 일으킨 전범국가가 분단되어야 하는데 참으로 안타깝다. 민족분단은 또 다른 비극의 씨앗을 잉태하였다. 소련을 등에 업고 북한은 남북통일을 이루겠다는 망상에 사로잡혀 1950년 6.25전쟁을 도발한다. 1890년에 태어나신 분들은 이처럼 60세부터 63세까지 전쟁터에서 한번 뿐인 삶을 마친다.

당시 대한제국은 청일전쟁과 러일전쟁의 전쟁터가 된 힘없는 나라였다. 결국 일본에 강제 병합되어 식민지 시대를 살게 된다. 35년간 일제 식민지에서 해방되었는데 또다시 민족상잔의 6.25가 덮쳐 나라가 초토화된다. 1890년부터 1950년까지 살았던 선조들은 참으로 불우한 시대를 살았던 분들이다. 또다시 이런 역사를 기록하지 않으려면 어떻게 살아야 할까? 이 시대를 사는 모든 사람들의 현명한 선택에 달려 있다.

10. 우린 지금 가장 행복한 시대를 살고 있다

　　우리 역사에 가장 불행한 세대인 1580년과 1890년에 태어나신 분들의 삶을 앞장에서 살펴봤다. 영국의 정치평론가는 한국에서 민주주의는 쓰레기통에서 피는 장미라고 폄하하고 조롱했다. 그러나 초대 대통령 이승만과 박정희 시대를 거치면서 대한민국은 2차 세계대전 이후 독립된 국가 85개국 중에서 가장 성공한 나라가 되었다. 그것도 민주주의를 꽃피우고 세계 10대 경제 대국으로 성공한 것이다.

　　그 증거로 세계 4대 스포츠 축제를 개최한 6개국 중 대한민국은 5번째 국가가 되었다. 프랑스, 독일, 이탈리아, 일본, 한국, 그리고 러시아를 포함 6개국이다. 1988년 하계 올림픽을 시작으로 2022년에는 한일 월드컵을 개최하였다. 그리고 9년 후 2011년에는 대구에서 세계육상선수권대회를 개최한다. 17년이 지난 2018년에는 평창에서 동계 올림픽이 개최되어 세계 4대 스포츠 축제를 모두 개최한 자랑스러운 나라가 되었다. 세계 195개 나라 중에서 5번째로 개최한 나라가 바로 대한민국이다. 그리고 우리 땅에서 70년간 전쟁이 없는 시대를 살고 있다. 세계 10위권의 경제 대국이고 코로나 팬데믹 이후 세계 경제가 뒷걸음질 치고 있다. 이런 어려운 가운데에서도 2023년에는 OECD 35개국 중에 대한민국이 경제 성장률 2위 국가가 되었다. 일본과의 경제력 차이도 2024년 1월 IMF가 발표한 자료를 보면, 국민 1인당 GDP는 일본은 34,554달러, 한국은 34,653달러로 한국이 앞섰다. 한편 국민 실질 구매력 기준 부자 국가 순위에서는 일본은 세계 38위, 한국은 세계 30위로 앞서고 있다. 반도체 생산 세계 1위, 대형유조선 건설 세계 1위를 기록하고, 자동차 생산도 세계 3위를 기록하고 있다. 한류 문화는 이제 세계적인 열풍으로 치닫고 있다. 2023년 10월 1일부터 10월 4일까지 태국 방콕에서 열린 세계 문자올림픽 대회에서 한글이 1위에 올랐다. 이번 대회는 세계 27개국 문자가 경합을 벌였다. 세계문자올림픽은 가장 쓰기 쉽고 가장 배우기 쉬워야 한다. 그리고 가장 풍부하고 다양한 표현을 할 수 있는 문자를 찾아내기 위한 취지로 열렸다. 우리나라는 16개국이 경쟁한 2009년 제1회 대회에 이어 또다시 1위를 차지하였다. 이 대회 결과 1위는 한국의 소리 문자였다. 그리고 2위는 인도의 델루구 문자, 3위는 영어의 알파벳이 차지했다. 이런 한글의 위상 덕분에 전 세계에 세종학당 수가 85개국에 248개나 설치되었다.

분명 이 시대는 단군왕검이 이 땅에 나라를 세운 이래 가장 잘 사는 시대가 되었다. 이런 수치나 데이터 외에도 우리나라의 삶의 문화 자체가 전 세계인들로부터 각광을 받고 있다. 세계에서 가장 우수하고 훌륭한 한글 이외에도 세계에서 가장 아름다운 음악으로 아리랑이 뽑혔다. 그리고 K – 푸드도 전 세계에서 사랑받고 있다. 그 중에서도 가장 맛있고 영양가 높은 음식에 비빔밥이 선정됐다고 한 다. 특히 세계 현지인들의 입맛에 맞춘 한국 만두는 해외 수출이 1 조 원을 넘어섰다고 한다. 가장 한국적인 것이 이제 세계 최고가 되 는 시대를 우리는 살고 있다.

11. 병사들을 포로만 계산하는 함량 미달 정치인들

인류의 역사는 전쟁의 역사라 해도 과언이 아니다. 고대 원시사회부터 자기 부족의 생존을 위해 전쟁이 시작되었다. 21C인 지금도 세계는 전쟁이 계속되고 있으며 많은 사람들이 매일 죽어가고 있다. 우리나라도 겉으로는 매우 평화스러워 보이지만 70년간 휴전 상태다. 1953년 7월 27일 남한과 북한은 3년간의 전쟁을 중지하고 휴전협정이 조인되었다. 70년 넘게 휴전 중이다. 세계에 하나밖에 없는 분단국가다.

이런 휴전선을 지키기 위해 남북한 젊은이들 170여만 명이 휴전선 일대에서 총 들고 청춘을 바치고 있다. 더욱 안타까운 것은 이런 청춘들의 귀중한 삶을 정치인들은 자신들의 정권을 잡기 위한 도구로 활용하고 있다. 군인은 전후방 각지에서 국민의 생명과 재산을 지키고 휴전선을 지키기 위해 병역의무를 수행하고 있다. 병역의무는 휴전선 일대에서 총 들고 시간만 보내고 온다고 해결되지 않는다. 군인은 싸우면 이길 수 있는 투철한 정신력과 강한 전투력, 그리고 사기가 높아야 한다. 첫 번째 정신력 문제다. 정신력은 군인의 사생관을 좌지우지하는 결정적 요소다. 우선 내가 왜 이 자리에 와서 이런 고생을 하면서 경계 근무를 서야 하는지 스스로 인정해야 한다. 그리고 내 가족과 친구들 사랑하는 사람들을 지키기 위해 헌신하고 있다는 숭고한 사명감으로 무장되어야 할 것이다. 그런데 국민의 의무인 병역의무를 기피하는 사람들이 많다는 사실이 안타깝고, 사회 지도층 인사들 자녀들이 더 많다고 하니 참담한 심정이다. 이런 세태 속에서 장병들에게 투철한 국가관이나 사명감, 올바른 사생관을 요구하기도 쉽지 않은 과제가 되었다. 두 번째는 전투력이다. 군인의 전투력은 그냥 얻어지거나 요구한다고 갖춰지지 않는다. 피나는 훈련과 고도의 전투기술 숙달만이 답이다. 거기다 적보다 우월한 전투 장비와 조직력이 필요하다. 그리고 지휘관의 리더십과 전략 전술이 적보다 우월해야 한다. 그러나 아무리 정신력이 투철하고 전투력이 뛰어나도 사기가 저하되면 그 능력이 제대로 발휘될 수 없다. 그런데 지금 대한민국 위정자들은 장병들이 국가 안보를 지키는 최후의 보루라는 사실조차 모르는 것 같다. 어떻게 하면 60만 대군을 자기 당을 지지하는 투표와 연결시키는 데에만 골몰하고 있다.

전 정권은 병사들 복무 기간을 18개월로 줄이는 바람에 고가 장비 운영이나 숙달된 전투병을 양성시킬 기회를 포기해 버렸다. 그리고 현 정권은 병사들에게 200여만 원의 봉급을 올려주고 그들에게 환심을 사려고 군을 근본부터 망가뜨리고 있다. 국민의 군대에서 용병으로 체질 자체를 바꿔버린 것이다. 천문학적인 국민 혈세를 꼭 그렇게 써야 하는지 묻고 싶다. 훗날 두고두고 우리 발목을 잡을 것이다. 그 바람에 사기가 저하된 간부들의 퇴직자가 많아지고 급기야 사관학교 생도들도 자퇴자가 증가하고 있다. 학군장교들 모집에도 비상이 걸렸다. 돈 가지고 국가 안보를 멍들게 한 뛰어난 정치인들에게 묻고 싶다.

당신들은 도대체 어느 나라 정치 지도자들인가?

IV

국가대표

Nation

1. 우리 모두 국가대표 선수

국내외적으로 다사다난한 2023년이 지나고 새해가 밝았다. 2024년 갑진년 청룡의 해에는 러시아와 우크라이나 전쟁과 이스라엘과 하마스의 전쟁이 빨리 끝나길 기원한다. 그들 나라가 전쟁에서 평온한 일상으로 하루빨리 돌아가기를 바란다. 그리고 올해는 대한민국의 모든 국민이 행복했으면 참 좋겠다. 모두가 멋진 꿈을 가지고 새로운 출발을 하는 새해가 되길 소망해 본다.

특히 올해에는 저출산 문제가 해결되는 원년이 되었으면 좋겠다. 그리고 우리를 둘러싸고 있는 국내외 정치 지형이 새롭게 변하길 기대해 본다. 기적처럼 남북통일이 되어 인구가 7천만으로 늘어나고 세종대왕이 완성한 한반도 지도가 한 나라가 되었으면 좋겠다. 그리고 대륙횡단철도가 개통되어 중국, 북경, 러시아 모스크바를 거처 유럽을 여행할 수 있는 세상이 되면 좋겠다. 일자리가 없어서 집에서 쉬고 있는 사람들이 모두 함께 일하는 세상이 되었으면 한다. 대도시뿐만 아니라 지방에서도 누구나 원하는 직업을 갖고 살아가는 세상이 되길 희망한다. 그리고 출산하는 산모들이 자기 사는 동네에서 아이를 출산하고 어린아이를 건강하게 키울 수 있는 의료 복지시설이 자리 잡았으면 한다. 고령화 노인들도 멀리 대도시까지 안 나가고 자기 사는 동네에서 편리하게 의료 서비스를 받는 세상이 되길 바란다. 그리고 무질서와 묻지 마 살인, 패륜범죄가 없는 살기 좋은 세상이 되길 소망해 본다. 국가이익이나 안보에는 여야가 따로 없이 한목소리를 내는 성숙한 정치풍토가 되길 바란다. 모든 젊은이가 자기가 하고 싶은 일을 하면서 행복한 삶을 꾸려나갈 수 있는 좋은 세상이 되었으면 한다. 건강한 사람이나 장애인, 그리고 다문화 가족 등 이 땅에 사는 사람들이 희망과 꿈을 가지고 행복하게 살 수 있는 세상이 되길 기대해 본다. 기업가들이 세계 최고 상품을 개발하여 수출이 늘어나 나라 살림이 넉넉해지길 바란다. 그리고 우리 사회가 배려와 감사의 풍토가 넘쳐나는 세상이 되어 모두가 존경받고 귀하게 대접받는 세상이 되면 참 좋겠다. 나라 살림을 책임진 모든 공직자가 멸사봉공의 근무 자세로 국민의 혈세가 낭비되지 않는 알뜰한 나라 살림이 되어야 한다.

새해에는 이 땅에 사는 사람들이 다 같이 손잡고 이런 세상을 함께 만들었으면 좋겠다. 이런 세상이 되면 비록 영토는 좁고 자원은 없지만 세계가 부러워하는 문화대국으로 거듭날 수 있을 것이다. 좋은 세상과 살만한 세상, 그리고 힘 있고 품격 있는 나라 만드는 것은 한두 사람의 힘만으로는 어렵다. 이런 나라를 만들기 위해서는 대한민국 국민 모두가 국가대표 선수가 되었을 때만이 가능해질 것이다. 새해 아침에 가져보는 소박하지만 야무진 소망이다. 모두가 대한민국 국가대표 선수가 되시길…

2. 강한 국가

한 나라의 국력은 그 나라가 가지고 있는 과학기술의 능력에 달려 있다. 최근 한반도에서 벌어지고 있는 남한과 북한의 힘의 논리도 경제력보다는 과학기술의 역량에 따라 변하고 있다. 재래식 무기의 수량이나 군사력보다 핵무기 한 발의 위력이 더 큰 영향력을 가진다. 전쟁의 역사 속에서 우리는 그런 사례들을 수없이 봐 왔다. 2차 세계대전에서 인간 폭탄 가미가제특공대를 무력화시키고 일본을 무조건 항복시킨 무기도 핵무기였다.

오늘날 국가의 힘을 경제력만으로 인식하고 있다. 하지만 그 경제력도 과학기술의 힘을 무시할 수 없다. 한 국가가 번영하기 위해서는 다른 나라보다 더 많은 원천기술과 과학기술 능력을 보유해야한다. 그리고 다른 나라보다 좋은 제품을 많이 만들어 팔아야 나라가 부강해진다. 그러나 전쟁이 발발했을 때 전쟁 수행 능력을 유지시켜 줄 힘은 결국 경제력이 뒷받침되어야만 가능하다. 특히 현대전에서 그 힘의 논리는 더욱 중요하다. 한 나라의 비밀병기 개발이나 보유에도 과학기술의 힘은 절대적으로 필요하다. 15세기 조선은 장영실의 수많은 아이디어와 세종대왕의 눈 밝은 격물의 이해가 함께 맞물려 당시 세계 최고의 과학기술 국가였다. 1983년 이토오 준타로 외 일본 학자들이 저술한 「과학기술사 사전」(홍문당, 도쿄)을 살펴보면, 15세기 세계의 과학기술 업적은 조선이 29건, 명나라가 5건, 일본은 0건이었다. 동아시아 이외 세계는 28건이었다. 세종 전문가인 박현모 여주대 교수는 노벨상을 받을 만한 업적으로 따지면 조선은 21건, 중국 4건, 유럽과 아랍을 합쳐서 19건 정도였다고 주장한다. 세종 시대에 조선은 물시계와 해시계를 발명하고 세계 최고의 소리 문자 한글을 창제하였다. 600여 년 전에 만들어진 한글은 대한민국 국민을 문맹률 1% 이하인 국가로 만들어 주었다. 현대 첨단 IT 기술인 컴퓨터 기기에 가장 적합한 문자가 한글이라고 한다.

오늘날 세계 경제가 위축되고 최근에는 생활물가가 올라 서민들의 걱정이 태산이다. 얼마 전 우리를 고무시켜주는 반가운 신문기사를 봤다. 우리나라의 원천 특허 기술이 기술 대국 독일을 제치고 세계 5위로 상승했다는 소식이다. 그리고 이러한 원천기술은 시간이 지날수록 더 많이 나올 것이라는 전망이다. 이런 특허 기술로 경제적, 군사적, 정치적으로 좀 더 강한 대한민국이 되었으면 한다. 이 시대에도 강자존强者存의 생존 원리는 아직도 유효한 화두인 것 같다.

개인이나 국가나 강한 자만이 살아남는다는 것은 역사의 진리다.

3. 북핵보다 강력한 대통령선거

대한민국은 1948년 5월 10일 총선거를 거쳐 그날 선출된 198명의 국회의원이 5월 31일 제헌의회를 개원했으며 7월 17일 대한민국 헌법이 공포됐다. 그리고 그 헌법에 따라 국회의원의 간접선거로 제1대 대통령이 선출되었다. 그로부터 74년이 지난 2022년 3월 9일 대한민국 20대 대통령이 탄생했다. 세계 10위 경제 대국인 대한민국 대통령의 탄생을 미국 대통령과 중국 주석, 러시아 대통령, 일본 수상 등 전 세계 정상들이 축하와 함께 대외적으로도 많은 관심을 받는다. 그만큼 나라의 위상이 커졌으며 우리의 국력도 무시할 수 없는 단계에 와있다는 것을 보여주고 있다.

정부수립 후 74년간 결코 순탄한 길만 걸어올 수는 없었다. 하지만 그동안 열한 분의 대통령들이 국가와 민족을 위해 흘린 땀방울과 고뇌의 산물이 만든 살아 있는 역사다. 그리고 온 국민이 잘 살아 보겠다는 노력과 열정으로 함께 만든 자랑스러운 우리의 역사다. 그런데 북한은 올해만 벌써 9차례나 미사일 도발을 했다. 극초음속 미사일을 포함해 정찰위성 개발용이라며 준 중거리 탄도미사일도 2차례나 발사했다. 북한의 이런 행태는 항상 새 정부 출범에 맞춰 도발을 자행해왔다. 북한의 이런 도발 배경은 대한민국 '대통령선거' 그 자체가 그들의 통치기반을 흔드는 악재가 될 수 있기 때문이다. 대한민국 대통령 열두 분이나 바뀌는 동안, 북한 김씨 왕조는 현대사회에서는 있을 수 없는 대대손손 세습하면서 북한을 통치하고 있다. 1960년 초기만 해도 북한이 남한보다 경제력이 우위에 있었다. 지난해 북한의 명목 구매 총생산량(GDP)은 36조 2천억 원이었다. 남한 (2천161조 8천억 원)의 60분의 1(1.7%) 수준이다. 이것만 보더라도 자유 민주주의 체제와 공산주의 체제와의 경쟁은 이미 끝났다. 북한 주민들도 이제는 남한이 자기들보다 잘 살고 있다는 것을 모두 알고 있다. 대한민국의 12번째 대통령이 나왔으나 70여 년간 1인 독재체제로 이어지고 있는 북한의 실정을 모를 리 없다. 이미 그들 손에도 스마트폰이 들려있어 정보를 차단하려고 해도 차단할 수 없는 세상이 되어버렸다. 지금 북한 김정은은 그 어느 때보다 어려움에 봉착해 있다. 코로나 사태와 국제 제제가 장기화 되면서 경제는 파탄 직전이다. 이런 와중에 대한민국 20대 대통령선거 이슈는 북한 주민들에게도 동요를 가져올 것이다. 자유 민주주의 체제의 우월성을 다시 한번 느끼고 있을 것이다. 이런 사실은 그들이 가진 핵폭탄보다 더 무서운 뉴스가 될 수 있기 때문이다.

　남북통일을 바라며 북한에 경제 지원이나 화해 제스처를 보냈다. 그러나 역대 정부들의 잘못된 대북정책 지원 자금은 오히려 북한의 핵과 대륙간 탄도미사일 개발로 이어졌다. 실로 안타까운 일이다. 이제는 북핵에 대응할 미국의 핵우산과 유사시 개발할 핵을 준비해야 한다. 그리고 북한 체제의 소멸을 기다리는 인내도 필요하다. 그러나 그 기간은 짧으면 짧을수록 좋다.
　통일은 한민족 1억 경제공동체를 앞당기는 지름길이 될 수 있기 때문이다.

4. 깨어진 보도블록의 변신

사람들은 완벽한 것, 가장 좋은 것, 흠집 하나 없는 최상의 것만 찾는다. 그러다 보니 명품 가방이니 명품 옷들이 고가에 팔려나간다. 명품 물건들은 디자인이나 내구성 실용적인 면에서 최고의 제품으로 인정받고 있기 때문이다. 정작 자신의 구매 능력이나 수준은 고려 않고 명품 가방을 들거나 명품 옷을 걸친다. 그렇게 되면 자신도 명품이 될 것이라는 잘못된 허영과 과시욕도 한몫 거들고 있지 않을까 싶다.

그러나 우리의 일상생활 속에서도 이처럼 명품이 아니어도 충분히 제 기능을 발휘하는 것들이 많다. 좋은 물건들은 오래 쓰다 보면 때로는 싫증 날 때도 있다. 사용에 아무런 지장이 없는 물건들도 많다. 목가구를 제작하는 솜씨 좋은 장인은 좋은 나무는 나무토막 하나도 버리지 않고 모아두었다가 멋진 가구를 만든다. 얼마 전 이케아에 물건을 하나 구하려고 들렸다가 나무 조각을 잘게 잘라서 코코블록을 만들어 파는 상품을 봤다. 보통 가구나 어떤 물건을 제작하다 보면 길이가 길어서 잘라내거나 너무 짧아 사용하지 못하고 화목으로 쓰거나 그냥 버린다. 그런데 그런 자투리 나무를 하나도 버리지 않고 모아서 상품으로 개발해 판매하는 것을 보았다. 대단하다는 생각이 든다. 어제는 작은 창고 앞에 깨어진 보도블록을 주워다 깔았다. 최초에는 주차장에 깔았던 보도블록이었는데, 지열 보일러 공사를 위해 포크 레인이 땅을 파면서 보도블록이 많이 깨졌다. 공사가 끝난 후에는 상태가 좋은 보도블록만 골라서 다시 주차장 공사를 마무리했다. 그리고 깨어진 보도블록 조각은 혹시 훗날 야외 탁자나 의자 등의 수평을 맞출 때 필요할 것 같아서 잘 보이지 않은 계단 밑에 모아두었다. 그런데 어느 순간 살펴보니 깨어진 많은 보도블록이 버려진 곳의 경관이 무척 눈에 거슬린다. 그리고 창고 앞에 깔아둔 울퉁불퉁한 돌들도 마음에 들지 않았다. 순간 깨어진 보도블록을 깔면 좋지 않을까 하는 생각이 머리를 스쳤다. 전에 깔아두었던 돌을 모두 걷어내고 대신 깨어진 보도블록을 깔았다. 고운 마사토를 가져다 보도블록 사이에 채워 넣고 작업을 마무리했다. 돌을 깔았을 때보다 바닥이 훨씬 더 평평해지고 붉은색의 보도블록이 주변 잔디밭과도 아주 잘 어울렸다.

하찮게 버려진 보도블록의 재탄생이다. 오후 내내 땀 흘린 보람을 느끼면서 하루를 마감한다. 이처럼 사용자의 생각과 의지만 있다면 버려진 쓰레기나 폐기물조차도 다시 생명을 얻어 제 가치를 발휘한다. 오늘날 우리 사회는 급격한 노령화에 따른 노인 빈곤율이 49.6%로 OECD 34개국 평균 13%의 4배에 육박하고 있다. 이대로 방치한다면 노인 문제가 국가 장래를 위협하는 심각한 문제로 번질 수도 있다. 과거 산업화의 역군이었던 65세 이상 노인들에게도 일자리를 만들어 준다면 노인 빈곤문제도 해결되고 국가경쟁력도 살아날 수 있지 않을까? 정부와 노인세대가 서로 Win Win 할 수 있는 대책 마련이 그 어느 때보다 시급하다.

5. 자녀 생일날 태극기 달아주기

　　이틀 후면 삼월이 열린다. 그리고 그 첫날이 3.1절이다. 100여 년 전 일제 치하에서 독립을 외치며 태극기를 들고 목숨 걸고 만세 운동을 외쳤던 매우 뜻깊은 날이다. 3.1절은 어떤 국가기념일보다 의미 있는 날로 모두 태극기를 게양한다. 국가와 태극기의 소중함을 다시 한번 되새기는 날이기도 하다. 그러나 이처럼 소중하고 의미 있는 태극기를 꼭 국가기념일에만 게양해야 하는지 의문이 생긴다. 태극기를 더 사랑하고 활용할 수 있는 또 다른 방법은 없을까 하는 생각이 든다.

　　2년 전 터키 여행을 하면서 살펴봤다. 터키는 자기 나라 국기를 사랑하는 국민이 많은 나라라는 생각이 들었다. 관공서와 가정집, 그리고 작은 상가를 비롯해 고대 유적지 등에도 반달과 별이 그려진 붉은색 대형 국기가 바람에 휘날리고 있었다. 십여 년 전에도 대만을 방문 기회가 생겨 타이베이 공항에 내려 시내로 들어가는데 국기를 내건 집이 많았다. 가이드에게 오늘이 무슨 국경일이냐고 물었더니, 대만은 꼭 국가기념일만 국기를 게양하는 것이 아니라고 한다. 집안에 경사가 있는 날에도 국기를 내건다고 한다. 예를 들면, 가족 중에 그날 생일이 있는 사람이 있으면 그 사람의 생일을 축하해 주기 위해 국기를 달아준다고 한다. 참으로 의미 있는 일이고 신선한 아이디어로 다가왔다. 어제는 멀리 전주에서 할머니 팔순잔치를 축하하기 위해 20여 명의 가족들이 펜션을 찾았다. 강원도에 와서 팔순잔치를 하게 된 연유를 물었다. 군 생활하는 손자를 동참시키기 위하여 장소를 이곳으로 정하고 온 가족이 모였다고 한다. 참으로 보기 좋은 모습이란 생각이 들었다. 그 가족들에게 뭔가 해드릴 일이 없나 생각했다. 할머니의 팔순잔치를 축하해드리는 의미로 그들이 쉬고 있는 방 앞에 태극기를 게양해 드렸다. 식구들이 모두 모인 자리에서 팔순잔치를 축하한다는 덕담을 말씀드렸다. 그리고 태극기를 게양한 이유를 설명해 드렸더니 모두들 무척 좋아하시고 고마워한다.

이제 우리나라도 국기를 게양하는 날을 국가기념일에만 한정시키지 말자. 집안의 중요한 행사에도 국기 다는 것으로 그 범위를 확산시켜 나가자. 집안 식구들 생일날 결혼식 취업 및 시험 합격한 날 등 집안의 애경사가 있는 날 태극기 다는 것도 국가에서 장려하자.

그렇게 되면 스스로 자긍심도 갖게 될 것이고 자연스럽게 국기와 국가에 대한 애국심도 생기지 않을까 싶다. 당장 오늘부터 자녀들의 생일날 국기를 게양해주고 태극기를 내건 이유를 설명해주자. 자녀들의 마음가짐과 삶의 자세도 달라질 수 있을 것이다. 대한민국의 상징인 태극기가 우리 집 베란다에 휘날릴 때 우리 자녀들의 자부심과 긍지도 함께 힘차게 휘날릴 것이다. 한때는 우리나라 태극기를 소지한 것도 죄가 되는 시대를 살았던 선조들을 생각해 보자. 지금 태극기 다는 것만으로도 우리는 애국을 실천하고 있는 것이다.

6. 수염 세금세

아침뉴스를 보니 코로나 확진자가 6천 명을 넘어섰다고 한다. 코로나 변종인 오미크론 확진자가 더 많이 발생하면 2만여 명에 달할 수도 있다고 정부는 발표하고 있다.

서민들의 삶은 더 팍팍해지고 특히 자영업자들은 하루하루 생계 위협을 받는 안타까운 상황으로 내몰리고 있다. 그렇다 보니 정부 입장에서는 자영업자들을 위해 보상금을 지원하겠다고 한다. 이렇게 다양하고 많은 분야에 현금을 지원하다 보면 결국 그 돈은 다시 세금으로 거둬들여야야 한다. 참으로 안타까운 현실이다.

인류 역사에 다양하고 많은 세금을 거둬들인 나라들이 많았다. 과연 어떤 나라들이 있었을까? 한때 유럽에서는 세금 징수할 명분이 없다 보니 집을 건축할 때 창문세를 신설해 세금을 걷기도 했다. 중세에 지어진 유럽 건축물들이 창문이 작은 이유가 바로 창문세 때문이었다. 16세기 무적함대를 보유했던 스페인 왕실은 함대 유지와 해외 팽창 정치에 드는 막대한 재정 수요를 감당하기 위해 모든 물품 거래마다 10%씩 세금을 매기는 '알카발라'라는 소비세를 도입했다. 그 바람에 물가는 걷잡을 수 없이 올랐고 탈세와 밀거래가 성행했다. 그 결과 경기는 위축되고 뛰는 물가와 세금 부담으로 사람들이 신대륙으로 빠져나가 인구마저 급감했다.

역사상 가장 강력한 세금 징수를 한 인물로 17세기 말 러시아의 '표토르 대제'를 빼놓을 수 없다. 러시아를 유럽 선진국처럼 만들겠다고 백성들의 수염을 못 기르게 하려고 '수염세'를 도입했다. 그러나 러시아 사람들은 종교적 이유로 수염을 깎는 대신 수염세를 냈다고 한다. 이처럼 역사적으로 세금을 거둬들이는 행태를 보면 세금이 백성과 국민의 삶에 긍정적 영향보다 부정적 요인이 훨씬 더 컸다는 것을 알 수 있다. 그것은 세금을 걷는 이유가 백성이나 국민을 위한 세금이 아니었기 때문이다. 중세에는 왕실이나 통치자들의 재정을 위해서 걷어들였다. 그리고 현대에 와서는 자신들의 정치적 입지와 표를 의식해 다양한 세금 제도를 도입하고 있다. 예나 지금이나 위정자들은 어떻게 하면 국민의 혈세를 걷어들일 것만 부단히 연구하는 것 같다.

그러나 세상에서 가장 가혹한 세금은 인플레이션이라는 말이 있다. 실물자산이 오르는 시기에 자산이 없는 사회적 약자는 가만히

앉아서 세금을 내는 거나 다름없기 때문이다. 코로나로 모든 물가가 다 오르고 있다. 그러다 보니 봉급으로 생계를 유지하는 서민들의 삶만 더 팍팍해진다. 부익부 빈익빈 현상만 더 커질 것 같아 걱정이 앞선다. 그동안 코로나 때문에 밖으로 나갈 일도 별로 없고 나가도 마스크만 쓰고 다니니 무척이나 답답했다. 러시아처럼 수염세도 없으니 이번 기회에 수염이나 한번 길러 볼까 싶다. 그런데 평소 수염이 지저분하다고 생각하는 가족에게 먼저 수염세를 내야 하지 않을까?

7. 대한민국에서 부자 되기

세계 400대 부자 중에 대한민국 부자는 다섯 명밖에 포함되지 못했다. 나라의 크기나 국력에 비해 너무 작은 것이 아닌가? 400대 부자 중 자수성가형이 65%로 259명을 차지하고 상속형 부자는 35%로 141명이라고 한다. 나라별로 자수성가형 부자 비율을 살펴보면, 미국은 71%, 중국은 97%, 일본은 100% 차지하고 있다. 반면 대한민국은 자수성가형 부자가 단 한 명도 없다. 이 수치는 과연 무엇을 말해주고 있을까?

세계 경제 1위부터 3위까지 세 나라의 자수성가형 부자가 70%가 넘는 것은 그 나라들의 부의 순위가 매우 역동적이란 이야기다. 지금도 계속 살아 꿈틀대고 있다는 증거다. 즉 개천에서 끊임없이 용이 나오고 있다는 뜻이다. 그런데 대한민국은 자수성가형 부자가 단 한 명도 없다는 것은 매우 서글픈 현상이다. 재벌 2~3세들이 부모로부터 물려받은 부로 대한민국 경제를 좌지우지한다는 이야기가 아닌가? 그러다 보니 금수저 흙수저의 수저 계급론이 나오고 있다. 세계 최고 부자인 미국의 '빌게이츠'나, 알리바바 회장인 중국의 '마윈', 일본의 '야나이 다다시' 유니클로 회장 등이 우리 시대에 새로 이름을 올린 신흥 부자들이다. 그러나 현재 대한민국은 쿠팡, 네이버 등의 일부 신흥 부자를 제외하고는 맥이 끊기고 있다. 이런 현상은 결국 우리 경제의 역동성이 떨어지고 있다는 증거다. 그리고 자라나는 젊은 세대들에게도 꿈이 없다는 의미다. 왜 이런 안타까운 현상이 나타난 것일까? 그동안 대한민국은 입시 위주의 획일화된 교육과 모두가 일류대학 가고 모두가 대기업에 입사하는 동일한 목표를 제시해 주었다. 그리고 국가 차원의 인재 육성의 청사진과 직업별 인재 육성의 장기 시스템의 부재도 한몫했다고 본다. 그러다 보니 젊은이들의 창의성을 길러주는 학교 교육은 사라졌다. 그리고 창업할 수 있는 시스템과 이를 지원해주는 국가 시스템도 형식에 그치고 있다. 더욱이 돈이 되는 것은 무엇이든 가리지 않고 손대는 대기업의 문어발식 사업 확장과 독식도 문제다. 유망 벤처나 중소기업의 기술까지도 먹어 치우고 있다. 이런 대기업의 윤리 의식 부재와 창업에 대한 잘못된 사회 인식 등이 젊은이들의 창업 의지를 방해하고 있다. 할 일이 없어서 창업하는 것이 아니고 창업하기 위해 대기업에 안 가는 사회가 되어야 한다.

그렇기 위해서는 개인 아이디어로 성장한 회사를 보호해주고 키워줄 수 있는 풍토가 조성되어야 한다. 그리고 기업 간의 올바른 윤리 의식과 국가 시스템이 보강되어야 하고 사회안전망 등의 구축도 선행되어야 한다. 창업의 실패 경험도 소중한 자산으로 인정해주는 국가 시스템과 사회 인식이 그 어느 때보다 절실하다. 지금처럼 계속해서 상속형 부자가 독식하는 대한민국 경제로는 앞으로도 희망이 없다. 신흥 벤처기업들이 우후죽순처럼 일어나야 한다. 그리고 많은 중소기업들이 세계적인 대기업으로 성장할 때 우리 경제는 다시 도약할 수 있을 것이다.

2024년에는 개천에서 용이 많이 나오는 신흥 부자들의 탄생을 기대해 본다!

8. 희망의 씨앗

연일 계속되는 혹한에 대한민국이 꽁꽁 얼어붙었다. 폭설과 강풍으로 비닐하우스가 무너져 내렸다. 도로가 차단되어 산간 지역 주민들은 고립되었다. 공항에는 비행기가 이륙하지 못해 승객들은 며칠째 발이 묶였다. 동장군의 위세도 매섭다. 요즘 같으면 한동안 긴 겨울만 영원할 것 같은 생각도 든다. 그러나 눈을 크게 뜨고 마음의 문을 열고 귀를 열어봐라! 땅 밑에는 새싹들이 자라고 계곡 얼음장 밑에는 물이 졸졸졸 흐르고 있다. 벌거벗은 앙상한 나뭇가지에도 이미 수많은 꽃망울이 자라고 있다.

추운 겨울날 아침 안개 끼고 음산한 런던의 한 길모퉁이에 꽁꽁 언 손을 불어가며 구두를 닦는 한 소년이 있었다. 빚 때문에 아버지가 감옥에 갇히자 온 집안 식구들이 길거리로 나앉게 생겼다. 그는 졸지에 집안 생계를 책임질 수밖에 없는 소년 가장이 되었다. 구두를 닦아서 매일매일 돈을 벌어야만 온 가족이 굶지 않는다. 소년은 매일 새벽부터 밤늦게까지 행인들의 구두를 닦았다. 힘든 일인데도 불구하고 늘 콧노래를 흥얼거리며 밝은 모습으로 일을 하고 있었다. 그런 모습을 본 손님들이 구두를 닦으면서 뭐가 그렇게 즐겁냐고 묻자? "당연히 즐겁지요. 저는 지금 구두를 닦는 것이 아니라 희망을 닦고 있거든요. 지금은 비록 힘들지만 언젠가 제 꿈을 반드시 이룰 거예요." 그가 바로 연말 크리스마스가 되면 전 세계 도심시에서 울려 퍼지는 크리스마스 캐롤 송 작가인 '찰스 디킨슨Charles Dickinson(1812~1870)'이다. 어린 나이에도 절망의 문턱에서 넘어지지 않고 희망을 노래했다. 힘없고 가난한 소년을 일으켜 세운 것은 희망의 씨앗이었다. '밀턴Milton(1608~1674)'은 실명한 후에 르네상스시대 최고의 걸작 『실낙원』을 썼다. '베토벤Beethoven(1770~1827)'은 청력을 잃은 후에 교향곡 운명을 작곡했다. 그리고 '르누아르Auguste Renoir(1841~1919)'는 양손이 류마티스에 걸린 후 명화를 그렸다. '아인슈타인A.Einstein(1879~1955)'은 4살이 되어서야 겨우 말을 했다. '뉴턴Sir Isaac Newton(1642~1727)'은 초등학교 성적이 엉망이었다. 그리고 '톨스토이Leo Tolstoy(1828~1910)'는 대학에서 낙제했다. '하이든Haydn(1732~1809)'은 베토벤으로부터 아무런 재능이 없는 인물이라고 평가받았다. 이처럼 많은 사람들은 그들의 무너진 건강과 별 볼일 없는 재능을 보고 이제 모두 끝났다고 생각했다. 그러나 그들은 좌절하지 않고 묵묵히 자신의 좋아하는 일을 해냈다. 그리고 불후의 명작과 함께 자신의 이름을 역사에 남기고 지구를 떠났다.

꿈은 희망이다. 희망의 반대말은 절망이다. 어떤 씨앗을 가슴속에 키우느냐는 자신만이 결정할 수 있다. 희망이 보이지 않은 캄캄한 절망의 어둠 속에서도 희망의 씨를 하나씩 심어보자. 그리고 아침마다 마음속으로 희망을 노래하자. 어느 따스한 봄날 기적같이 희망의 씨가 싹을 틔울 것이다. 그리고 당신의 꿈을 현실로 가져다줄 것이다. 희망은 오늘을 살아가는 당신의 유일한 목적이다. 그리고 내일의 당신 모습이다.

그것이 바로 당신의 소중한 미래이기 때문이다!

9. 바람이 통하지 않으면 썩는다

    최초에 1층에 설치한 갤러리는 그림을 감상하는 공간으로 만들었다. 그러나 시간이 지나면서 사람들과 차 마시는 공간 세미나와 강의하는 공간, 그리고 상담하는 공간 등으로 다양하게 활용되고 있다. 그런데 얼마 전부터 갤러리 바닥이 이상해졌다. 5번 방 앞 주변 바닥이 사람이 밟으면 푹신푹신해지면서 바닥이 꺼진다. 자세히 살펴보니 마루에 간 합판이 썩어 들어가고 있었다. 하긴 10여 년간 아무런 문제없이 잘 사용한 것만으로도 감사하다.

    작년 봄에 그동안 헬스장으로 사용하던 공간을 두 번째 방으로 개조했다. 공사하는 과정에서 방바닥의 보온을 위해 마루 밑으로 통하는 바람길을 모두 막았다. 특히 북쪽의 차가운 바람을 막기 위해 철판을 이용해 모든 틈새를 막고 검정색 페인트를 칠했다. 당시 공사를 모두 마치고 나서 완벽한 공사를 했다고 매우 만족해했다. 방바닥의 바람길을 모두 막아서인지 공사 끝내고 난 이후에 살펴봤다. 기존의 방과 거실보다 새로 만든 방이 먼저 데워지고 방바닥이 더 따뜻했다. 소기의 목적을 달성했다고 무척 좋아했는데 그것이 아니었다. 1년 6개월의 시간이 지나자 갤러리의 바닥이 썩어들어가고 있었다. 마루 밑으로 통했던 바람길을 차단해 버린 바람에 처음 얼마간은 방바닥이 따뜻해졌다. 하지만 바람이 통하지 않은 바닥은 결국 썩어버리고 만 것이다. 조만간 썩은 마루를 걷어내고 공사를 해야 할 것 같다. 보수공사 새로 할 때는 마루 밑의 바람길도 다시 만들어 줘야겠다. 자연에서 바람의 역할은 이처럼 소중하다. 우리의 일상생활에도 영향을 미친다. 바람은 자연을 생기 있게 만들고 모든 동식물들이 건강하게 자라게 한다. 때로는 이름 모르는 나무와 풀들의 씨앗까지 멀리멀리 이동시켜 생태계를 확장시켜 주기도 한다. 그리고 우리 사는 푸른 별 지구를 정화시켜 주고 지구가 부패하지 않도록 하는 소금의 역할도 함께한다. 사람과 사람의 관계나 작은 조직부터 거대한 정부 조직까지 바람이 통하지 않고 소통이 되지 않으면 부패될 수밖에 없다. 오늘날 대한민국 정치가 이처럼 혼란스러운 것도 모두 다 소통이 되지 못한 불통 탓이다. 끼리끼리 담합하고 자신들의 이익만 탐하는 밀실정치가 낳은 폐해가 아닌가 싶다.

이처럼 소통이 안 되고 바람길이 막히면 모든 것은 썩고 부패될 수밖에 없다. 갤러리 바닥공사를 다시 하려면 시간과 돈이 들 것이다. 하지만 자연이 준 지혜로부터 얻은 소중한 생활의 경험이 공사 비용보다 훨씬 더 값진 자산이 될 것 같다. 건축물이나 자연, 그리고 인간관계에서도 소통을 불러오는 바람은 이처럼 꼭 필요한 요소다. 바람이 곧 소통이기 때문이다. 청정한 푸른 씨앗들이 바람을 타고 멀리멀리 날아간다. 그 씨앗들은 아름다운 자연과 멋진 숲을 만들어 사람들에게 선물로 안겨줄 것이다. 오늘도 우리 사는 세상이 바람 불어 좋은 날이 되길 기대해 본다.

10. 소통과 독단

　사람이 조직을 만든다. 조직을 만든 사람은 누구나 그 조직이 영원하기를 바란다. 그러나 조직의 생리는 흥망성쇠를 거듭한다. 그리고 언젠가는 사라지게 된다. 영원한 조직은 없다. 국가나 기업, 그리고 작은 단체의 조직도 언젠가는 바뀌거나 사라질 수도 있다. 그렇다면 조직의 운명을 결정짓는 키워드는 과연 무엇일까? 수많은 단어가 생각나지만 그중 하나의 단어를 선택한다면 "소통"이 아닐까 싶다.

　소통은 조직을 살린다. 그러나 독단은 조직을 죽인다. 고인 물은 썩지만 흐르는 물은 절대 썩지 않는 자연의 이치와도 많이 닮아있다. 중국에서 생겨난 왕조들은 불과 10~20여 년 만에 사라진 왕조들도 많았다. 고구려를 정벌하기 위해 전쟁을 일으켰던 수나라는 불과

29년 만에 망했다. 중국 천하를 최초로 통일했던 진시황의 진나라도 15년 만에 역사 속으로 사라지고 만다. 이렇게 세상이 어지럽던 진나라 말 중국 천하를 놓고 서로 싸웠던 항우項羽와 유방劉邦의 리더십이 조직의 성패를 좌우한다. 유방은 별로 내세울 것 없는 농민의 아들로, 요즘 말로 표현하자면 흙수저 출신이다. 반면 항우는 귀족 집안 출신으로 금수저다. 이런 출신 배경뿐만 아니라 항우는 당대 최고의 무장이었고 뛰어난 전략가였다. 유방은 무장으로서 능력도 평범하였고 평소 우유부단한 성격을 가진 보통의 인물이었다. 두 사람이 싸우는 전투에서 항우는 늘 연전연승했고, 유방은 싸울 때마다 패했다. 그러나 초한 전쟁의 최후 승자는 흙수저 유방의 승리로 끝난다. 뛰어난 장수이며 전략가인 항우는 자신의 능력만 믿고 부하들의 조언을 모두 거절한다. 그러나 유방은 자신의 부족함을 알고 장량, 소하, 한신 등의 뛰어난 참모들과 부하들의 의견을 모두 수용한다. 결국 유방의 소통이란 무기가 항우의 독단을 뛰어넘은 것이다. 우리 역사에도 조선 중종 때 조광조趙光祖(1482~1519)는 조선의 개혁가로 추앙받았다. 그러나 독단과 자만심으로 4년 만에 무너져 37세의 젊은 나이로 생을 마친다. 반면 황희黃喜(1363~1452)는 우리 역사에 최고의 성군 세종대왕의 총애를 받는다. 영의정 18년을 포함 무려 24년이나 정승 자리를 지킨다. 세종의 만류에도 불구하고 87세에 사임했다. 사람들은 그를 소통의 달인이라고 부른다.

천하天下는 한 사람의 천하가 아니다. 모두의 천하다. 모두가 동참해서 만든 천하가 한 사람의 천하보다 그 규모가 크고 조직의 정신이 훨씬 더 뛰어나다. 천하는 누가 더 상대방보다 소통을 더 잘하느냐에 따라 결정된다. 유방이 천하를 얻은 결과나 황희의 24년의 정승의 삶이 이를 잘 말해주고 있다. 기원전 200여 년 전이나 인간이 화성을 오고 가는 오늘날이나 똑같다. 그 진리는 변하지 않는다. 결국 어떤 조직에서나 독단보다 소통이 필요하다. 모든 조직이 성장하고 그 운명을 길게 가지고 가려면 반드시 소통과 친해야 한다.

　　조직에서 소통은 공기와 같은 것이다.

11. 꿈꾸는 것을 디자인하라!

　어제 강의 끝나고 늦게 집에 들어왔더니 TV에서 멋진 프로그램이 방영되고 있었다.

　카이스트에서 근무하고 있는 '배상민 교수'의 강의다. 그는 얼마 전까지 뉴욕에서 이름을 날리던 세계적인 디자이너였다. 소개되는 그의 작품은 화분에 물이 떨어지면 화분이 한쪽으로 기울어진다. 그러다 다시 물을 보충해 주면 화분이 똑바로 서는 오뚝이 화분이다. 그리고 주거 공간 아무 데나 본인이 원하는 장소에 바르기만 하면 되는 잔디나 담쟁이넝쿨이 자라나는 아이디어 작품들이다.

　배 교수는 이러한 아이디어를 얻기 위해서는 평소 아무 생각 없이 멍 때리는 시간이 절대 필요하다고 이야기한다. 푸른 하늘에 둥실 떠가는 흰 구름을 아무 생각 없이 쳐다본다. 그리고 가을바람에 무리 지어 굴러가는 갈색 낙엽을 물끄러미 쳐다보면서 시간을 보낸다. 그러나 현대인들은 스마트폰을 들여다보거나 TV 화면을 습관적으로 쳐다보면서 시간을 낭비한다. 이런 생활에 익숙해지다 보면 생각하는 시간을 갖기가 쉽지 않다. 그는 좋은 아이디어를 얻기 위해서는 너무 오래 생각하지 말라고 한다. 5분간만 몰입해서 깊게 생각하고 그때그때 생각나는 것을 기록하는 아이디어 노트를 작성하라고 조언한다. 현재 자기는 32권의 아이디어 '생각 노트'를 가지고 있다고 한다. 아무 때나 노트를 펼쳐보다가 섬광처럼 어떤 아이디어가 구체화 되는 '트리거 임팩트trigger impact'의 순간이 찾아온다. 물 주는 시기를 알려주는 화분도 16년 전에 써 놨던 아이디어 노트에서 나왔다. 단 한 줄의 단어를 보고 섬광처럼 나온 발상이란다. 평소 적어 놓은 아이디어들이 뇌에 기록되어 있다가 그 단어를 보는 순간 이처럼 아이디어가 구체화 된다. 이런 아이디어들을 뇌에 심어 놓기 위해 자신은 지속적으로 노트에 적어 기록하는 습관을 가지고 있다고 한다. 예부터 사람들이 좋은 아이디어를 얻는 곳이 침상寢牀, 측상廁上, 마상馬上이라고 했다. 오늘날의 용어로 풀어본다면 침상寢牀은 침대 위 혹은 잠자리로 보면 된다. 두 번째는 측상廁上, 즉 화장실이다. 세 번째는 마상馬上, 즉 말의 안장이라고 볼 수 있다. 오늘날 승용차 안이라고 보면 될 것 같다. 이 세 장소가 가장 좋은 아이디어를 얻을 수 있는 장소다. 그러나 좋은 아이디어도 섬광처럼 머릿속을 스쳐 지나가버리고 몽상으로 끝나버린다. 그것을 붙잡아두려면 반드시 필기구를 비치해두어야 좋은 아이디어가 떠오르면 즉시 기록해 내 아이디어로 활용할 수 있다.

오늘날 젊은이들은 꿈도 없고 희망이 없는 세상을 살아간다. 가장 큰 이유는 모두의 꿈이 똑같기 때문이다. 내가 꾸는 나의 꿈이 아닌 부모님이 원하는 꿈이다. 그리고 그 꿈은 많은 사람들이 원하는 꿈이기도 하다. 그러다 보니 그 꿈에 도전하는 사람들은 항상 포화 상태다. 이 시대를 사는 젊은이들은 내가 좋아하는 일, 내가 잘하는 나만의 큰 꿈을 가졌으면 좋겠다. 나만의 꿈을 가진 세상에서는 그 꿈을 이룰 수 있는 사람은 결국 나밖에 없을 것이다.

12. 신 유목민

1세대 유목민들은 세계 최대 대제국을 건설했다. 역참제도를 통해 거대한 제국을 지배했던 칭기스칸의 몽골제국 사람들이다. 그리고 오늘을 사는 현대인들은 '신 유목민'들이다. 프랑스의 경제학자 '자크 아탈리'가 1997년 21세기 사전에서 처음 소개한 용어다. 현대 사회의 변화된 삶의 방식을 지칭하는 단어이다. '신 유목민'은 주로 노트북이나 스마트폰을 이용하여 시간과 장소에 구애받지 않고 자유롭게 업무를 처리하는 사람들이다. 자신의 현 위치에서 24시간 업무를 보는 사람들이 바로 그들이다.

과거에는 마을 전체에 전화기가 하나밖에 없어서 외부에서 전화가 걸려오면 동네 대형 스피커로 방송했다. "누구네 집 서울에서 전화 왔습니다. 전화 받으세요!" 온 마을에 울려 퍼진다. 스피커 소리에 당사자는 물론이고 온 동네 사람들이 오늘 누구네 집에 전화 온 것을 모두 알게 된다. 그리고 가까운 사람들이나 친한 사람들은 그 집 사람들을 만나면 무슨 전화가 왔느냐고 묻고 안부를 전한다. 그런데 지금은 모든 사람들이 전화기를 가지고 있다. 이제는 전화 받으라고 마을 이장이 방송할 필요도 없어졌다. 핸드폰을 통해 하루에도 수십 명의 사람들에게 동시에 소식을 알린다. 그리고 안부를 물을 수도 있는 편리한 세상이 되었다. 인터넷에 연결된 기기가 급속도로 늘어났다. 그 바람에 PC가 책상을 벗어나 개인의 무릎 위에서 손바닥 안으로 들어왔다. 그렇다고 이런 현상은 특정한 직업을 가진 사람들에게만 해당되는 이야기가 아니다. 프로그래머, 마케터, 교사, 디자이너, 컨설턴트 등 다양한 직업을 가진 사람들이 자신이 원하는 곳에서 근무하게 되었다. 마음만 먹으면 자신이 가지고 있는 기기를 이용해 얼마든지 회사 업무를 처리할 수 있는 세상이 된 것이다. 코로나 시대가 사람들의 삶을 통째로 바꾸어버렸다. 사람들이 모일 수 있는 공간이 제한되자 서로 만나지 않고 근무하는 비대면 근무가 일상화된 세상이다. 이제는 수시로 바다 건너 먼 이국땅 사람들과도 언제든지 소통하고 의견을 교류한다. 언제 어디서나 함께 일할 수 있는 삶의 일터가 만들어졌다. 그것도 얼굴 보면서 서로 화상통화를 할 수 있게 된 최첨단 시대를 우리는 지금 살고 있다.

이런 현상은 단순히 일하는 장소만 자유로운 것이 아니다. 생활터전도 훨씬 더 자유로워졌다. 동해안 바닷가에서 파도 소리 들으면서 일출 보며 하루를 시작할 수도 있다. 그리고 누구는 강원도 산골에서 고라니와 다람쥐 등과 함께 살면서 맑은 공기와 바람 소리 들으면서 직장생활을 할 수도 있다. 이제 세상은 일하는 장소, 방법, 대상, 공간, 시간을 자신의 마음대로 바꿀 수 있다. 자신의 취향과 여건에 맞게 변화시킬 수도 있다. 이런 유목민 같은 특징 때문에 디지털 노마드를 '신 유목민'이라고 부른다. 이제 세상은 변화에 동참한 사람만이 살아남을 수 있다. 세상은 또 다른 새로운 세상을 향해 무서운 속도로 지금도 계속 진화하고 있다.

13. 칭찬

　　코로나, 북 핵, 경기 침체, 취업난, 종북, 패륜 및 존비속 범죄, 비전 없는 정치, 참으로 재미없고 희망 없는 세상이다. 그렇다고 그냥 주저앉을 수만은 없다. 왜냐하면 우리들이 이 시대를 살아가는 주역이기 때문이다. 그리고 과거에는 지금보다 더 어렵고 힘든 세상을 지켜낸 조상들도 많았다. 어떻게 보면 나라가 있고 내 나라 안에서 먹고살기 힘들다고 투덜거리는 것 자체조차도 행복인지 모르겠다. 모두가 서로 서로의 등을 토닥여주고 모두 희망을 갖자. 희망에 가장 좋은 보약은 칭찬이라고 한다.

　　20세기 최고의 경영자라로 일컫는 제너럴 일렉트리(GE)의 최고 경영자 잭 웰치Jack Welch(1935~)는 어릴 때 말을 더듬었다. 그는 평소 주변 친구들이 '말더듬이', '병신'이라며 놀려대는 소리를 들으면 어머니에게 달려가 울면서 하소연했다. 그때마다 어머니는 "얘야, 너는 다른 애들보다 생각의 속도가 훨씬 빨라서 미처 네 입이 말을 따라가지 못할 뿐이란다. 너는 생각의 속도가 누구보다 빨라서 앞으로 위대한 사람이 될 수 있을 거야."라고 이야기해주면서 아들의 눈물을 닦아주었다. 이때부터 잭 웰치는 열등감을 극복하고 자신감을 갖게 되었다고 한다. 어머니의 사랑이 담긴 칭찬 한마디가 그의 삶을 바꿔준 것이다. 삭막한 세상살이에 사람들은 칭찬을 갈구한다. 소외되고 따돌림받고 무시당하고 사는 것이 우리네 현실이다. 그런 가운데서도 인정받고 가장 듣고 싶은 말은 진심 어린 칭찬 한마디이다. 칭찬을 통해 내 삶의 존재 이유와 삶의 목표를 가질 수 있다. 칭찬 한마디에 삶의 활력을 찾고 희망을 꿈꾸게 된다. 칭찬은 이 삭막한 세상에 내리는 한 줌의 단비다. 칭찬은 누구에게나 해줄 수 있는 나만이 가지고 있는 가장 귀한 선물이다. 칭찬은 돈이 들거나 많은 준비가 필요치 않다. 다만 칭찬해줄 수 있는 맑은 눈과 따뜻한 가슴만 있으면 된다. 이 세상에 존재하는 모든 생명체는 모두 칭찬받을 자격이 있다. 살아 있다는 것, 그 자체 하나만으로도 칭찬을 받을 수 있으며 또 칭찬은 누구나 할 수 있다. 칭찬은 누구나 받을 자격이 있다. 이 세상에 가장 하기 쉽고, 가장 듣고 싶은 말은 바로 칭찬입니다. 가슴속에 담고 있는 칭찬은 아무리 퍼주어도 결코 마르지 않는다.

칭찬에 인색하지 않은 사람 주변에는 항상 사람이 모인다. 칭찬은 사람들에게 꿈과 희망을 주고 미소를 안겨주기 때문이다. 당신이 살아 있는 동안 가슴속에 들어있는 무한한 칭찬을 꺼내서 다 쓰고 갈 때 당신은 칭찬받는 삶을 살다 간 것이다. 칭찬은 또 다른 칭찬을 낳고, 칭찬은 우리 모두를 행복하게 해준다. 대지를 촉촉이 적시는 비 내리는 우수雨水다. 우리 가슴에 칭찬의 씨앗을 하나씩 키워보자. 고래도 춤추고, 양파도 춤추고, 대한민국도 춤추게 하자. 주변 사람들에게 칭찬의 선물을 안겨주자. 칭찬받는 것도 기분 좋고 즐겁다. 하지만 돈도 안 들고 칭찬해주는 것이 훨씬 더 남는 장사다. 모두가 칭찬 장사꾼이 되었으면 좋겠다.

14. 재상 을파소

　요즘 시내를 나가보면 22대 국회의원 선거로 세상이 시끄럽다. 저마다 자기가 제일 잘났고, 자기가 가장 국가를 사랑하는 사람이라고 주장한다. 이런 훌륭한 사람들이 4년씩이나 나라 살림을 책임졌다면 대한민국은 지금보다 훨씬 더 잘 살고 남북통일도 이미 이루어졌어야 했다. 20대 국회의원 선거 시 중앙선관위에서 집계한 729명의 후보 등록자 중 군 복무 대상자는 655명이다. 그중에서 군 복무를 하지 않은 사람이 16.6%인 109명이라고 한다. 그리고 전과 기록이 있는 사람은 무려 286명으로 39.23%에 달한다고 했다.

　대한민국 국민을 대표하는 일꾼들이 사는 이 나라는 세계에서 유일한 분단국가다. 그런데 국민의 신성한 의무인 병역의무도 하지 않은 사람이 국민을 대표한다고 하니 어처구니가 없다. 또한 법치국가인 대한민국에서 법을 지키지 않은 사람들이 국민을 대표한다고 하니 이런 것들을 보면서 법치국가의 의미 자체가 의심스럽다. 이런 무자격자를 국회의원 후보로 등록해준 국가 책임이 더 큰 것이 아닌가 싶다. 고구려 9대 왕인 고국천왕 때 고위직에 있었던 어비류와 좌가려라는 벼슬아치들이 왕비의 권세를 믿고 권력을 휘두르다 반란을 일으킨다. 반란을 진압한 왕은 주모자들을 모두 처벌한다. 그리고 자신의 능력이 부족하여 이런 일이 생겼으니 전국의 훌륭한 인재를 추천하라고 대신들에게 지시한다. 대신들은 의논하여 "안류"라는 인재를 추천했다. 왕이 그를 불러 나랏일을 맡기려 하자, 안류는 왕에게 건의한다. "저보다 더 큰 능력을 가진 인물이 있습니다. 바로 '을파소'라는 사람입니다. 을파소는 의지가 굳고 의젓하며 지혜가 깊습니다. 다만 세상에 등용되지 못해서 농사를 지어 생활하고 있습니다." 왕은 안류의 진심을 알아차리고 을파소를 국가 최고 관직인 국상으로 삼아 나랏일을 맡겼다. 을파소는 참되고 성실하게 나랏일을 해나갔다. 상과 벌을 신중하게 처리하고 법령을 엄격하게 적용하여 백성들이 편안하고 나라 안팎이 태평하였다. 을파소는 백성들을 위해 오늘날로 치자면 사회보장제도라고 할 수 있는 "진대법"을 시행하였다. 진대법은 식량을 구하기 어려운 봄철에 국가에서 식구 수에 따라 식량을 빌려준다. 그리고 추수가 끝난 10월에 갚게 하는 제도였다. '을파소'는 고국천왕의 뒤를 이어 산상왕 때에도 계속 국상으로 나랏일을 돌보다가 203년 8월에 숨졌다. '을파소'의 장례식 때 온 고구려 사람들이 슬피 울고 그의 죽음을 안타까워했다고 한다.

이 시대에도 '을파소'처럼 능력 있는 사람들이 많이 등용되어야 한다. 이런 사람들이 나라 살림을 책임져야 대한민국이 더 잘 살 수 있을 것이다. 그런데 도덕성과 인성, 국가관도 제대로 갖추지 못한 사람들이 설쳐대니 세상만 시끄럽다. 을파소의 진대법은 고려시대에는 상평창, 의창 등의 법으로 이어졌다. 이 법으로 인해 고구려의 정치는 안정되고 백성들은 태평성대를 누렸다. 을파소는 우리 역사에 최고의 국무총리였으며 명재상이었다. 을파소 같은 국무총리나 국회의원들이 많이 나오길 기대해 본다.

15. 희망은 절망의 끝에서 찾아온다

코로나 사태와 러시아의 우크라이나 침공으로 세계 경제가 위축
되고 있다. 이런 상황에서 경제를 살려야 하는데, 정치하는 사람들
은 국민들의 삶을 개선하는 일은 뒷전이다. 오로지 표를 얻기 위해
돈을 푸는 매표 행위에만 혈안이 되고 있다. 이런 무분별한 현금 살
포는 오히려 국민들에게 공짜심리만 부풀리게 할 수 있다. 이런 상
황이 계속되면 땀 흘려 일하기보다는 공짜심리에 길들여져 근로의
욕만 감소시킬 수 있다.

어느 마을에 닭을 기르는 농부가 살고 있었다. 닭을 키우는 농
장은 지대가 낮아서 비만 오면 수시로 물에 잠겼다. 그래도 그는 닭
을 포기하지 못하고 다른 곳으로 이사도 가지 못했다. 농부는 평생
해온 일이 닭 키우는 일밖에 몰랐다. 그리고 높은 지대로 이사 갈 돈

도 없었다. 비만 오면 수시로 닭들을 높은 곳으로 대피시키기도 했다. 하지만 어떤 때는 시기를 놓쳐서 수백 마리가 떼죽음을 당하거나 급류에 휩쓸려 가버리기도 했다. 그런데 어느 날, 최악의 홍수로 닭은 모조리 물에 잠겨 떠내려가 버렸다. 그리고 땅은 호수로 변해 버렸다. 하늘이 무너지는 절망감과 비통에 젖어 집으로 돌아온 남편은 "이제 우리 집은 망했다. 더 이상 마른 땅을 살 수 있는 돈도 없고 물에 잠긴 땅을 팔 수도 없으니, 이제 우리 가족은 굶어 죽는 수밖에 없다."고 탄식하였다. 이 말을 듣고 고개만 숙이고 있던 아내가 대답했다. "여보 닭 대신 오리를 사서 키우면 되지 않아요!" 하는 아내의 말을 듣고 생각을 바꿨다. 그때부터 오리를 키운 농부는 오리알은 건강한 알로 대접받고, 오리고기도 식용으로도 각광받으며 잘 팔렸다. 거기다가 버려진 오리털까지 잠바 속에 채워 넣으니 오리 한 마리가 주는 수입은 만만치 않았다. 생각지도 못한 오리털 잠바는 이들 부부에게 톡톡히 효자 노릇을 해줬다. 덕분에 바쁜 생활 속에서도 제법 생활이 윤택해졌다. 이런 오리 사육은 아내도 남편과 똑같이 절망하고 있는 상태에서 얻어진 결론이었다. 그 절망을 극복하기 위해 고민하다가 찾아낸 해답이었다. 이처럼 주어진 상황을 냉철히 판단하자. 그리고 그 상황과 여건에 맞는 것을 찾아서 새롭게 접목해 보자. 그러다 보면 의외의 길이 열릴 수도 있다. 이처럼 최악의 상황에서 새로운 길을 찾는 것은 절망의 끝에서 새로운 희망을 건져 올릴 수 있는 기회이기도 하기 때문이다.

국가나 개인이나 어려움을 극복할 새로운 대안을 찾아내어 코로나 시대와 경기침체가 계속되는 이 난국을 슬기롭게 극복하자. 다시 한번 모두가 힘차게 도약하는 시대가 올 것이다. 우리가 아는 것은 닭밖에 없다고 이제 닭만 고집하지 말고 물 고인 호수에서 오리도 한번 키워보자! 그 오리들이 황금알을 낳아주어 부자 농부가 될 수 있는 것처럼 발상을 전환해보자. 어느 시대나 안 되는 것은 안 되는 것이고, 되는 것은 된다. 그 되는 것을 찾아낸 것이 바로 절망의 끝에서 건져올린 희망이 아닐까?

이 시대에 꼭 필요한 것은 발상의 전환이다.

16. 빛과 그림자

어제 신문을 펼치니 대한민국의 현재와 미래를 가늠해 볼 수 있는 상징적인 두 가지 기사가 실려 있었다. "여성 키 162.3cm로 100년 사이에 가장 키가 많이 큰 한국!" 그리고 "5월의 신부도, 신생아도 역대 최저 끝이 안 보이는 저출산 터널!" 등의 암울한 기사가 함께 실려 있었다. 반면 여성 키가 100년 사이에 20.1cm나 컸다는 것은 100년간 대한민국이 엄청난 발전을 해왔다는 것을 가늠해 볼 수 있는 중요한 척도이다.

세계 200여 개 국가 중 지난 100년 동안 우리나라 청소년의 키가 가장 성장 폭이 컸다. 이런 연구 결과는 우리 민족이 참으로 열심히 살아왔다는 증거다. 조사 시점인 1914년은 일제 강제 통치하에서 못 먹고 핍박받던 시대였다. 1905년 을사늑약이 체결된 후 대한

제국은 사실상 식물정부 상태였다. 백성들의 삶은 일제 수탈의 대상이었고 핍박과 설움을 받았던 암울한 시대였다. 1945년 해방되던 해까지 따지면 무려 40여 년 동안이나 일제의 잔혹한 통치를 받았다. 1914년 당시 여성들의 키는 142.2cm 밖에 안 됐다. 그것은 당시의 못 먹고 못살았던 생활수준과 영양 상태를 가늠해 볼 수 있다. 그리고 100년이 지난 오늘날 20.1cm가 성장해서 162.3cm가 되었다. 참으로 자랑스럽고 가슴 뿌듯하다. 그러나 한 나라의 경제성장과 발전은 그 나라의 인구수가 절대적으로 중요한 요소가 된다. 한 국가가 지체 내수시장에서 경제가 선순환하려면 인구가 최소 1억 명은 되어야 한다. 그런데 현재 대한민국의 인구수는 남한이 5천만, 북한이 2천만, 그리고 재외 동포까지 포함해도 1억 명이 채 못 된다. 인구수를 늘려도 오히려 부족한 시점인데 결혼을 기피하는 젊은이들이 늘어나고 있다. 그리고 출산율을 포기하는 신혼부부가 늘다 보니 2023년 합계출산율 0.72명으로 OECD 38개국 중 최하위 국가가 되고 말았다. 이런 수준으로 가면 어느 순간 대한민국은 이 지구상에서 영원히 사라져버릴 수도 있다. 최근 충청북도가 출산 육아수당 1,000만 원을 지급하자, 전국 17개 시도 중 유일하게 출생아 수가 2023년 7,693명으로 전년 대비 117명이나 증가하였다. 잘 활용하면 현금 지원도 이처럼 효과가 있다는 것이 입증되었다.

세계 200여 개 국가 중에서 100년 동안 여성들의 키가 20.1cm가 커진 것은 나라가 발전해 온 찬란한 빛의 결과라고 볼 수 있다. 그러나 세계 최저 수준의 출산율을 극복하기 위해 그동안 무려 380조 2,000억을 쏟아부었는데도 출산율은 계속 하락세다. 출산율을 높이기 위해서는 정부와 지자체, 사회, 기업, 그리고 가정이 함께 나서야 한다. 결혼해야 더 잘 살 수 있다는 비전과 함께 자녀 출산과 양육이 가정의 행복과 직결된다는 의식이 필요하다. 그리고 현실적인 정책 등이 뒷받침되어야 할 것이다. 사람이 곧 국가의 자산이며 가정과 사회를 구성하는 초석이다. 이런 인식을 전 국민이 가져야 한다. 이 시대는 인구수가 바로 국력이기 때문이다.

17. 알파고의 습격

    인간이 태어나서 성인이 되면 가장 중요한 것이 먹고사는 일이다. 먹고살기 위해서는 직업이 있어야 한다. 가능하다면 안정적이고 많은 소득을 올릴 수 있는 직업이면 더 좋을 것이다. 오늘날 4차 산업혁명 시대는 무서운 속도로 세상은 변하고 있다. 금년 1월 초 한국고용정보원의 일자리 보고서에서 인공지능(AI)과 로봇 기술의 발달로 세상이 변하고 있으며, 2025년이 되면 국내 취업자의 61.3%가 일자리를 잃을 수도 있다는 분석이 나왔다. 2023년 국내 전체 근로자 2,659만 명을 기준으로 환산해 보자. 약 1,630만 명이 인공지능과 로봇에 일자리를 빼앗길 수 있다는 의미이다.

    고용정보원에 따르면, 지난해 국내 전체 취업자의 12.5%는 이미 AI 로봇으로 대체 가능한 업무라고 한다. 그리고 2030년에는 41.3%,

2035년에는 70.6%까지 올라갈 것으로 예상한다. 한 마디로 10명 중 7명은 직업을 잃게 되거나 그 직업이 사라진다는 뜻이다. 직종별로 살펴보면, 단순노무직과 1차 산업종사자의 일자리가 집중적으로 사라질 가능성이 높다고 한다. 청소원과 주방 보조원 등은 모두 AI 로봇으로 대체될 가능성이 100%이다. 그리고 매표원과 복권 판매원 낙농 종사자, 주차관리원, 건설, 광업 종사자, 청원경찰, 주유원, 세탁업 등은 대략 90% 이상이 대체된다. 이처럼 4차 산업혁명 시대가 도래하면 전문성이 없는 직업이나 단순 직업 등은 일자리는 모두 사라진다. 우리 사회는 점점 더 부익부 빈익빈 현상이 심화될 것이다. 정부에서는 각종 직업을 분석해서 사라질 직업에 종사하는 사람들의 직업 능력 향상 방안을 강구해야 한다. 그리고 전직을 준비할 수 있도록 고용정책 프로그램을 만들어야 한다. 이런 프로그램에 의해 새로운 일자리 창출과 고용을 늘려나가야 한다. 그리고 개인들도 현실에 안주하지 말고 자신이 일하고 있는 직업의 미래를 예측해 봐야 한다. 그리고 스스로 방향을 정해 자구책을 마련해야 할 것이다. 이제는 AI와 로봇으로 대체하기 어려운 직업을 찾아 미리 준비하는 사람만이 4차 산업혁명의 물결 속에서 살아남을 수 있을 것이다. 컴퓨터는 2년마다 2배씩 성장했다. 우리 주변을 조금만 눈을 돌려 찾아보면 의외로 쉽게 자신의 진로를 발견할 수도 있다.

미국 종합경제지 포천의 편집장 콜빈Colvin은 향후 인간들이 찾아야 할 업종은 "상호작용을 통한 공감 능력"은 AI나 로봇이 결코 따라갈 수 없는 분야라고 한다. 상대를 진정으로 이해하고 위로해 주고 같이 기뻐하는 공감 능력은 인간만이 가지고 있는 특성이기 때문이다. 역설적으로 AI와 로봇 등의 4차 산업혁명 시대에는 관계를 잘 맺는 직원이 필요하다. 이런 직원들은 매출도 올리고 연봉도 높아질 것이다. 상호 배려와 나눔, 그리고 감사하는 마음을 가진 인간성 회복이 그 어느 때보다 더 중요한 세상이 되었다.

이제 4차 산업혁명 시대는 올바른 인성을 갖춘 사람이 대접받는 시대가 될 것이다.

18. 워터 마피아

　　폭염이 연일 기승을 부리다 보니 사람들은 더위와 열대야에 서서히 지쳐간다. 여유가 있는 사람들은 더위를 피해 여행을 떠나고 피서지를 찾아간다. 그것도 어려운 사람들은 에어컨과 선풍기로 더위를 이겨내고 있다. 폭염으로 인해 전국적으로 올여름에 174만 두의 닭, 오리, 돼지 등의 가축들이 폐사했다고 한다. 그리고 이런 뜨거운 태양의 열기는 인간과 가축들에게만 영향을 주는 것이 아니다. 농작물들도 가뭄에 시달리고 있다. 잠깐씩 스쳐 지나가는 스콜 같은 소나기만 가지고는 밭작물과 논농사의 갈증을 풀어주지 못한다.

　　오미자 농장을 둘러봤더니 선홍색으로 탐스럽게 익어가는 오미자가 참으로 보기 좋다. 그런데 수확 시기가 코앞인데 농장 중간중간에 가뭄의 영향으로 시들어가고 있다. 이제 며칠만 지나면 오미자를 수확할 시기인데 걱정이다. 어제 오후부터 저녁때까지 관정의 물을 흘려보내 오미자 밭에 긴급 급수 작전을 했다. 아침에 일어나서 살펴보니 줄기가 시들어서 비실대던 줄기들이 다시 푸른 기운을 띄고 힘차게 뻗어나가고 있다. 감사한 마음이 앞선다. 얼마 전 매스컴에서 인도는 물이 부족해 전 국민에게 사나흘에 한 번씩 물을 배급해 주고 있다. 정부의 급수차만 기다리고 있는 국민들의 모습을 TV에서 방영해 주는 것을 봤다. 그 넓은 땅에 물이 부족해 전 국민이 생존의 위협을 받고 있다니 참으로 한심하다는 생각이 든다. 그 연유를 살펴보니, 그동안 정부는 국민들에게 물 사용료를 받고 식수를 공급해 왔다. 그런데 워터 마피아들이 공동 우물을 폐쇄시켜 버리고 정부의 급수원을 자기들이 모두 차지해 버렸다. 국민들을 상대로 하는 이들의 물장사는 불법이고 편법인데도 아무도 이들의 행패를 저지하지 못하고 있다. 정부도 이들을 손대지 못하고 있다. 힘없는 국민들만 생존의 위협을 받고 있다. 그리고 그 이면에는 워터 마피아들의 검은돈이 정치가들의 정치자금으로 흘러 들어가고 있기 때문이다. 정치는 정치인들의 권력 잡기 위한 놀이터가 아니고, 국민들의 행복과 태평성대를 보장해 주기 위해 정치인들은 존재하는 것이다.

지금 간디와 네루의 나라 인도에서 벌어지고 있는 참담한 모습이다. 우리의 정치 현실도 답답하다. 하지만 인도의 워터 마피아와 정치인들의 결탁으로 생존을 위협받고 있는 인도 국민이 더 안쓰럽다. 목마름에 시달리는 오미자들의 갈증을 즉각 해결해 주는 내가 인도 대통령보다 더 능력이 있는 것 같기도 하다. 그동안 인류 역사는 부패한 권력은 반드시 망한다는 교훈을 역사가 우리에게 알려주고 있다. 인도 국민이 목마름에서 하루빨리 해방되기를 기원하면서 오미자 신세보다 못한 인도 국민의 고통이 참으로 안쓰럽고 가슴 아프다.

마하트마 간디와 네루의 통곡이 지하에서 울려 퍼질 것 같다.

19. 미생에서 완생으로

사람마다 세상을 살아가면서 각자 자신의 꿈을 가지고 살아간다. 남들보다 부자가 되겠다는 꿈도 있다. 어떤 사람들은 남들보다 뛰어난 가수, 뛰어난 운동선수, 그리고 유명한 과학자가 되겠다는 꿈을 가지고 있다. 인간은 꿈을 먹고 산다. 그리고 그 꿈을 이루었을 때 자기 삶은 완성된다. 꿈조차 없는 삶은 이미 죽은 삶이고 미래가 없는 삶이다. 이런 사람은 평생 미생未生의 삶을 살다 갈 것이다. 오늘날 대한민국의 젊은 사람 중 스스로 완생完生이라고 생각하는 사람은 과연 몇 사람이나 될까?

일부 소수의 사람을 제외하고는 사람은 태어나면서부터 빈손 쥐고 태어났다. 그리고 성장하고 살아가면서 자신의 꿈을 하나씩 찾아간다. 2009년 '바디'라는 이름의 노동자는 병원에서 쓰는 치료용 부목을 만드는 공장에서 쉴 새 없이 짐을 나르고 있었다. 자신의 키보다 높은 선반에 무거운 짐을 올려놓기를 하루에도 수백 번씩 하다 보면 그의 등에는 통증이 가실 날이 없었다. 피곤에 찌든 그는 저녁이 되면 비로소 생기가 돈다. 퇴근 후 그는 곧바로 축구장으로 향한다. 그가 뛰는 클럽은 잉글랜드 8부 리그의 '스톡스 브리지파크 스틸스'였다. 1주일 출전 수당이 5만 원인 그곳에서 축구 미생未生은 언젠가 이룰 축구 인생의 완생完生의 꿈을 가졌다. 6년이 흐르고 '제이미 바니Jame Vordy(29, 레스터시티)'는 연일 영국 신문의 스포츠면 톱기사를 장식하는 이름이 됐다. 잉글랜드 프리미어리그 득점 1위가 바로 '바디'다. 11경기 11골로 작년 8월부터 시작된 리그에서 8경기 연속골을 터뜨렸다. 영국 언론들은 "동화 같은 여정을 달려온 바디가 슈퍼스타로 성장하고 있다."며 그를 조명하고 있다. '바디'의 축구 인생이 각광받는 건 그가 불과 6년 전만 해도 낮에 일하고 밤에 공을 차는 '주경야축晝耕夜蹴'의 생활을 했던 인물이기 때문이다. 플리트우드 타운에서 34골을 퍼부으며 우승을 이끈 '바디'에게 2012년 2부 리그 레스터시티의 이적 제의가 들어왔다. 당시 기록한 이적료 100만 파운드(약 17억 원)는 아마추어 리그 최고액이었다. 만 27세라는 늦은 나이에 1부 리그에 데뷔하였다. 어려운 여건하에서도 레스터시티 소속으로 승격 후 두 번째 시즌 만에 PL(프리미엄 리그) 우승을 이끌었다. 또한 PL 득점왕, FWA 올해의 선수, PL 올해의 선수까지 차지한 늦깎이 신화의 주인공이다.

30대 중반이 되어가는 현재도 꾸준히 활약하고 있다. PL 최다 경기 연속 득점 기록을 보유한 상태이기도 하다. 그는 현재 23/24 시즌 레스터시티의 주장직을 맡고 있다. 구단 역사상 최고의 선수라고 추앙받는 리빙 레전드다. 바디는 "자리가 정해진 사람은 없다고 생각한다."며 항상 최선을 다해 축구에 자신의 인생 모든 것을 다 내걸었다. '바디'의 완생完生 축구 인생에 박수를 보내며 미생에서 완생으로 자신의 삶을 바꾼 공장노동자 '바디'의 삶을 응원한다. 자신의 삶은 이처럼 자신만이 꿈꾸고, 꿈꾸는 대로 만들어 갈 수 있다.

완생의 삶은 결코 그냥 만들어지는 것이 아니다.

제3부
행복한 삶

어느 한 고아원에 있는
작은 여자 아이가
엄마 품에서 자고싶어
바닥에 엄마 모습을 그려놓고
살포시 한 가운데에 누워있는
사진이라는데 보는순간
가슴이 먹먹해 집니다

이 작은 아이에게 행복한 삶은 없을까요?

Happiness

I

자연

Nature

1. 고장 난 지구

엊그제 1월 5일은 절기상 가장 추운 소한小寒이었다. 그런데 오늘 새벽 기온이 영하권이다. 그러나 한낮 기온은 영상으로 봄을 맞이한 것처럼 따뜻한 날씨였다. 과거 선조들은 24절기 중 가장 추운 날이 대한大寒이라고 하면서도 대한大寒이 소한小寒이네 집에 와서 꽁꽁 얼어가지고 갔다고 표현한다. 대한大寒보다 오히려 소한小寒추위가 더 춥고 매섭다는 뜻이다. 그런데 올 소한은 날씨가 마치 봄날 같다.

이 모든 현상이 이상 기온 탓이다. 우리 땅에서 가장 추운 지역인 강원도 철원, 화천, 양구, 인제, 평창 등이다. 이들 지역은 겨울철마다 꽁꽁 언 얼음과 혹한의 날씨를 활용해 다양한 겨울 축제를 연다. 이런 기온이 계속되면 올해는 겨울 축제가 열리지 못할 수도 있다. 지구온난화를 불러온 것은 화석 연료와 자동차의 배기가스와 난개발로 인한 삼림 훼손 때문으로 지구의 몸살 현상이다. 지구 한 모퉁이인 북반구 툰드라 지역에는 네네츠 사람들이 살고 있다. 그들은 지구온난화로 인해 삶의 터전이 사라지는 것을 걱정하고 있다. 영하 30도의 추위 속에서도 순록 100마리의 가죽으로 만든 전통가옥 '춤'에서 생활한다. 사람들의 시야에는 온통 눈(雪)으로 덮인 하얀 설원만 보인다. 하지만 순록들은 눈 속에 파묻혀있는 이끼를 찾아서 먹고 겨울을 이겨낸다. 네네츠 사람들은 순록을 방목하면서 순록의 뿔을 잘라 팔기도 한다. 그리고 순록의 고기와 피도 먹고 가죽도 버리지 않고 일상생활에서 모두 요긴하게 사용한다. 그런데 지구온난화와 유전개발로 인해 네네츠 사람들과 순록이 살 수 있는 땅은 점점 사라져가고 있다. 이런 추운 동토의 땅에 사는 툰드라 사람들은 혹한의 극한 속에서도 그들만의 삶의 법칙이 있다. 살아남기 위해 한 겨울에 자신들을 찾아오는 사람들에게는 아무 조건 없이 3일간은 먹여주고 재워주는 '툰드라 법칙'이 있다. 참으로 아름다운 풍습이다. 인간의 생명을 소중하게 여기는 이런 전통이 이 땅이 사라지면 아름다운 툰드라 법칙도 함께 사라지게 될 것이다. 그리고 우주가 보내준 선물 오로라도 사라질 것을 생각하니 마음이 아프다. 그동안 사람들은 경제 발전을 빙자해 무분별한 자원 낭비와 산림 훼손으로 인해 인류가 파멸의 길로 들어서게 될 날도 멀지 않은 것 같다.

이처럼 과학은 인류의 삶을 발전시키고 진화시켜 왔다. 하지만 인간의 영역을 넘어선 과학의 발달과 무분별한 지구 난개발은 오히려 인류를 파멸로 이끌고 있다. 자연과 함께 살아가기 위해서는 지구를 자연 그대로 유지해야 한다. 그래야 더 건강하게 인간들과 함께 공존할 수 있고, 이런 조건이 갖추어졌을 때만이 지구는 우리 사는 세상을 사람 살만한 세상으로 만들어 줄 것이다. '헨리 데이비드 소로'는 그의 책 '월든'에서 "지구는 화석이 아니라 살아있는 생명체"라고 이야기하고 있다. 지구와 인류가 공존했을 때만이 인류의 삶도 진화하고 함께 성장할 수 있을 것이다.

2. 동장군冬將軍의 위력

새벽에 나가보니 현관 앞에 걸어둔 온도계가 영하 15도까지 내려가 있다. 어제 내린 눈이 온산을 뒤덮고 계곡물도 꽁꽁 얼어붙었다. 겨울은 세상 모든 것들을 얼어붙게 하는 계절이다. 이런 계절에는 멧돼지, 고라니, 노루, 청설모, 다람쥐들도 모두 자취를 감춘다. 산 새들마저 따뜻한 둥지를 찾아 떠난다. 텅 빈 숲에는 겨울에 찾아온 눈 손님들만이 세상을 뒤덮고 있다. 그래도 자연과 함께 살아가는 들짐승과 산짐승, 그리고 날짐승들은 살아남는다.

모든 살아 있는 것들은 이처럼 겨울에도 순응하며 자연과 더불어 살아간다. 인간들도 휴식을 취하며 힘들지만 살아야 하는 시기가 바로 겨울이다. 그러나 간혹 자신의 야욕과 헛된 망상에 빠져 사람들을 죽음의 늪으로 밀어넣는 인간들도 있다. 18세기 유럽을 석권했던 나폴레옹군은 1812년 6월부터 12월까지 2,000km를 행군한다. 그리고 러시아의 수도 모스크바를 무혈점령한다. 그러나 러시아군의 반격으로 전사 10만 명, 동사凍死 및 아사餓死한 자는 무려 15만 명이나 발생한다. 그리고 10만 명 이상은 포로로 끌려갔다. 겨우 살아남은 1만여 명도 뿔뿔이 흩어져 도망치다 죽고 만다. 출전 당시 위세 당당했던 45만의 나폴레옹의 대군은 6개월 만에 모두 사라져버리고 만 것이다. 또다시 120여 년이 시간이 흐른 1942년 6월 22일 2차 세계대전이 발발한다. 독일군 148개 사단과 루마니아군 14개 사단을 통합한 무려 305만 명에 달한 병력으로 소련을 침공한다. 그리고 그해 말 키예프 작전을 성공시켜 인구 3,500만 명을 포함한 광대한 키예프 지역을 점령한다. 이 전투로 인해 소련군의 피해는 500여만 명이 발생한다. 독일군도 약 120만 명 정도의 피해를 보며 전쟁에서 승리한다. 그러나 스탈린그라드Stalingrad전투에서 독일은 패한다. 이 전투로 인해 히틀러의 헛된 야욕은 모두 사라지고 결국 독일은 패망하고 만다. 소련은 그들의 영원한 우방군 동장군冬將軍 덕분에 나폴레옹군과 히틀러군을 모두 물리치고 나라를 지킨다. 이처럼 소련 동장군은 350만의 대군도 물리칠 수 있는 강력한 힘을 지녔다. 자연을 자기편으로 만들 줄 아는 나라만 살아남았다. 그러나 자연을 무시한 정복자들은 패망의 나락으로 떨어진 것을 역사는 기록하고 있다.

최근 강원도는 나폴레옹군과 히틀러군을 물리친 동장군을 우군으로 삼아 겨울 축제를 열었다. 코로나 사태로 잠시 중단되었지만 인제빙어축제, 평창송어축제, 화천산천어축제 등 다양한 겨울 축제들이 열리고 있다. 특히 화천산천어축제는 최대 150만 명이 참여하는 세계 4대 겨울 축제로 성장했다. 동장군의 위력을 빌린 강원도의 겨울축제는 이제 전 세계인이 즐긴다. 그리고 지역주민과 여행객들이 서로 상생하는 만남의 장이 되고 있다. 이처럼 동장군은 많은 사람의 생명을 빼앗아가기도 한다. 하지만 자연에 순응하는 사람들을 이처럼 살리기도 한다. 모처럼 동장군도 사람 살리는 축제에 동참하여 매우 기뻐할 것 같다.

3. 겨울 산과 노루 3형제

겨울 가뭄이다. 겨울에는 비대신 눈이 내려 대지의 갈증을 해소시켜 준다. 그런데 올겨울은 비교적 포근한 날씨가 많았다. 한파가 휘몰아치는 매서운 추위 속에서도 눈은 많이 내리지 않았다. 길 위에 눈을 치우는 수고로움은 덜었다. 하지만 메마른 대지의 갈증이 안타깝다. 가뭄이 심해지다 보니 숲속에 사는 날짐승과 들짐승들도 목마름을 겪는 것 같다. 계곡으로 물 먹으려 내려오는 고라니와 노루들의 무리가 최근 부쩍 많아졌다.

앞산은 참나무 군락지로 굴참나무, 상수리나무들이 주종을 이루고 있다. 숲 중간중간에는 진달래, 철쭉, 생강나무들이 섞여 있다. 간혹 소나무와 잣나무들도 함께 자란다. 봄이 되어 잎이 피고 숲이 무성해진다. 그리고 잎이 모두 떨어진 겨울산은 숲속의 속살이 그대로 들여다보인다. 진한 갈색의 낙엽들이 온산을 뒤덮고 있다. 진한 갈색의 바탕 위에 벌거벗은 회갈색의 참나무 줄기와 가지들만 하늘을 향해 곧게 서있다. 이런 멋진 모습이 한 폭의 수채화를 보는 것 같다. 바람도 없고 눈도 내리지 않는 겨울 산은 고요와 적막이 흐르고 침묵과 고독의 공간이 된다. 간혹 이른 아침에는 먹이를 찾는 산새들과 들짐승들의 움직임에 산은 깨어난다. 어제 아침에는 계곡에서 물을 먹고 올라가는 노루 3형제를 봤다. 그동안 고라니들 모습은 종종 볼 수 있었으나 노루를 본 것은 어제가 처음이다. 온몸이 진한 갈색 덜로 뒤덮인 노루들은 겨울산의 낙엽들과 너무나 잘 어우러진다. 낙엽이 노루인지 노루가 낙엽인지 구분이 잘 되지 않는다. 힘없고 나약한 동물들의 생존을 보호해 주기 위해 보호색을 만들어준 조물주의 배려와 혜안이 참으로 놀랍다. 다행히 노루가 움직이면서 내는 낙엽의 바스락거리는 소리로 인기척을 느낀다. 그리고 노루 궁둥이에 붙어있는 손바닥만 한 하얀 털이 움직이는 것을 보고서야 노루의 실체를 확인할 수 있었다. 사람들은 진한 갈색에 흰색을 띠고 있는 버섯을 노루 궁둥이 버섯이라고 부른다.

오늘부터 제법 많은 눈이 내릴 것이라는 일기예보다. 눈이 내리면 대지와 들짐승과 날짐승들의 갈증은 해결된다. 하지만 길 위에 내린 눈을 치우는 작업은 고스란히 내 몫이다. 다행히 올해는 눈이 많이 내리지 않았다. 그 덕분에 눈 치우는 것도 세 번만으로 끝났다. 감사해야 할지 걱정해야 할지 판단이 서지 않는다. 그래도 삭막한 겨울보다 백설에 뒤덮인 산과 대지의 장엄한 모습이 보기 좋다. 그리고 나뭇가지에 피어나는 백설의 눈꽃도 보고 싶다. 눈과 함께 내릴 산속의 고요와 적막도 함께 기다려 진다. 하지만 이런 겨울에 찾아오는 들짐승과 날짐승의 방문이 더 정겹고 고맙다.

겨울의 침묵은 봄이 오기를 기다리는 인고의 시간이기도 하다.

4. 복수초의 생존전략

오늘은 봄이 시작되는 입춘立春이다. 어제 모처럼 집 앞 삼봉산에 올라 산길을 걷다가 양지바른 계곡에 황금색 꽃을 피운 복수초를 만났다. 주변은 온통 벌거벗은 나무들과 갈색 낙엽들만 추운 겨울을 힘겹게 이겨내고 있었다. 아직 잔설이 남아 있는 혹한의 추위 속에서도 복수초는 꽃을 피워내고 있었다. 미나리아재비과에 속하는 복수초의 종명은 아무랜시스amurensis이다. 복수초의 고향이 시베리아 아무르강의 유역이다. 이런 것을 알면 한겨울에 꽃을 피우는 복수초의 능력도 그리 신기한 것이 아니다.

복수초는 복 '복福' 자에 목숨 '수壽'자를 쓴다. 복 받고 오래 살라는 뜻이 담겨있는 풀이다. 4~5월에 언 땅이 녹으면 일제히 싹을 틔워 황금색 꽃을 피운다. 3~5개월간 짧은 해빙기 동안에 열매를 맺는다. 그리고 그 속의 씨앗까지 여물게 해서 종種을 번식시킨다. 치열한 생존경쟁에서 살아남기 위해 남들보다 부지런하게 움직이지 않으면 안 된다. 우리 땅에서 자라는 복수초는 2월에 꽃망울을 맺어 꽃대를 밀어 올리고 3~4월이면 꽃을 피워낸다. 그리고 5월에 시들기 시작하여 6월이 되면 벌써 길고 긴 겨울잠에 빠져든다. 다른 식물 등이 한창 꽃을 피우고 잎이 무성해질 때 복수초는 휴식기에 들어간다. 연중 절반을 겨울잠을 자는 셈이다. 이렇게 해서 사이마린 등 다양한 강심배당체强心配糖體의 영양분을 축적한다. 강심배당체는 주로 식물에서 추출하는데, 스테로이드 당이 결합해 화학 작용을 일으키고 그때 열이 발생된다고 한다.

복수초의 발열 비책은 꽃잎에도 그 비밀이 숨어 있다. 겹겹이 쌓인 황금색 꽃잎이 활짝 펴지면 마치 오목한 반사경과 같아서 햇볕을 가운데로 모은다. 그리고 꽃 내부를 따뜻하게 데워준다. 그 덕분에 혹한의 추위에 떠는 곤충들을 불러들인다. 그리고 그들에게 꿀을 내어주고 꽃가루를 옮기는 일을 시킨다. 키 작고 볼품없는 작은 들꽃인 복수초의 생존비법이 참으로 경이롭다. 다른 식물들과 차별화 전략을 써서 남들이 잠들어 있을 때 먼저 꽃을 피워낸다. 그리고 스스로 열을 내서 체질을 바꾼다. 추운 겨울에 곤충들에게 따뜻한 사랑방을 제공해 준다. 그리고 삭막한 겨울산에서 화려한 황금색 꽃을 피워내어 주변 곤충들을 유혹한다. 따뜻한 꽃잎 속에 그들을 초대해 꿀을 나눠주고 그들을 통해 자신의 최종 목표인 꽃가루를 수정시키는 일을 시킨다.

코로나 팬데믹은 끝났다. 하지만 그동안 코로나 영향으로 경제가 위축되고 있다. 물가도 오르고 젊은이들의 취업난도 계속되고 있다. 복수초는 이른 봄 혹한 속에서도 꽃 내부를 데워 추위에 떠는 곤충들에게 꿀을 먼저 내준다. 그리고 대신 자신의 꽃가루를 옮기게 한다. 복수초의 지혜가 참으로 신선해 보인다. 이처럼 눈 속에서 꽃을 피워내는 복수초의 생존전략과 지혜를 배워 세상 속에서도 한번 적용해 보자.

혹시 경제난과 취업난 해결에도 활로가 보일지도 모르겠다?

5. 나무 끝에 매달린 봄

엊그제 내린 비로 계곡물이 제법 많이 불었다. 물 색깔도 연한 쪽빛으로 변했다. 계곡 바위틈에 쌓여있던 낙엽들이 계곡물에 휩쓸려 내려가 계곡이 청소되고 훨씬 더 넓어진 것 같다. 창끝처럼 날카롭게 서있는 갈대숲에도 겨우내 영양분을 축적하며 땅 밑에서부터 기지개를 켜고 노란 새싹들이 혀를 내밀고 대지를 뚫고 나온다. 그동안 꽁꽁 얼어붙은 대지가 이처럼 봄을 맞이하느라 바쁘다.

서울 근교는 이미 개나리와 진달래가 만개했다. 그러나 강원도의 산들은 복수초와 노란 생강나무 꽃들만 봄을 맞이하고 있다. 이곳의 봄은 아직도 나무 끝에만 머물고 있다. 집 주변에 심어놓은 개나리와 진달래, 그리고 산철쭉과 고추나무들의 가지 끝에도 물이 오르고 있다. 모든 꽃의 꽃망울들이 금방이라도 터질 것 같이 부풀어 올라와 있다. 다음 주쯤 되면 꽃망울이 모두 터질 것 같다. 겨우 내내 빛바랜 갈색의 이파리들이 매달려 있던 단풍나무도 봄을 맞이할 준비를 하고 있다. 어느 순간 지난해의 잎들이 모두 떨어지고 새싹들의 눈들이 붉은색을 틔우고 있다. 봄은 이처럼 따뜻한 바람과 봄비를 앞세우고 온다. 한겨울의 혹한과 백설의 겨울을 몰아내고 벌써 우리 곁에 와있다. 봄날의 따스한 한 줌 햇살만 더해진다면 꽃망울들은 앞다퉈 피어날 것이다. 이처럼 봄은 꽃들을 동원하여 찬란하게 봄을 열고 있다. 이 봄을 맞이하지 못하고 얼마 전 세상을 떠난 친구 생각이 난다. 떠난 친구에게는 봄이 더 이상 없지만 나에게는 또 다른 봄이 기다리고 있으니 감사하고 고마운 일이다. 봄은 결코 혼자 찾아오지 않고 항상 바람을 앞세우고 나타나 대지를 깨운다. 그리고 나뭇가지를 세차게 흔들어 정지되어 있던 수목의 혈관을 자극한다. 이어서 대지의 수액을 끌어올리도록 독려하며 대지에서 끌어올린 수액들을 나뭇가지 끝까지 힘차게 밀어 보낸다. 그 수액들은 싹을 틔우고 이파리들을 피워낸다. 이처럼 찬란한 봄꽃들을 피워내기 위한 거센 봄바람은 겨울의 냉기를 털어낸다. 그리고 세상 만물을 잠에서 깨어나게 하여 대지와 나무들에게 봄을 준비시키는 전령사 역할을 시킨다.

나무 끝에 와있는 봄이 찬란한 꽃으로 피워내기 위해서는 더 많은 바람과 햇볕이 필요할 것 같다. 텃밭에 자라는 농작물들도 밑거름을 충분히 뿌려주고 밭을 일구어 씨를 뿌려야 싹이 튼다. 마음속의 봄 준비도 더 철저한 준비가 필요할 것 같다. 다가오는 찬란한 봄이 만약 내 생에 마지막 봄이라면 어떻게 마중할까? 지나가는 봄바람 한 줄기와 꽃들이 내뿜는 봄꽃들의 꽃향기 한 조각도 그냥 스쳐 보낼 수 없을 것 같다. 이 봄이 내 생애의 마지막 봄이라는 생각으로 봄을 마중하자. 이렇게 준비한다면 봄날의 따스한 한 줌 햇살에도 감사할 수 있을 것이다.

이 봄은 나에게 주신 신의 특별한 선물이기 때문이다.

6. 다시 찾아온 산솔새

봄의 정취는 온몸의 오감으로 느껴야 제대로 느끼는 것 같다. 그러나 올해 초봄의 날씨는 입춘과 청명이 지나고 나서도 아침저녁은 제법 쌀쌀하다. 거기다가 바람까지 가세하다 보니 아직도 이곳은 겨울의 흔적이 그대로 묻어난다. 그러나 돌담 밑이나 산과 언덕 위에서 노란 꽃을 피워내는 생강나무와 개나리를 본다. 주변의 노란 꽃들의 개화가 봄이 왔다는 것을 보여주고 있다. 남쪽 지방은 이미 벚꽃과 목련, 개나리, 철쭉 등의 봄꽃의 잔치가 절정이라고 한다.

이른 아침 일찍 집을 나서는데 현관 테라스 바닥에 이상한 물건들이 잔뜩 떨어져 있다. 산속에 있어야 할 작은 나뭇가지, 시든 풀과 낙엽, 그리고 이끼 등의 잔해가 현관 바닥에 수북이 쌓여있다. 떨어진 숲의 잔해들을 살펴보다가 고개를 들어 위를 쳐다봤더니 누군가 집을 짓고 있었다. 누가 내 집에 허락도 안 받고 제멋대로 집을 짓는지 궁금해졌다. 2층에 테라스를 설치할 때 바닥이 휘지 않도록 보강재로 D형 강관을 설치했다. 설치한 D형 강관의 U자형 홈이 새들이 집을 짓기에는 매우 안성맞춤이었던 것 같다. 좌우 측면만 적절히 차단해 바람을 막아주면 아늑한 새 둥지가 될 수 있기 때문이다. 눈 밝은 산솔새가 공사 소요가 가장 적은 이곳을 선택해 집을 지은 것이다. 이 녀석은 작년에도 이곳에다 둥지를 틀어 새끼 세 마리를 부화시켜 키워서 나갔던 녀석이다.

산솔새는 우리나라 어디에서나 볼 수 있는 흔한 여름 철새이다. 원래 이 녀석은 아침마다 쭈잇~찌익~쭈잇~하는 소리를 내면서 지저귄다. 이 녀석이 좋아하는 먹이는 곤충류인 딱정벌레, 벌, 파리 등과 애벌레를 즐겨 먹는다. 주로 나무 위에서만 먹이를 찾는다. 그러나 땅에서는 먹이를 찾지 않는다. 번식기는 5~8월이면 알은 한배에 4~6개를 낳는다. 현관 앞 청소를 자주 해야 하는 번거로움이 생겼으나 제 발로 우리 집을 찾아온 손님을 무정하게 내쫓을 수도 없다. 그렇다고 다시 찾아온 이 녀석에게 입주비를 따로 받을 수도 없을 것 같다. 대신 매일 아침 불러주는 노랫소리와 먹이를 달라고 울어대는 새끼들의 합창소리로 입주비는 대신해야 할 것 같다.

오늘부터 산솔새와 동거가 시작됐다. 이 녀석들은 참으로 멋진 명당자리에 둥지를 튼 것 같다. 세종대왕이 만드신 이 세상에서 가장 익히기 쉬운 한글 덕분인지 모르겠다. 아니면 인터넷과 스마트폰 덕분인지 모르겠지만 이 녀석들도 글을 제법 아는 것 같다. 산솔새가 둥지를 튼 그 밑에는 이 집을 짓고 입주할 때 신부님이 선물해주신 현판이 하나 걸려 있다. 그리고 거기에는 이런 글귀가 적혀 있다.

"이곳에 들어오는 모든 이에게 평화를…"

　평화로운 가정을 이루기 위한 산솔새의 눈썰미가 보통은 아닌 것 같다.

7. 자연의 지혜

봄은 지구가 깨어나는 시간이자 축제의 계절로 온 세상이 봄꽃들의 잔치다. 노란 생강나무 꽃을 필두로 진달래, 개나리, 복사꽃, 할미꽃, 이들이 지면 패랭이 등의 꽃들이 피어난다. 그리고 뒤이어 터뜨릴 꽃망울을 준비하고 있는 산철쭉과 고추나무, 매화나무, 벚나무, 조팝나무, 팥배나무, 산사나무들도 마음이 조급해진 것 같다. 그래도 가장 눈에 띄는 녀석은 10년 전 240여 그루를 구해와 심어놓은 개나리꽃의 군락지다. 입구부터 돌담 틈에 심은 꽃들이 작년까지만 해도 꽃잎 서너 개 매달고 있었다. 그런데 올해는 개나리들의 황금색 물결이 입구와 주변을 화사하게 수놓고 있다.

이런 모습을 보여주기 위해 자연은 10년의 인고의 시간이 필요했던 것 같다. 이처럼 자연은 서두르지 않는다. 나무 한 그루를 키우는데도 순서가 있고 나름대로 질서가 있다. 나무는 제일 먼저 뿌리를 땅속에 뻗어내려 활착시키는 일부터 시작한다. 땅에 내린 뿌리에서 작은 실뿌리들을 무성하게 키워 필요한 영양분과 수분을 빨아들인다. 그리고 난 다음에는 가지를 뻗어내고 잎을 무성하게 키워서 활발한 광합성 작용을 하고 바람과 비와 눈보라를 마중한다. 거센 눈보라를 통해 뿌리가 제대로 활착됐는지를 확인한다. 그 과정에서 제대로 뿌리를 내리지 못했거나 부실한 녀석들은 얼어 죽거나 고사되고 만다. 이런 절차를 모두 마치고 나면 나무는 꽃을 피워내고 열매를 맺는다. 개나리도 그동안 이렇게 멋진 꽃을 피워내기 위해서 이런 절차와 순서가 필요했던 것 같다. 옛날 어느 마을에 욕심 많은 한 농부가 있었다. 모내기를 마치고 매일 같이 논에 나가 벼의 성장 속도를 지켜봤다. 그리고 다른 논보다 자기 논의 벼가 더 빨리 크기를 바랬다. 그 욕심을 채우기 위해 어느 날 아침부터 논에 들어가 논의 벼포기를 하나씩 하나씩 뽑아 올렸다. 다른 논의 벼보다 키가 더 커 보이자 기분 좋게 귀가했다. 다음 날 아침 일찍 논에 나가 봤다. 그런데 어제 뽑아 올려놓은 벼들이 잎끝부터 서서히 말라가고 있었다. 욕심 많은 농부의 조급함이 일 년 농사를 망치고 만 것이다. 식물의 성장에도 이런 자연의 질서가 필요하다. 그리고 보이지 않는 땅속에서도 생존을 위한 처절한 몸부림과 준비의 시간이 필요하다. 자연은 결코 시간을 헛되이 보내지 않는다. 자연은 이처럼 시간 속에 과정을 하나씩 담아 스스로 때가 되면 그 결과를 드러내 보인다.

나무 한 그루를 키워내는 데도 이처럼 순서와 절차가 필요하다. 서두르지 않고 차근차근 순서를 지키고 키워내는 노력과 정성이 필요하다. 뿌리가 내리기도 전에 꽃을 보겠다는 인간들의 조급함과 어리석음이 안타깝다. 세상 모든 일에는 이처럼 노력과 정성 덕분에 뿌리를 내리고 인고의 시간 속에서 서서히 숙성되어 간다. 이런 절차를 거쳤을 때만이 멋진 꽃을 피우고 튼실한 열매를 맺을 수 있다. 위대한 자연의 지혜와 섭리가 돋보이는 4월의 아침이다.

　이 찬란한 봄날 아침에 조급함보다 기다림의 지혜를 배운다.

8. 7년 만의 벗꽃 개화

붉은 진달래가 집 앞 삼봉산을 불태우고 있다. 봄이다. 하늘은 푸르고 쾌청하다. 원앙지 물속에 빠진 진달래의 붉은 꽃잎이 아침 햇살에 눈부시게 빛난다. 시원한 계곡물로 얼굴을 씻으면 진달래의 붉은 빛이 얼굴에 뚝뚝 묻어날 것만 같다. 진입로 주변의 노란 개나리의 화사한 봄빛은 참으로 싱그러워 보인다. 며칠 전까지 휘날리던 진눈깨비와 혹한의 추위가 봄을 시샘한다. 영하의 온도 속에서도 봄꽃들은 이처럼 화사한 봄을 준비하고 있었다. 모든 만물이 푸른빛과 쪽빛으로 새롭게 탄생했다. 아름다운 꽃들이 만개하는 봄은 참으로 좋은 계절이다.

나무 한 그루를 심어서 그 나무들이 제자리를 잡기 위해서도 이처럼 기다림의 시간이 필요하다. 오늘 아침 원앙지에 내려가 봤더니 벚나무들이 꽃망울을 터뜨렸다. 이 터를 조성할 때 심어놨던 벚나무들이 그동안 꽃을 피우지 않았다. 언제 꽃이 필까 하고 노심초사했다. 그런데 7년 만에 꽃이 피었다. 최초 나무를 경북 봉화에서 구해다 심어놓고 몇 년 기다려도 꽃이 피지 않았다. 이곳 날씨가 워낙 춥고 겨울이 길어서 꽃을 볼 수 없을 것으로 생각하고 있었다. 그동안 나무도 많이 자랐다. 오늘 아침에 내려가 살펴보니 모든 벚나무 가지 끝마다 꽃봉오리를 매달고 있다. 이제 개화가 시작되었다. 참으로 고맙고 감사한 일이다. 그동안 봄이 되면 꽃봉오리가 몇 개씩 매달고 있다가 갑자기 진눈깨비가 내리거나 날씨가 영하로 떨어져 버리면 꽃은 지고 말았다. 그리고 꽃도 피워보지도 못하고 꽃이 떨어진 자리에 그냥 잎만 피고 말았다. 지금 돌이켜 생각해 보니 나무를 옮겨 심으면 뿌리가 활착해서 자리를 잡는 데도 최소한의 시간이 필요했던 것 같다. 그리고 나무가 새로운 자연환경과 기후에 적응해 꽃피는 시기를 나무의 생체리듬을 찾아 맞추는 것 같다. 벚나무들이 꽃을 피우기 위해서는 최소 3년 정도의 기다림의 시간도 필요했던 것 같다. 이처럼 나무 한 그루도 제 자리를 잡아 꽃을 피워내기 위해서는 많은 기다림의 시간이 필요하다. 사람이 어떤 일을 준비하고 그 일을 성공적으로 마무리하기 위해서도 이처럼 많은 시행착오와 인내가 필요하고 기다림의 시간이 필요하다는 것을 새삼 느낀 아침이다.

벚나무들의 7년 만의 벚꽃 개화를 축하한다. 그동안 묵묵히 인고의 시간을 보낸 벚 나무들에게 감사의 박수를 보낸다. 벚꽃들이 만개하는 이런 봄날은 아내와 함께 벚나무 아래에서 향긋한 꽃차 한 잔해야겠다. 터전을 마련한 추억과 7년 만의 벚꽃의 역사를 나누고 싶다. 그리고 그동안 코로나로 자주 만나지 못하고 소원했던 친구들도 만나고 싶다. 유비, 관우, 장비 같은 인품과 덕을 갖추고 의리를 지킬 줄 아는 사람이면 된다. 막걸리 한잔 놓고 도원결의라도 해야 할 것 같다. 술잔에 떨어지는 낙화를 안주 삼아, 봄의 향기와 함께 봄날의 우정도 마시자.

훗날 멋진 봄날의 추억의 한 페이지로 영원히 남지 않을까?

9. 봄비

처마에 떨어지는 빗소리에 봄날의 긴 꿈이 잠을 깼다. 바람 한 점 없는 산골의 봄날 아침이 비에 젖고 있다. 이처럼 메마른 대지에 내리는 봄비는 신의 축복이자 자연과 인간들에게 내리는 생명수다. 우윳빛 안개 속에 가려진 산과 계곡의 몽환적인 풍광이 일품이다. 1,500여 년 전에 그린 안견의 몽유도원도가 깨어난 것 같다. 때론 봄비는 안개와 함께 산의 정취를 인간 세상이 아닌 신선의 세계로 만들어놓기도 한다.

밤새 내린 비로 대지와 식물들도 이제 서야 긴 겨울잠에서 깨어난 것 같다. 집 앞 계곡 옆에 서 있는 20여 m가 넘는 거대한 소태나무와 귀룽나무의 하얀 꽃들이 만개했다. 비에 젖어 고개 숙이고 봄꿈에 취해 있다. 어제까지만 해도 꽃봉오리만 잔뜩 매달고 힘겹게 서있던 팥배나무의 하얀 꽃도 밤새 내린 비에 만개했다. 집 옆에 심어놓은 산철쭉의 연분홍빛 꽃망울도 터지기 일보 직전이다. 그 옆에 다소곳이 서있는 키 큰 고추나무에도 빗방울과 함께 하얀 꽃망울들을 조랑조랑 매달고 있다. 다음 주에는 이 꽃들도 화사한 봄을 선물해 줄 것 같다. 모처럼 농장에 올라가 봤더니 오미자 줄기들이 드디어 하얀 꽃망울들을 터뜨렸다. 1,000여 그루의 오미자 넝쿨들이 만든 200여 미터의 오미자 숲 터널 모습이 너무나 멋지다. 오미자는 목련과에 속하는 갈잎 덩굴나무로 나무 길이는 다 자라면 8m까지 성장한다. 꽃이 피는 개화기는 5월에서 7월까지이다. 열매의 크기는 포도송이보다는 작은 붉은 열매가 포도송이처럼 매달린다. 둥근 열매의 크기는 7cm 정도로 동그랗고 납작한 씨는 한쪽이 오목하게 들어가 있다. 오미자는 단맛, 신맛, 매운맛, 쓴맛, 짠맛의 5가지 맛이 나서 오미자라는 이름으로 불린다. 열매는 중요한 한약재로 사용되기도 하고 오미자차를 만들어서 먹거나 술로 담가 먹기도 한다. 주로 산과 들에서 야생으로 자라며 다른 나무나 물체를 감고 올라가면서 성장한다. 최근에는 오미자를 재배하는 농가가 많아졌다. 건강을 위해 오미자를 찾는 사람들이 점점 더 많아지고 있다. 이처럼 봄비는 자연에게만 내린 신의 축복이 아니고 인간에게도 함께 내린 신의 축복이다. 비가 그치고 나면 주변 산들의 녹색의 향연은 한층 더 짙어질 것이다. 덤으로 초록의 호수 속에서 잠긴 내 몸과 마음도 푸르름이 잔뜩 묻어날 것만 같다.

신이 주신 푸른 5월은 이렇게 소리 없이 우리 곁에 다가오고 있다. 계절의 여왕 5월에 미안하지 않도록 의미 있고 행복한 삶을 만들어 보자. '헨리 데이비드 소로우'는 "세상은 변하지 않는다. 변하는 것은 세상을 바라보는 우리의 시각이며, 우리가 선택한 세상을 살아가는 방식이다. 우리가 스스로 변할 수 있다면 세상과의 관계도 바꿀 수 있다."고 했다. 우리 스스로 자신을 바꿀 수만 있다면 우리 사는 세상은 더욱더 아름다울 거란 생각이 든다.

　　이제 봄은 또 다른 여름을 불러놓고 우리 곁을 떠날 것이다.

10. 일본열도의 산들

　　3박 4일의 일정으로 일본 여행을 다녀왔다. 후쿠오카를 중심으로 주변 몇 군데 명소도 함께 둘러봤다. 후쿠오카에서 외각을 벗어나 뱃부 지역으로 이동하다 보니 주변 산세와 경관이 참으로 아름답다. 흰 구름과 계곡에서 피어오르는 이른 아침 물안개가 대나무와 편백나무로 뒤덮인 산들의 산허리를 감싸고돈다. 동화 속 같은 고즈넉한 시골 풍경이 차창 밖으로 계속 이어진다. 잘 가꾼 산들의 위용이 참으로 보기 좋다.

　　이동 중 시야에 들어오는 가장 충격적인 모습은 주변 산들이다. 잘 조림된 편백나무숲이 고속도로 좌우 측 산에 끝없이 줄지어 서있다. 그 모습들이 이제 막 조각해놓은 크리스마스트리 전시장 같다. 정확한 나무들의 수령은 알 수 없으나 최소 15년에서 20년 이상은 된 것 같다. 짙은 녹색의 울창한 편백나무숲과 대나무 군락지의 모습이 잘 어울린다. 나무와 나무 사이에서 조금이라도 햇볕을 더 받기 위해 하늘을 향해 곧게 뻗은 나무들의 성장 모습도 장관이다. 일본열도에 식재되어 있는 경제림들을 국가에서 필요한 수량만큼 매년 벌목한다. 이런 계획대로 벌목해도 50년은 족히 걸린다고 한다. 나무를 벌목한 자리에 다시 묘목을 심으면 50년 후 벌목할 수 있다는 이야기이다. 이처럼 국가가 계획적으로 조림한 일본열도의 산들은 이제 50년 주기로 나무를 베어내고 새로 심어도 되는 선순환의 경제림으로 자리 잡은 것이다.

반면 전 국토의 68%가 산으로 형성된 대한민국의 산들은 쓸모없는 잡목과 칡넝쿨로 뒤덮여 있다. 산들을 뒤덮고 있는 잡목들을 모두 걷어내고 경제 수림으로 대체하면 국가 경제에도 도움이 될 것이다. 그리고 훨씬 더 건강한 산하를 조성해 나갈 수도 있을 것이다. 방치된 산들의 잡목 숲은 산불이 났을 때 걷잡을 수 없이 빠른 속도로 불길이 번진다. 매년 봄이 되면 강릉, 삼척, 울진 등의 백두대간 동쪽 지역은 거센 봄바람과 퓐 현상으로 산불이 일상화되었다. 화재가 발생하면 삼림뿐만 아니라 주택까지도 불이 번져 사람들의 삶까지 파괴한다. 경제림을 조성하기 위해 산등선을 따라 임도를 설치하면 숲 가꾸기에도 효율적이고 산불 발생 시 방화대로 활용할 수도 있을 것이다. 유사시에는 소방차를 이용 산불 진화에도 도움이 될 것으로 보인다.

방치된 산과 최근 퇴직한 베이비부머 세대와 쓰레기 줍는 노인들을 효율적으로 활용 하면 어떨까? 이들을 활용해 지역별로 산의 잡목을 제거하고 경제 수림으로 대체해 나가자. 국토관리도 되고 후손들에게 물려줄 경제 수림을 조성하면 아름다운 국토, 쓸모 있는 국토를 가꾸어 나갈 수 있을 것이다. 덤으로 조림 사업을 위해 산을 오르내리고 지속적인 활동을 한 노인들의 건강도 좋아질 것이다. 그렇게 되면 건강보험료도 절감할 수 있을 것이니 절감된 보험료를 이용해 산 가꾸기 인력의 인건비로 사용하자. 산도 가꾸고 노년 인구의 건강도 지키는 일석이조一石二鳥가 되지 않을까 싶다.

11. 물에게서 배운다

산골의 메마른 계곡은 평소 침묵으로 일관한다. 그러다 비가 내려 계곡물이 불어나면 계곡은 생기가 넘친다. 밤새 내린 비가 계곡으로 몰려들어 바윗돌을 굴러 내린다. 여름 장대비가 물 폭탄이 되어 쏟아지고 있다. 시간당 30~40mm가 족히 넘는 폭우다. 계곡의 갈대 들은 성난 물의 급류에 놀라 허리를 꺾고 풀처럼 눕는다. 흰 이빨을 드러낸 급류는 물 밑의 바위를 굴리고 성난 급류는 요란한 굉음과 함께 온갖 것들을 싣고 흘러간다.

그동안 환영받지 못한 마른장마가 계속됐다. 쏟아지는 장대비는 대지에 생명을 불어넣어 주고 목마른 대지를 적셔준다. 그러나 논과 밭에 새로운 물길을 내고 둑을 무너뜨리며 농경지에 피해를 주고 있다. 인간과 자연에게 꼭 필요한 물도 이처럼 과하면 환영받지 못한다. 그러나 물의 속성과 지혜는 인간들이 꼭 배워야 할 덕목이 아닐까 싶다. 노자는 『도덕경』에서 "상선약수上善若水" 즉, 가장 좋은 것은 물과 같다고 했다. 물의 속성인 낮은 곳으로 흘러가는 "겸손"의 자세는 누구에게나 요구되는 품성이다. 그리고 길이 막히면 새로운 길을 찾아 돌아가는 삶의 "지혜"도 세상살이에 꼭 필요한 덕목이 아닐까 싶다. 물은 맑고 탁함을 구분하지 않고 모두 받아들인다. 그리고 모든 것을 수용하는 "포용성"을 갖고 있다. 어떤 형태의 그릇에도 구애받지 않고 담길 수 있는 "융통성"은 세상을 살아가는데 무엇보다 중요한 삶의 자세다. 또한 연약한 물이 바위도 뚫을 수 있는 것처럼 "끈기"와 성난 폭포처럼 쏟아지는 "용기", 그리고 모든 난관을 극복하고 마지막에 바다에 이르는 "대의大義"의 일곱 가지 덕목을 이야기한다. 20대 대통령을 뽑기 위한 치열한 대선전이 끝났다. 사람들은 호감이 가는 후보가 없는 대선이었다고 평가하고 있다. 한나라의 지도자가 되기 위해서는 대선후보 본인도 중요하다. 하지만 그 가족들도 주변 사람들로부터 지탄받지 않는 보통 사람의 삶을 요구한다. 물의 일곱 가지 속성 중에 최소한 겸손과 대의 두 가지만 생각하고 살았더라도 이런 말은 나오지 않았을 것이다. 배려가 실종되고 자기밖에 모르는 이기적인 생각과 행동이 만연하고 있는 요즘 세태다. 이런 한 단면을 보는 것 같아 씁쓸하다. 물의 일곱 가지 덕목을 사람들이 배운다면 그 어떤 자리에 가도 존경받는 사람으로 평가받을 것이다.

비가 그친 아침 계곡에 물안개가 피어오른다. 계곡을 타고 흐르는 성난 물은 아직도 요란한 굉음과 함께 흘러내리고 이번 폭우로 숲속의 작은 나뭇가지와 이파리에 생기를 불어넣어 주었다. 그리고 목마른 농작물들의 갈증도 해결해 주고 덤으로 계곡부터 도로 위까지 쌓여있던 쓰레기와 흙먼지들도 말끔히 씻어 주었다. 주변 모든 산하가 다시 태어난 것처럼 생기가 넘친다. 모두가 물의 덕德이고, 물의 힘이다. 물의 7가지 덕성인 "겸손, 지혜, 포용, 융통, 끈기, 용기, 대의大義"를 생각해 보는 비 내리는 아침이다.

12. 반딧불

폭염과 열대야 속에서도 보름달과 달맞이꽃이 만드는 고즈넉한 여름밤이다. 갑자기 시커먼 한 무리의 구름이 달빛을 가로막아 세상이 온통 칠흑 같은 어둠 속에 빠져든다. 짙은 어둠 속을 반딧불 한 마리가 빛을 발하며 허공 속을 자유롭게 유영하면서 불빛 쇼를 연출한다. 어렸을 적 자주 접했던 아름다운 시골 풍경이다. 어두운 밤은 달빛과 별빛, 그리고 달맞이꽃만이 밤을 밝히는 것이 아니라 이처럼 반딧불도 빛을 발하며 세상을 밝히는 데 일조하고 있다.

반딧불은 개똥벌레의 꽁무니에서 반짝이는 인燐의 불빛이다. 요즘은 도심과 차량의 불빛 탓에 좀처럼 찾아보기 힘든 불빛이다. 이렇게 된 배경에는 자연 생태계 파괴가 주범이고 개똥벌레가 서식할 수 있는 환경이 사라져버린 것이다. 모처럼 반딧불이 날아다니는 아름다운 시골 정취를 느끼면서 형설지공螢雪之功의 옛 고사가 생각난다. 형설지공의 뜻은 "여름에는 반딧불의 빛으로, 겨울에는 눈(雪)의 빛으로 책을 읽었다."는 뜻이다. "가난한 생활 속에서도 포기하지 않고 열심히 공부해 출세한 것을 말한다." 형설螢雪로 독학을 한 이야기로 알려진 주인공은 동진東秦의 '차윤과 손량'이다. 이 두 사람의 고사를 책으로 엮어 젊은이들에게 교훈이 되게 한 것은 '이한'이 지은 책『몽구』이다. "손강은 눈(雪)빛으로 책을 읽고 '차윤'은 반딧불을 모아 책을 읽었다고 한다." 집이 가난해 불을 밝힐 기름을 사지 못한 '손강'은 항상 눈(雪)빛으로 주변을 밝혀 책을 읽었다. 그 덕분에 훗날 조정에 출사해 어사대부까지 승진했다. 이제는 언제든지 전원 스위치만 올리면 칠흑 같은 어둠도 순식간에 밝은 불빛이 세상을 밝혀준다. 우리 사는 세상은 이제는 차고 넘치는 것이 불빛이고 책 세상이다. 조선시대만 해도 책은 아무나 구할 수 없는 값비싼 물건이었다. 그러다 보니 조선 제22대 정조대왕은 책을 좋아해 병풍에 책을 꽂아놓은 그림, 즉 책가도册架圖를 임금의 옥좌 뒤에 세워놓았다고 한다. 그 바람에 조정 대신들도 너도나도 책가도의 병풍을 자신의 거실에 세워두는 것이 유행이었다. 그러나 이제는 하루에도 수백 종의 신간들이 발간되는 시대다. 그리고 종이책도 부족해 전자책, 오디오북까지 쏟아져 나오는 시대다. 지금까지 우리가 접해보지 못한 다양한 책들과 영화, 다큐 등 볼거리가 넘쳐나는 시대를 우리는 지금 살고 있다.

요즘은 출판되는 책이 하도 많아서 정조대왕이 사랑했던 책가도가 필요 없는 시대가 되었으나 정작 책 읽는 사람은 점점 줄어들고 있다. 반딧불이 줄어든 이유를 조금은 알 것도 같다. 그러나 훗날 책 읽는 사람이 갑자기 증가하게 되면 반딧불의 개체 수가 더 많이 늘어나는 세상이 올지도 모르겠다. 형설지공螢雪之功의 고사가 또다시 사람들의 입에 오르내리게 하자. 그리고 그날까지 우리 모두 반딧불을 한 마리씩 가슴속에 키워보자. 훗날 그 불빛이 세상을 밝히는 빛이 되지 않을까?

13. 대설

아직 어둠이 걷히지 않은 새벽에 현관문을 열고 밖을 내다보니 세상은 온통 은백색이다. 어제 초저녁부터 내리기 시작한 눈이 밤새 그치지 않고 계속 내린 모양이다. 눈이 그친 겨울 아침은 바람 한 점 없이 고요하다. 벽에 걸린 온도계의 눈금이 영상과 영하의 경계선에 서 있다. 한겨울에도 눈 오는 날은 다른 날보다 오히려 포근한 날이 더 많다. 모처럼 한겨울 눈 덮인 산속에 파묻힌다. 이런 고립도 때로 는 나만의 또 다른 즐거움이고 행복이다. 그러다 보니 과거 기억 속 에 눈과 관련된 추억들이 주마등처럼 스쳐간다.

그중에서도 눈에 대한 아련한 유년 시절의 추억 하나가 떠오른 다. 초등학교 1학년으로 기억되는 어느 추운 겨울날이었다. 그날도 오늘처럼 온통 하얀 눈이 세상을 뒤덮고 있었다. 당시는 학생 숫자보다 교실이 부족해 오전반과 오후반을 나누어 2부제로 수업을 진행하던 때이다. 그날은 오후반으로 집에서 늦게 나와도 되었다. 그런데 모처럼 내린 눈이 세상을 뒤덮고 있으니 집에 그냥 붙어있을 수 없었다. 일찍부터 책보자기를 챙겨서 허리에 매고 친구들이 동구 밖으로 하나둘씩 모여들었다. 20여 명의 친구들이 모이자 누군가 제안을 했다. 학교까지 가면서 눈사람을 만들면서 가자는 의견에 모두 찬성하였다. 각자가 손으로 눈을 뭉쳐 열심히 굴리기 시작해 한참 굴리다 보니 눈 뭉치가 제법 커지기 시작했다. 초등학생으로는 굴릴 수 없을 정도로 커졌다. 너무 커진 눈 뭉치는 몸통으로 만들고 작은 눈 뭉치는 눈사람 머리로 만들었다. 그리고 주변에서 솔가지를 꺾어서 눈썹을 만들고 둥근 돌을 주워서 눈과 코를 만들었다. 학교 가는 길 4km를 이처럼 심혈을 기울여서 눈 작품을 만들다 보니 등교 시간이 아마도 4~5시간은 족히 걸린 것 같다. 시린 손을 호호 불면서 교실에 도착하니 마지막 수업 시간이 진행되고 있었다. 담임선생님에게 군밤 한 대씩 얻어맞고 교단 앞으로 나가 두 손 들고 무릎 꿇고 있었다. 다행히 마지막 수업 종이 10여 분 만에 울렸다. 우리들의 단체 기합은 금방 끝날 수 있었다. 아마도 그날 학교 오면서 만들었던 눈사람들이 빌어준 기도 덕분인 것 같다. 그날도 오늘처럼 눈이 내려서 쌓이고 또 내리고 있었다.

그때의 눈이나 지금 내린 눈이나 똑같은 눈인데, 그때 내린 눈은 즐거운 추억의 놀이터였다. 그러나 어른이 된 이후에 내린 눈은 내가 치워야 할 짐이고 의무가 되고 말았다. 사람과 자동차들이 움직이기 전에 치워야만 도로를 깨끗이 치울 수가 있다. 똑같은 눈이지만 나이에 따라 눈은 이처럼 다른 느낌으로 다가온다. 하지만 그래도 눈 오는 날은 즐겁고 행복한 날이다. 두툼한 장갑, 방한화, 귀마개를 챙겨 중무장하고 넉가래를 들고 집 앞에서부터 도로 위 눈을 치운다. 현실 속의 눈과 추억 속의 눈은 시공간을 뛰어넘어 한 지점에서 이처럼 아름다운 꿈으로 만난다.

친구들은 그날 만든 멋진 눈사람의 추억을 아직도 기억하고 있을까?

14. 천재지변으로 왕이 되지 못한 남자

　새벽부터 하늘이 보이지 않도록 눈이 쏟아지다가 한낮이 되어서야 그쳤다. 지금은 찬란한 햇살이 겨울을 녹이고 눈이 그친 세상은 바람 한 점 없이 고요하다. 이런 자연의 변화무쌍한 모습이 경이롭다. 자연을 인위적으로 바꾸기에는 인간의 능력에는 한계가 있다. 화성 탐사를 떠나는 인간들의 눈에도 눈(雪)이 보일까 궁금하다. 그래도 아직 두 발을 땅에 딛고 눈(雪)을 구경하는 세상도 괜찮다.

　어떤 일을 계획하고 시행하는 것은 인간들의 의지와 능력만 있으면 해낼 수도 있다. 하지만 때로는 이루어낼 수 없는 것도 많다. 이런 산골에 살다 보면 누구와의 만남 자체도 폭설이 내리거나 산사태가 나고 길이 막힌다. 그런 날은 그 만남은 이루어질 수가 없다. 한 마디로 일을 계획하고 추진하는 것은 인간이지만 그 일을 성사시키는 것은 하늘의 뜻이다. 『삼국유사』에 보면, 고대 신라시대에 선덕여왕이 서거하자 이찬 김주원을 왕으로 삼아 궁궐로 맞아들이라고 하였다. 그의 집은 경주 북쪽 북천에 있었다. 그런데 갑자기 큰 비가 내려 시냇물을 건널 수가 없었다. 그래서 다음 서열인 김경신이 궁궐로 들어가 즉위했다. 그가 바로 신라 38대 원성 대왕이다. 이처럼 왕이 되는 것도 자연재해 때문에 이루어지지 못할 수도 있다. 사람들은 이것을 신의 섭리라고 믿었다. 그러나 왕위 서열 2위였던 김경신의 입장에서는 한마디로 기적 같은 일이다. 그러나 그 기적도 평소 아무런 노력을 하지 않고 함부로 살았더라면 자신에게 일어날 수 없었을 것이다. 결국 그 기적도 자신의 노력을 통해 이루어낸 결과이다. 만약 김경신이 평소 겸손과 배려로 주변 사람들에게 좋은 모습으로 살지 못했더라면 자신의 왕위 서열 2위도 3위에게 밀릴 수도 있었을 것이다. 그러나 자신의 인품과 덕성이 훌륭하게 갖춰졌기 때문에 그에게 기적이 다가온 것이다.

현대사회에서도 매년 발생하는 자연재해 현장을 보면서 어떤 때는 인간의 한계를 절감할 때도 많다. 이런 천재지변 등의 자연재해를 보면서 자연에 순응하고 자연에 동화되어가면서 사는 것이 어쩌면 자연의 순리가 아닌가 싶기도 하다. 자연에 순응하되 자신이 할 수 있는 범위 내에서는 최대한 노력하고 분발해야 한다. 이런 자세가 인간이 갖춰야 할 삶의 도리가 아닐까 싶다.

올 한 해도 얼마 남지 않았다. 아쉬움도 많고 어떤 일에 대한 미련과 후회도 많다. 그러나 대자연의 상쾌한 기상과 때묻지 않은 자연 속에서 살아왔다. 이것만 해도 참으로 감사하다. 새해에도 자연과 더불어 더욱 생동감 넘치고 보람된 삶을 살자. 천재지변으로 왕이 되지 못한 남자도 있다. 하지만 그 기회를 자신에게 기적으로 맞아들여 왕이 된 남자도 있다. 나는 이미 왕 되기를 포기했으니 천재지변도 별로 두렵지 않다. 하지만 평소 아름답고 존경받는 삶을 살지 못했다면 이런 기적도 자신에게 찾아오지 않았을 것이다.

II

숲이 키운 위인들

Forest

1. 동백꽃을 그리며

　봄을 알리는 꽃 중에는 복수초가 있고 동백꽃이 있다. 복수초는 깊은 산속이나 외딴 야산에서 자생하기 때문에 쉽게 사람들이 볼 수 없는 꽃이다. 그에 반해 동백꽃은 우리 주변에서 쉽게 볼 수 있는 꽃이다. 하얀 눈 속에 핀 동백꽃은 청초하면서도 처연한 모습이 참으로 아름답다. 핏빛 같은 붉은색의 강렬하고 아름다운 모습도 보기 좋지만 추운 겨울을 이겨내고 핀 꽃이라 강인한 생명력과 굳센 의지가 더욱 돋보이는 꽃이다. 원래 동백꽃은 제주도와 남해안의 따뜻한 섬에서 주로 자생하는 꽃이다. 자생지역은 남해안은 여수 오동도 서해안은 비인 동백정 해수욕장의 동백이 유명하다.

　이곳 강원도는 기후가 워낙 추워 동백나무가 자라지 못한다. 초봄에 동백의 붉은 꽃은 볼 수가 없으나 이곳에는 노란 동백꽃이 있다. 김유정의 소설 "봄봄"에 '노란 동백꽃'이 등장한다. 식물도감을 찾아보면 '생강나무 꽃'을 이곳 강원도에서는 노란 동백꽃이라 부른다. 이른 봄 앞산 삼봉산 중턱 우측 계곡을 살펴보면, 노란 동백꽃인 생강나무 꽃이 지천에 피어 있다. 노란 동백꽃인 생강나무 꽃은 봄에 꽃잎을 따서 꽃차로 만들기도 하고 이파리는 따서 나물이나 떡을 해먹는다. 그러다 보니 강원도에서는 초봄이 되면 많은 사람들로부터 사랑받는 꽃이 노란 동백꽃이다. 3년 전 붉은 동백꽃이 그리워 남쪽에서 동백나무를 구해 화분에 심어놓고 실내에서 꽃을 보았다. 그 이듬해 봄에 잘 관리하면 살 수 있겠다는 희망을 갖고 뒷마당 화단에 옮겨 심었다. 추위를 이겨내라고 지극정성으로 보살폈으나 결국 그해 겨울 얼어 죽고 말았다. 아쉬움과 미련이 남아 죽은 동백나무로 등산용 지팡이로 만들어 사용하고 있다. 이처럼 나무도 자신이 살아갈 수 있는 토양 조건과 기후가 맞지 않으면 살아갈 수가 없다. 어느덧 나도 이곳에 둥지를 틀고 나서 벌써 16번째 새해를 맞이했다. 옮겨 심은 동백은 결국 추위를 이기지 못하고 얼어 죽고 말았으나 나는 아직도 살고 있으니, 이곳 토양과 기후가 제법 잘 맞는 것 같다. 앞으로 지구에 외계인의 침략과 북한이 전쟁만 일으키지 않는다면 이곳에서 계속 살아갈 수도 있을 것 같다.

며칠 전 화원에서 꽃봉오리가 두 개 맺힌 동백나무 묘목 한 그루를 구해 화분에 심었다. 동백을 심은 화분을 햇볕이 잘 드는 양지바른 서재 창가에 내어놨다. 아침저녁으로 분무기로 물을 주면서 눈

속에 파묻혀 필 붉은 동백의 개화를 기다리고 있다. 이 동백이 살아남는다면 새봄과 함께 붉은 동백과 노란 동백이 봄을 함께 맞이할 것이다. 분에 넘친 욕심인지는 모르겠지만 붉은 동백과 노란 동백의 개화를 기다린다.

화사한 봄날에 필 붉은 동백의 처연한 아름다움과 노란 동백의 소박한 아름다움을 그려본다.

기다림 덕분에 혹한과 눈보라 속에서도 추운 겨울을 잘 보내고 있다.

2. 겨우살이의 생존 비밀

겨울산을 찾다 보면 눈이 내리거나 쌓여있을 때가 더 많다. 그러나 눈꽃이 핀 아름다운 설경과 함께 겨울산 특유의 정취가 느껴져 산행이 즐겁다. 그러나 눈이 없는 산속은 고요와 적막과 함께 낙엽을 떨군 벌거벗은 나무들의 외로움이 가슴을 파고든다. 그래도 운이 좋으면 높은 나뭇가지에 새 둥지 모양의 겨우살이를 볼 수 있다. 겨우살이는 매서운 추위와 혹한 속에서도 하얀 눈을 잔뜩 뒤집어쓰고 높은 나뭇가지 끝에서 자란다. 겨우살이는 참나무나 밤나무, 상수리나무에 기생한다. 스스로 광합성 작용을 통해 양분을 만들기 때문에 '반기생식물'이기도 하다. 겨우살이 열매는 성인병과 암에 좋은 약재로 약초꾼들에게도 제법 인기가 좋은 나무다.

지구상에 존재하는 모든 생명체의 존재 이유는 종족 번식이 아닌가 싶다. 그런데 왜 겨우살이는 반기생식물이면서도 어떻게 한겨울에도 푸르름을 유지할 수 있을까? 그리고 하필 그 높은 나뭇가지에서 서식할까? 바로 여기에 겨우살이만의 특별한 생존 비밀이 숨어 있다. 첫째, 자기의 씨앗을 발아시키기 위해서는 새들의 힘을 빌릴 수밖에 없다. 3~4월에 꽃이 핀 겨우살이는 겨울이 되어서야 열매가 익는다. 새들의 먹이가 귀해지는 한겨울에 높은 나뭇가지 위에 열린다. 황록색 혹은 붉은색의 겨우살이 열매는 겨울에 먹거리가 귀한 새들에게는 좋은 먹거리이다.

둘째, 새들이 겨우살이 열매를 먹고 배설해줘야 씨앗이 발아할 수 있는 조건이 만들어지는 것이다. 새들이 열매를 먹고 나면 과육 부분은 소화되지만 단단한 껍질에 뒤덮인 씨앗은 새들의 배설물로 배출된다. 배설물은 끈끈한 점액질의 막에 뒤덮여 거미줄보다 더 긴 끈을 만들어낸다. 그 길이가 긴 것은 무려 1m가 넘게 끊어지지 않고 고무줄처럼 늘어난다.

셋째, 씨앗은 바람의 힘을 빌려 나뭇가지에 자리 잡는다. 배설된 씨앗은 점액질의 끈에 매달려 있다가 바람에 의해 공중그네를 탄다. 그리고 바람에 의해 좌우로 움직이다가 인접 나뭇가지에 닿는 순간 점액질의 끈끈이가 달라붙는다. 그리고 그 가지에 씨앗이 붙어 뿌리를 내리고 성장한다. 이처럼 겨우살이는 살아남기 위해 새들의 먹잇감이 되고 먹고 나면 새들의 배설물로 씨를 퍼뜨리고 겨울에 열매를 맺는다. 점액질의 끈끈이를 활용해 땅에 떨어지지 않고 가지에 매달려 자신의 씨앗을 뿌리내리게 하는 겨우살이만의 1급 생존 비법이다.

세상 살기가 어렵다고 한다. 요즘 같은 세상에 겨우살이의 생존 전략도 눈여겨볼 가치가 있다. 새들이 접근하기 좋은 위치에 자리를 잡아 먼저 안전하게 먹을 수 있는 장소를 제공해 준다. 그리고 언제든지 다른 나무에 달라붙을 수 있는 끈끈이 줄을 준비한다. 그리고 때를 기다리다 바람이 불면 나뭇가지에 달라붙어 뿌리를 내린다. 매서운 한겨울에도 하얀 눈을 뒤집어쓰고 높은 나뭇가지에 매달려 꽃을 피우고 씨앗을 퍼뜨려 다음 세대를 기다린다. 겨우살이만의 독특한 생존의 지혜가 돋보인다.

3. 어리숙한 다람쥐가 만든 참나무 숲

　　겨우내 을씨년스럽던 앞산 참나무 숲이 봄을 맞이한다. 나무마다 연초록의 향연이 한창이다. 봄꽃의 화사함도 좋지만 봄에 피어나는 새싹들의 연초록빛 모습도 아름답다. 영국 사람들은 위스키를 발효시킬 때 참나무(Oak)로 만든 통 속에 보관한다. 술은 맛도 중요하지만, 술에서 나는 향기도 무척 중요하기 때문이다. 술의 맛은 물이 좌우한다고 하지만 술 향기는 술을 숙성시킬 때 담는 통에 스며든 향이 좌우한다고 믿는다. 그래서 영국 사람들이 술 담는 통에 관한 관심이 많았던 것 같다.

　　고대 영국에는 참나무 숲이 많았다. 그러다 보니 자연스럽게 참나무로 만든 통 속에 위스키를 보관해 숙성시켰다. 오늘날 우리가 즐겨 마시는 위스키 향은 참나무(Oak)에서 뿜어져 나오는 향이다. 참나무는 뿌리가 넓고 깊게 퍼지고, 무성한 가지는 하늘로 힘차게 내뻗는다. 그래서 고대 영국 사람들은 참나무를 지하 세계와 천상 세계를 연결하는 신목神木으로 숭배했다고 한다. 참나무 목재의 강도가 단단해 고대 전쟁 시 방패로 만들어 사용하였다. 원탁의 기사로 유명한 아서왕의 원탁도 참나무로 만들었다고 한다. 오늘날은 참나무로 방패 만들 일도 없다 보니 이제는 화력이 좋고 불탈 때 그 향이 좋아 벽난로 화목으로 각광받고 있다. 조선시대에는 참나무에서 열리는 도토리와 상수리 열매는 귀하게 대접받았다. 흉년에 도토리 죽과 도토리묵은 최고의 구황救荒 식품으로 활용되었기 때문이다. 지금도 웰빙 식품의 하나로 도토리묵은 귀한 대접을 받고 있다. 앞산에는 하늘을 찌르듯이 곧고 높이 솟은 울창한 참나무 숲이 장관이다. 그 숲에는 봄을 맞이한 다람쥐와 청솔모 녀석들의 천국이다. 도토리는 다람쥐들에게 반드시 필요한 겨울 식량이다. 때문에 참나무 숲은 결코 그들에게 없어서는 안 될 귀한 존재다. 그러나 참나무 숲도 다람쥐가 매우 고마운 존재라고 한다. 다람쥐는 가을이 오면 겨울 양식인 도토리를 땅속에 부지런히 파묻어 둔다. 그러나 이처럼 열심히 묻어둔 도토리위치를 다 기억해 내지 못한다. 그러다 보니 땅속에 묻혀 잊혀진 도토리는 싹을 틔워 울창한 참나무 숲을 만든다. 만약 다람쥐가 기억력이 뛰어났다면 참나무 숲은 만들어질 수 없었을 것이다. 어수룩하고 기억력도 떨어진 다람쥐가 만든 참나무 숲이다. 그 보답으로 다시 다람쥐들에게 도토리를 선물하여 겨울을 배부르게 지낼 수 있도록 해주고 있는 것 같다.

현대인들은 너무나 영리하고 똑똑하다. 계산이 너무 빨라 어리숙한 사람 찾기가 쉽지 않다. 노자는 "알면서도 모르는 척하는 것이 최상이요, 모르면서 안다고 하는 것이 가장 큰 병이라."고 했다. 가끔은 다람쥐처럼 어리숙하게 사는 것이, 험난한 세상을 지혜롭게 극복하는 또 하나의 방법이 될 수도 있을 것이다. 노자의 말처럼 모르는 것을 모른다고 이야기하면서 배우면 더욱 지혜로운 사람이 될 것이다. 그리고 아는 것도 때로는 모른체하면서 살자. 그러다 보면 상대방에게 기분 좋은 선물, 배려의 선물이 될 수도 있을 것이다. 어제 계곡에서 만난 다람쥐 형제 만세!

4. 원앙지의 평화

원앙지 물속에 빠진 5월의 숲은 참으로 싱그럽다. 얼마 전까지만 해도 우중충한 갈색과 회색의 숲들이 새 옷으로 갈아입었다. 녹음이 짙어져 푸른빛이 금방 손에 묻어날 것만 같다. 천년바위 주변은 돌단풍들이 군락지를 이루어 흐르는 물에 발을 담그고 있다. 그동안 바위 위에서 화사하게 피어 봄을 장식하던 진달래는 이제 꽃이 모두 지고 파란 이파리들이 피어나기 시작한다. 물가에 무리 지어 핀 화사한 연분홍빛 철쭉들만 자태를 뽐내면서 봄을 마중하고 있다.

살면서 일 년 내내 물이 마르지 않은 계곡을 옆에 끼고 산다는 것은 복 받은 삶이다. 어느 계곡이나 여름철에는 물이 많지만, 여름이 지나고 가을이 되면 물이 마르는 곳이 더 많다. 그러나 이곳 검단천劍斷川은 일 년 내내 물이 마르지 않는다. 그 덕분에 원앙지 물속에는 피라미, 종자개, 꺽지 같은 작은 물고기들 세상이다. 물속에 잠긴 나무 이파리들을 헤집고 다니면서 아침 먹이 찾기에 정신이 없다. 작은 무당개구리 한 마리가 날렵한 몸매로 물살을 거슬러 올라가면서 수영 솜씨를 뽐내고 있다. 난데없이 하늘에서 거대한 날개를 가진 침입자가 원앙지 물속에 사뿐히 내려앉는다. 군살 하나 없이 멋진 몸매와 긴 다리를 가진 우아한 백로다. 아침 먹이를 찾으러 내려앉았다. 얼마 전까지만 해도 건너편 논은 개구리들의 놀이터였다. 큰 논이 자리 잡고 있었는데, 땅 주인이 바뀌자 논이 어느 순간 들깨밭으로 변해 버렸다. 주변 생태계가 변하면서 백로의 아침 먹이를 찾기가 쉽지 않은 상황이 되어버렸다. 이제 원앙지는 아침마다 백로가 날아드는 그들만의 놀이터가 되었다. 백로 한 마리가 흘러가는 작은 이파리 하나를 유심히 지켜보면 물속을 응시하다 고개를 기웃거리며 먹이를 찾고 있다. 원앙지의 수정 같은 쪽빛 물은 푸른 하늘과 하얀 구름을 물 위에 열심히 그리고 있다. 물과 바람과 구름과 하늘이 하나 된 5월의 원앙지鴛鴦池 정경이다. 계곡 옆에 서있는 키 큰 팥배나무의 연분홍 꽃과 귀룽나무의 새하얀 꽃망울에서 꽃들이 팝콘처럼 터져 나온다. 향긋한 꽃향기가 집 주변과 계곡을 감싸고 바람길을 따라 흐른다. 다람쥐 한 마리가 마당 끝 언덕 돌담길을 따라 부지런히 뛰어다닌다. 오늘따라 다람쥐 녀석들의 산책하는 모습이 생동감 있고 무척 귀여워 보인다.

어느덧 계곡 주변의 벚나무와 개나리들은 이제 화사한 꽃잎을 모두 떨어뜨리고 지금은 연초록 잎의 시대로 접어들고 있다. 계절의 여왕 5월이 앞산의 싱그러운 초록빛에 젖어 계곡물에 발 담그고 있다. 계곡은 정지된 물의 정적과 고요함보다 흐르는 물은 생기가 넘치고 역동감이 있어서 더 보기 좋다. 5월의 숲과 계곡은 이처럼 살아 숨 쉬며 때묻지 않은 자연을 노래한다. 그리고 계절의 여왕 5월은 또 한해를 아름답게 장식한다. 계곡의 물은 시공간의 궤적 속을 소리 없이 흐르고 있다.

평화 그 자체다!

5. 소나무

"남산 위에 저 소나무 철갑을 두른 듯, 바람서리 불변함은 우리 기상일세" 애국가 2절의 가사다. 일부 사람들은 윤치호 선생님 작사라고 하지만 아직도 작사가 누구인지 정확히 밝혀지지 않았다. 작가는 남산 위에 서있는 소나무의 푸르른 기개와 철갑을 두른 듯 견고한 소나무 껍질에서 우리 민족의 기상을 이야기한다. 세차게 휘몰아치는 바람과 차가운 서리 속에서도 사시사철 변하지 않은 소나무의 강인함과 푸른 절개를 노래한다.

우리 민족이 가장 좋아하는 소나무는 보기만 해도 기분이 좋아진다. 늘 푸르고 강인해 보이고 주변의 바위들과 어우러진 모습 자체가 한 폭의 동양화다. 특히 한겨울 눈에 뒤덮인 소나무의 아름다운 모습은 탄성을 자아내게 한다. 그러나 소나무의 이런 외형적인 모습만이 전부가 아니고 그 내면의 진가를 알면 더욱더 소나무를 사랑하지 않을 수 없다. 사철 푸르른 소나무지만 가을에는 추운 겨울을 이겨내기 위해 불필요한 솔잎들을 떨어뜨리고 몸을 가볍게 한다. 가을 산에 올라가 보면 소나무 아래에 떨어진 황금색 솔잎을 쉽게 찾아볼 수 있다. 과거 우리 조상들은 아궁이에 불을 때면서 살아왔다. 이처럼 떨어진 솔잎은 훌륭한 땔감이 되었다. 그러나 솔잎들은 꼭 가을에만 낙엽이 지는 것이 아니다. 평소에도 솔잎이 무성해져서 공기 소통이 제대로 안 되는 가지는 스스로 고사되고, 최근에 소나무 재선충 때문에 죽어가고 있다. 하지만 원래 소나무 특유의 진한 솔향으로 인해 다른 해충들은 감히 범접하지도 못한다. 그 좋은 예로 소나무로 그릇을 만들거나 장식품을 만들어 방안에 두면 다른 벌레들이 방안에 접근하지 못했다고 한다. 사시사철 그윽한 솔향은 사람들에게 심신을 치유하는 효과를 주기도 한다. 임진왜란 때 소나무로 건조한 거북선과 판옥선들은 바닷물, 즉 염분이 스며들어 시간이 지날수록 더 강한 판재로 변하고 못 없이 짜 맞춤 공법으로 제작된 전함들은 나무에 바닷물이 스며들어 더 단단하게 결속된다. 쓰기 나무(삼나무)로 만든 약한 일본 함선과 충돌하면 왜선은 박살나고 말았다. 이런 이유로 혹자는 임진왜란을 우리 소나무가 일본 쓰기 나무를 이긴 소나무가 승리한 전쟁이었다고 말한다.

어제 오후에는 집 앞에 서있는 소나무의 죽은 가지를 모두 잘라내주었다. 그리고 불필요한 나뭇가지를 정리해 주었다. 잘라낸 가지에서 흘러내리는 송진과 함께 뿜어져 나오는 솔향이 강하게 코끝을 자극한다. 솔향의 싱그럽고 상큼한 냄새가 계절의 여왕 5월을 대표하는 것 같다. 아내는 잘라낸 소나무 가지에서 한 뼘씩 자란 새순을 따내며 즐거워한다. 잘라낸 소나무의 새순과 설탕을 버무려서 솔향의 진액을 내겠다고 한다. 솔향의 진액을 마실 것을 생각하니, 나뭇가지들을 정리한 것은 이래저래 참 잘한 것 같다. 소나무의 변치않는 기상과 푸르름이 우리 산하에서 영원하길 기원해 본다. 집 주변과 마땅 끝에 심어놓은 소나무의 기상과 푸르름이 그 어느 때보다 싱그러워 보인다.

6. 천재가 되려면 숲으로 가라

비가 그치고 난 숲은 싱그러운 초록의 향연이 한창이다. 설악산 일대에는 벌써 단풍이 시작되었다고 한다. 어떤 사람들은 나무의 모든 잎이 꽃이 되는 가을을 제2의 봄이라고도 부른다. 사람들은 이런 아름다운 단풍을 보기 위해 들과 산을 찾아 나선다. 봄꽃과 단풍은 사람들에게 단순히 눈만 즐겁게 해주는 것이 아니고 등산을 통해 체력도 단련시켜준다. 숲이 인간에게 주는 또 다른 영향은 없는지 무척 궁금하다.

지난 6월 발간된 미국 국립과학원 회보에 "숲이 가깝거나 나무가 많이 심어진 학교에 다니는 학생일수록 인지능력이 높다."는 흥미로운 연구 결과를 발표했다. 숲의 빛깔인 녹색이 심리적으로 마음과 정신을 안정시켜준다는 사실은 이미 여러 연구 실험을 통해 입증

되었다. 그러나 숲 자체가 인간의 지적 능력에 영향을 미친다는 사실을 과학적으로 입증한 건 이번이 처음이라고 한다. 2012년에는 스페인 바르셀로나에 있는 36개 초등학교의 7~10세 남학생 2,593명을 대상으로 숲이 인간에게 미치는 영향을 조사했다. 조사 결과 "숲을 가까이 한 학생일수록 더 적극적이고, 활동적인 모습을 보였고 자제력과 창의력도 뛰어난 것으로 밝혀졌다." 평소 숲이나 나무를 의식하지 않고 그저 가까이하기만 해도 이런 효과가 있다고 한다. 우리나라에서도 1997년 건국대 원예학과 손기철 교수와 이종섭 교수는 하얀 벽으로 둘러싸인 작은 방 2곳을 준비했다. 그리고 한방에는 잎이 무성한 식물을 비치했다. 그리고 다른 방에는 철제 캐비닛을 들여놓은 뒤 성인 23명을 같은 시간 동안 두 방에 머물도록 했다. 연구진이 이들의 뇌파를 검사한 결과 식물이 있는 방에서 있었던 사람들의 기억력과 사고력을 관장하는 왼쪽 뇌의 활동력이 눈에 띄게 증가했다. 반면 뇌질환을 일으키는 델타파는 줄어들었다. 그리고 뇌기능을 활성화하는 알파파는 증가했다고 한다. 이처럼 실내에서도 식물을 곁에 두면 뇌기능과 지적 능력이 좋아지는 것을 보여준 연구 결과다. 숲에 가면 많은 식물들이 광합성을 통해 내뿜는 산소와 수분을 만난다. 산책하다 보면 향긋한 산속 내음이 우울했던 기분을 상쾌하게 만들어 준다. 그리고 바람에 흔들리는 나뭇가지 사이로 비치는 햇빛도 동일한 영향을 준다. 과학자들은 이처럼 숲이 가진 특성이 지적 능력에 영향을 미치는 효과를 가져다준다고 증명하고 있다.

이런 영향은 인류의 먼 조상인 유인원이 최소한 1000만 년 이상 숲에 살았기 때문이다. 인류의 유전자 속에는 녹색만 봐도 안정감을 얻는다고 한다. 숲을 가까이할 때 뇌기능과 지적 능력이 더욱 활발해지는 본능이 숨어 있다. 숲을 가까이하는 사람은 두뇌와 창의력의 활동력이 좋아진다. 이처럼 숲과 인간은 떼려야 뗄 수 없는 불가분의 관계를 맺고 있다. 과거부터 창조적인 활동으로 인류 역사에 큰 획을 그은 천재들은 숲과 친했다고 한다. 도심의 대기오염과 회색의 콘크리트 벽 속에 갇힌 현대인들의 삶이 무척 안쓰러워 보인다. 각박하고 삭막한 세상에서도 좀 더 여유를 가지고 숲과 친해지는 삶을 살자. 그러다 보면 모두가 천재가 될 수도 있지 않을까?

7. 숲이 키운 역사 속 위인들

오늘날 대한민국 사람들은 APT를 선호한다. APT를 구하면 주거 문제가 해결되고 재산을 증식할 수 있는 또 하나의 방안이기 때문이다. 그러나 서구와 유럽 선진국에서는 경제적으로 여유가 있는 사람들은 도심 주변의 단독주택을 오히려 선호한다. 그 이유는 숲속에서 전원생활을 즐기고 숲을 가까이하는 사람은 건강해지기 때문이다. 그리고 두뇌도 좋아지고 창의력과 활동력이 좋아진다는 것을 알고 있기 때문이다. 인류 역사에 위대한 걸작을 남겼거나 탁월한 업적을 남긴 인물들이 많다. 그들 중에는 성장 과정이나 생활 속에서 숲과 친했던 사람들이 제법 많았다.

물리학의 역사를 바꾸고 만유인력의 법칙을 발견한 '아이작 뉴턴'도 숲과 친했다. 어머니가 재혼하면서 영국 중동부 울스소프 교외의 농촌에서 할머니와 살았다. 할머니가 과수원을 운영했기 때문에 뉴턴은 어려서부터 사과나무와 함께 성장했다. 그런 환경 속에서 자란 뉴턴은 떨어지는 사과를 보고 만유인력의 법칙을 발견했다. 오늘날 '미켈란젤로', '라파엘'과 함께 르네상스 예술의 3대 거장으로 꼽히는 '레오나르도 다빈치'도 유년 시절 숲속에서 자랐다. 이탈리아 피렌체 근교 농촌에서 태어난 '다빈치'는 학교에 가는 것보다 마을 뒷산에서 홀로 그림 그리는 것을 더 좋아했다. 숲에 있는 동물과 식물을 그리며 쌓은 관찰력과 창의력을 바탕으로 수많은 걸작을 남겼다. 진화론을 창시한 '찰스 다윈'은 8살 때 어머니가 돌아가시고 나서 도시 교외에 있는 기숙학교로 보내졌다. '다윈'은 학교 주변 숲과 들을 돌아다니면서 동식물을 채집하면서 숲의 영향을 받았다. 또한 독일의 천재 음악가 '베토벤'은 32살의 나이에 청각을 잃었다. 그는 빈 교외의 숲이 울창한 곳에서 전원생활을 했다. 숲과 가까이 살면서 심리적 안정을 되찾은 '베토벤'은 청각을 잃은 상태에서도 새로운 영감을 얻어 "운명" 같은 명곡을 탄생시켰다. 이외에도 건축의 성인 '가우디', 세계 최고 발명가 '에디슨', 상대성 이론을 수립한 '아인슈타인'도 유년 시절 숲과 함께 지내면서 숲의 영향을 받았던 위인들이다. 우리나라에도 숲의 영향을 받은 훌륭한 분들이 많다. 어려서부터 약초를 캐기 위해 산과 들을 누볐던 '허준'은 세계기록문화유산이 된 자랑스러운 "동의보감"을 남겼다. 강진 숲속에서 17년간 유배생활을 했던 '다산 정약용'도 500여 권의 저서를 남겼다.

창의적인 아이디어나 영감, 그리고 천재성은 획일화되고 바쁜 도심에서 찾기란 쉽지 않다. 유년 시절 숲과 친했거나 숲에서 자란 사람들의 성취도가 이처럼 높은 것은 숲이 인간에게 준 특별한 선물이다. 재산 증식이나 재테크를 위해 APT를 선호하는 것도 좋다. 그러나 두뇌가 좋아지고 건강과 창의력, 활동력이 좋아지는 숲으로 가자. 훗날 자식들에게 돈으로 환산할 수 없는 더 값진 유산을 남겨주는 재테크가 아닐까 싶다. 비가 그치고 난 초가을 숲의 초록의 푸른 빛과 싱그러움이 더 가까이 다가온다. 숲속에서 맞이하는 개천절 아침이다.

III

건강

Health

1. 아침 운동이 좋은 10가지 방법

새해 첫 주가 지나간다. 지금쯤 연초에 세운 계획들을 꾸준히 실천하는 사람들도 있지만 작심 3일로 끝난 사람들도 있을 것이다. 그러나 처음부터 시도해 볼 계획조차 없는 사람들도 있을 것이다. 계획을 세워 단 하루라도 실천해본 사람들에게 박수를 보낸다. 그리고 한 번도 시도해 보지 못한 사람에 비해 실천해 본 사람은 최소한의 교훈은 얻었을 것이다. 이처럼 사람들은 건강에 대한 중요성을 너무나 잘 알고 있다. 꾸준히 실천하고 있는 나 자신의 아침 운동 습관을 소개한다.

아침 운동이 좋은 10가지 이유를 나름대로 정리해봤다.

1. 아침 운동을 준비하다 보면 하루를 남보다 일찍 시작할 수 있다.
2. 최소 30분 이상 운동으로 당뇨, 고혈압, 심근경색 등 성인병을 예방

할 수 있다.

3. 잔병이 없어져서 병원을 자주 안 가니 돈과 시간을 절약할 수 있다.

4. 식욕이 좋아져 골고루 음식을 섭취할 수 있다. 무엇이든지 잘 먹으니 식사를 준비해 준 사람에게도 기쁨을 준다.

5. 몸이 가벼워져서 평소 생활 속에서도 활력이 넘친다.

6. 매일 하는 운동과 샤워 덕분에 혈액순환이 잘되어 혈색이 좋아진다.

7. 피부가 탄력이 생겨 남들보다 젊어 보인다.

8. 생활 태도가 적극적이고 긍정적으로 바뀐다.

9. 몸에 군살이 빠져 옷맵시가 좋아진다. 체중과 체형에 변화가 없어 새 옷을 구입할 필요가 없다.

10. 하루를 상쾌하게 시작할 수 있다.

신은 누구에게나 똑같은 하루 24시간을 주셨다. 그중 한 시간만 매일 아침 운동에 투자하자. 사는 날까지 건강하고 쾌적한 삶을 살아갈 수 있을 것이다. 건강은 건강할 때 지켜야 한다. 한번 건강을 잃고 나서 뒤늦게 건강을 되찾아도 아프기 전의 건강으로 100% 회복할 수 없다. 그래서 나는 일주일에 최소 4일 이상은 아침 운동을 꾸준히 실천하고 있다.

이처럼 땀을 빼는 치열한 아침 운동은 당신을 의욕 넘치는 생활의 전사로 만들어 줄 것이다. 아침 운동 후 샤워로 상쾌하게 땀을 씻는 모습만 상상해도 기분이 좋아진다. 아침 운동 후 이런 좋은 생활 습관은 만들 수 있고, 이런 습관은 느긋하고 여유 있는 성품을 형성해 줄 것이다. 아직도 담배와 친하고 잦은 음주를 하고 있다면 하루

빨리 청산하고 대신 아침 운동을 생활화하는 좋은 습관 하나쯤 가져
보자. 당신의 인생을 바꿔줄 것이다. 그리고 삶의 질을 한 단계 격상
시켜 성공의 지름길을 열어줄 것이다. 이런 좋은 습관은 좋은 삶으
로 보답해줄 것이다.

이 세상에 공짜는 절대로 없다.

2. 효과적인 운동 방법

　연일 계속되는 혹한에 2024년 새해 겨울이 꽁꽁 얼고 있다. 어제 아침은 영하 19도, 오늘 아침은 영하 14도까지 내려갔다. 바람까지 가세해 체감 온도는 영하 20도를 훌쩍 넘었다. 추운 날씨라고 집 안에서만 웅크리고 있지 말자. 나는 매일 아침 동네 헬스장을 찾는다. 이른 아침 집을 나설 때는 많은 갈등과 결단이 필요하지만 운동을 하고 나면 몸도 마음도 상쾌해지고 하루가 생기가 넘친다.

　그런데 헬스장에 가보면 모두가 너무 열심히 운동을 하나, 운동 방법을 잘 모르고 남들이 하는 운동기구를 이것저것 한 번씩 건드려본다. 그러면서 아까운 시간만 낭비하고 있다. 우선 운동은 주 4~5일 정도의 횟수가 적당하고, 소요 시간은 하루에 1시간 정도 하는 것이 좋다. 매일 해야 될 운동은 먼저 약 30분 정도는 러닝머신이나 줄넘기를 이용하여 유산소운동을 한다. 이후에는 30분 정도는 운동기구들을 이용해서 근력운동을 병행하는 것이 좋다. 그리고 매일 똑같은 부위의 근력운동만 반복하면 근육이 피로해지고 오히려 역효과가 날 수도 있다. 그러나 유산소운동은 준비운동이라 생각하고 매일 해주는 것이 좋다. 근력운동은 "하루는 상체운동, 다음 날은 하체 운동" 하는 식으로 하루씩 번갈아가면서 운동하는 것이 몸에 좋다. 기구를 사용하는 운동 횟수도 한 세트를 자신의 힘에 너무 무리가 가지 않는 중량을 선택하자. 한 세트를 15~20회 정도 하되 횟수는 2~3회 정도 반복하면 효과적인 근력운동이 가능하다. 한 세트를 3번씩 하는 것은 지속성과 실천을 유발하는 참으로 참신한 방법이다. 처음 한 번과 두 번 정도의 시도는 누구나 쉽게 할 수 있다. 그리고 마지막 한 번도 자신과의 약속이라고 생각하고 실천하다 보면 세 번은 쉽게 이행할 수 있다. 이때 운동 기구의 중량을 절대 무리하게 선택하면 안 된다. 잘못하면 통증과 함께 담에 걸려 고생할 수도 있다. 그리고 운동할 때의 자세와 호흡이 매우 중요하다. 그래야 올바른 자세로 운동해야 몸에 무리가 안 가고 균형 잡힌 몸을 만들어 갈 수 있다. 호흡은 최초 운동기구를 들고 시작할 때 숨을 들이마신다. 그리고 들어 올리거나 당길 때 숨을 내쉬면 된다. 이처럼 매일 운동을 하더라도 체계적이고 효율적으로 해야 한다. 그래야 몸에 무리가 가지 않고 효과적인 운동을 할 수 있다. 헬스장에 가서 좋은 선배나 트레이너를 만나 도움을 받으면 훨씬 더 효율적인 운동이 가능할 것이다.

매일 아침 정해진 시간에 운동하는 것이 효과적이다. 이런 체계적인 운동 습관은 평소 건강을 지키는 기본이고 삶이 훨씬 더 생동감 넘치고 즐거워질 것이다. 건강해서 병원 신세 안 지면 그것이 바로 돈과 시간을 버는 것이다. 한번 건강을 잃으면 모든 것을 다 잃는다. 매일 아침 배달된 요구르트를 먹는 사람보다 요구르트 배달하는 사람이 더 건강하게 오래 산다고 한다. 규칙적이고 꾸준히 운동하는 좋은 습관 하나가 당신의 삶을 바꿔줄 것이다.

3. 줄넘기 예찬

사람은 누구나 건강하게 오래 살기를 바라며 운동을 해야 한다고 늘 생각한다. 그러나 실제 운동하는 사람은 그리 많지 않다. 시골 면 소재지에서 주민들의 건강을 위해 많은 돈을 들여 멋진 헬스장을 짓고 다양한 운동기구도 많이 비치해놨으나 운동하는 사람은 열 손가락을 채울 수가 없다. 이용료는 무료임에도 헬스장은 별로 인기가 없다.

요즘은 세상이 하도 혼탁해 혼자 산책하기도 어렵고, 시내 나가도 급발진 차가 많아 무서운 세상이다. 헬스장 안 가고 집에서도 할 수 있는 운동 방법이 바로 줄넘기다. 줄넘기보다 더 좋은 운동은 없다고 생각한다.

줄넘기의 좋은 점 10가지를 소개한다.

첫째, 가장 시작하기 쉽고 누구나 할 수 있는 운동이다.

둘째, 특별한 기술이 필요 없고, 뛰면서 줄만 넘으면 된다.

셋째, 준비하기가 쉬워 자신의 키만 한 길이의 줄넘기 하나면 된다.

넷째, 저렴한 가격에 동네 문방구나 어디서든 쉽게 구할 수 있다.

다섯째, 러닝머신은 뛰다 넘어지거나 다칠 수도 있지만 줄넘기는 안전하다.

일곱째, 줄넘기는 모든 운동 시작 전에 하는 준비운동이다.

여덟째, 청소년은 성장판을 자극해 키를 크게 해주고, 어른들은 뼈 골밀도를 높여준다.

하체를 튼튼하게 해주고, 다이어트에 최고의 운동이다.

아홉째, 유산소 운동으로 최적의 운동, 근력운동 전에 반드시 해야 하는 운동이다.

열 번째, 투자한 시간과 노력에 비해 가성비가 가장 높은 운동이다.

이런 좋은 운동을 하지 않은 사람은 자기만 손해다. 병원 가는 시간의 30분만 투자해도 병원 갈 일이 별로 없게 될 것이다. 최소 일주일에 4일만 꾸준히 실천한다면 평생 건강하게 살 수 있을 것이다. 가볍게 시작할 수 있고 누구나 쉽게 시작할 수 있는 '최고의 운동, 줄넘기'를 적극 추천한다. 필자도 처음 시작할 때는 줄이 발에 걸리지 않고 10개 하기도 쉽지 않았다. 코로나 2년 동안 집에서 혼자 꾸준히 하다 보니 지금은 하루에 4,000개씩 유산소운동으로 한다. 이제는 숙달되어 소요 시간이 25분밖에 걸리지 않는다. 운동하고 나면 이마에서 약간 땀이 날 정도로 기분 좋은 상태다. 줄넘기만 구입하면 지금 당장 시작할 수 있다.

학교에서 강의할 때 학생들에게 줄넘기 습관을 설명했더니, 어떤 학생이 자신의 아들에게 줄넘기를 적극 권장했다. 지속적으로 운동시키기 위한 동기부여로 줄넘기하는 시간만큼 게임할 수 있는 시간을 주었다고 한다. 어느 날은 게임 30분 하기 위해 너무 열심히 하다 쓰러진 적도 있었다고 한다. 그 아들이 초등학교 4학년 때부터 꾸준히 줄넘기를 한 결과 군에 갈 때 아들 키가 180cm이 넘었다. 그 아들의 아빠는 키가 남자들의 평균 키보다 약간 작고, 엄마는 약간 키가 큰 편이었다.

유진인자보다는 초등학교 때부터 줄넘기로 성장판을 자극한 결과가 아닌가 싶다.

4. 일하는 즐거움

첫 번째 직장에서 35년 일하고 퇴직한 후 현재는 제2의 직장에서 14년째 일하고 있다. 주변에서 이제는 좀 쉬라고 이야기하는 사람이 많으나, 나는 곧 죽는 날이 쉬는 날이라고 생각한다. 사람은 누구나 단 한 번밖에 못 산다. 그래서 선각자들은 하루하루 최선을 다해 살아가라고 조언한다. 중국 최고의 시인이자 시성으로 불렸던 '두보杜甫'는 "인생칠십고래희人生七十古來稀"라고 2천 년 전 "사람이 인생 칠십까지 살기란 드문 일"이라고 읊었다.

그러나 오늘날은 100세 시대를 넘어 120살까지 살아가는 시대로 진입하고 있다.

이 긴 시간을 항상 최선을 다하고 긴장만 하고 살아갈 수는 없다. 건강하게 100세 시대를 맞이하려면 최선을 다하는 것도 중요하지만 일하는 즐거움에 빠져 살아가는 것도 괜찮다. 누가 시켜서 하는 일이 아니라 그 일에 빠져서 스스로 보람과 즐거움을 느끼면서 살자. 여름날의 긴긴 하루해가 짧게 느껴질 것이다. 사람들은 아침부터 일어나 무언가를 하면서 하루를 보낸다. 남들이 볼 때는 하찮은 일, 별 볼일 없는 일이라고 생각할 수도 있지만 본인이 즐겁고 재미가 있으면 그 일이 자신에게는 최고의 일이 아닐까? 일의 귀천과 이해타산만 따지지 말고 자기 스스로 즐겁고 보람과 가치를 찾자. 그 일이 자기 삶에서 최고의 일이 될 것이다. 물론 그 일을 통해 자신의 생계를 유지하고 자신의 삶을 지탱해 나갈 수 있다면 그보다 더 좋은 일은 없을 것이다.

프랑스의 대문호 '볼테르'는 일은 "세 가지 악덕"을 몰아낸다고 했다. "권태와 타락, 그리고 빈곤"이다. 삶이 즐거우면 권태를 느낄 시간이 없고 건전한 일은 타락의 유혹에 빠지지 않을 것이다. 그리고 건전한 노동을 통해 얻은 대가는 여유 있는 삶을 보장해 줄 것이다. 이처럼 세 가지 악덕을 몰아낸다면 삶이 훨씬 더 즐겁고 행복해지지 않을까?

때로는 일에 묻혀 살다 보면 휴식이 필요할 때도 있으나 일이 즐거우면 곧 그 일이 휴식이고 바로 힐링Healing이다. 나는 지금도 매일 하루를 마감하면서 다음 날에 할 일을 노트에 기록한다. 적게는 5~6개에서 많을 때는 10가지 정도의 일들을 기록한다. 그리고 아침에 눈뜨면서 스트레칭으로 몸을 풀고 아침 운동으로 하루를 맞이한다. 노트에 기록된 순서대로 하루 24시간을 보낸다. 이처럼 일하는 즐거움에 푹 빠져 산다. "인생칠십고래희人生七十古來稀"는 이제 시어 속에만 나오는 문구가 될 것이고, 이제 이런 사람들은 인생 100세 시대를 넘을 것이다.

그리고 누구보다 건강하게 알파 에이지Alpha-age(플러스알파를 더 살아야 하는 시대) 시대를 맞이할 수 있을 것이다.

5. 100세 장수시대

한때 "9988234"란 말이 유행어가 된 적이 있었다. 99세까지 88 하게 살다가 2일만 아프고 3일 만에 세상을 하직하는 삶을 원했던 것이다. 그런데 이제는 99세까지만 88 하게 사는 시대가 아니라 100 세까지 88 하게 사는 시대가 되었다. 통계청에서 2023년 인구주택 총조사 결과에 따르면, 100세 이상 노인이 8,853명으로 10년 만에 3.3배가 증가했다고 한다. 그리고 100세 진입을 앞둔 90대 노인들도 29만 명을 넘어섰다고 한다. 본격적으로 100세 장수 시대가 열린 것이다.

그러나 장수 시대에도 스스로 자신을 관리하지 못하면 과거처럼 60세도 못 넘기고 사망한 사람도 생길 수밖에 없다. 100세 이상 고령자를 성별로 살펴보면 전체의 83%(7,337명)는 여성이고 남성은 17%(1,516명)에 그쳤다. 이런 수치는 남성들이 여성들보다 건강한 삶을 살지 못했다는 증거다. 젊어서 가족들을 먹여 살리기 위해서 직장 내에서 받는 과로와 스트레스, 술과 담배의 영향도 컸을 것이다.

장수 노인들은 절제된 식습관(39.4%)을 가장 큰 비결로 꼽았다. 절제된 식습관은 잘못된 회식 문화 등으로 직장생활을 하는 남성들에게는 지키기 어려운 경우도 많았을 것이다. 그 뒤를 이은 것은 규칙적인 생활(18.8%), 낙천적인 성격(14.4%), 유전적 요인(14.2%) 순으로 나타났다. 장수 노인 10명 중 8명(79.8%)은 담배를 피우지 않았고, 7명(76.7%)은 술도 입에 대지 않았다. 한 마디로 장수 노인 80%는 술 담배를 하지 않았다는 이야기다. 조기에 사망하신 분들은 비싼 돈 주고 담배 사서 피우고 술 마셨다. 결국 자신의 수명을 스스로 단축시킨 것이다. 하긴 고대 역사나 현대사회에서도 술 때문에 나라가 망하기도 했다. 그리고 자신의 신세를 망친 사람들을 보면서 어쩌면 술과 담배는 마약과도 같은 것이다. 100세 시대를 잘 살기 위해서는 절제된 식습관 특히 소식이 중요하다고 하는데 우리 주변에는 너무 잘 먹어서 당뇨와 비만에 시달리는 사람들이 많다. 다시 한번 자신의 식습관을 한번 되돌아보자. 그리고 술 담배도 끊고 규칙적인 생활과 낙천적인 성격으로 세상을 살아야 한다. 그래야 100세 시대에 합류할 수 있을 것이다. 그러나 삶의 진정한 가치는 삶의 길이만의 문제가 아니라 삶의 질質도 문제다. 만약 100세 시대를 살아가면서 건강하지 못해 병상에서 10년을 보냈다면 본인도 고생이지만 주변과 가족들까지 고생시킨 것이다.

건강하고 의미 있는 100세 시대를 살아가려면 스스로 건강을 관리해야 한다. 그리고 긍정적이고 보람 있는 삶을 살아야 한다. 그러기 위해서는 자신이 주도적으로 삶을 설계하고 실천할 줄 알아야 한다. 100세 시대의 긴 수명 자체가 후손과 이 시대 후배들에게 짐이 되면 안 된다. 무의미한 삶이 된다면 축복이 아니고 재앙이 될 수도 있다. 보람 있고 가치 있는 삶은 100세 시대의 진정한 장수 비결이다.

사는 날까지 건강하게 사는 것이 최고의 삶이 아닐까?

6. 야생마처럼 달리기를 잠시 멈추자

모처럼 시내에 일보러 나갔다가 서점에 들려 맨부커 인터내셔널 상 수상작인 한강의 '채식주의자'와 '조선왕조실록' 책을 구했다. 채식주의자는 궁금해서 한번 보고 싶은 책이었다. 그리고 조선왕조실록은 강의에 필요해서 구매했다. 지난 7월부터 8월까지는 자연을 찾아 휴가를 나온 사람들과 만나고 그러다 보니 바쁜 여름을 보냈다. 휴가철이 끝나면 조금 쉴 수 있으려나 했으나 9월에는 오미자 수확 때문에 또다시 바쁜 시간 속에서 헤어나지 못하고 있다.

바쁜 일상 때문에 그동안 매일 하던 아침 운동도 미뤄둘 수밖에 없었다. 매일 하던 신문 스크랩도 잘라놓은 신문기사만 책상 위에 수북이 쌓여 나간다. 책 볼 시간이나 글 쓸 시간은 엄두도 못 내고 그저 바쁜 일상에 하루하루 떠밀려 간다. 사람들은 바쁜 것이 시간도 잘 가고 잡념도 없어지고 무료하지 않아 좋다고 한다. 그러나 아무리 바빠도 생각을 정리하고 일상을 뒤돌아볼 시간이 필요하다. 평소 하던 일들도 일상의 바쁜 일정 속에 파묻혀 실천하지 못하고 무료한 시간만 흘러간다고 생각하니 초조하고 불안한 마음이 생긴다. 특히 신체 리듬이 깨지고 생각의 범주가 점점 좁아지는 것 같아 더욱 답답한 마음이다. 문득 『하워드의 선물』을 펴낸 하버드 경영대학원 스티븐 교수의 "경주마는 달리기 위해 생각을 멈추지만, 야생마는 생각하기 위해 달리기를 멈춘다."는 글귀가 생각난다. 경주마처럼 계속 달리기를 위해 생각을 멈출 것인지, 아니면 '야생마'처럼 생각하기 위해 달리기를 멈춰야 할 것인지를 생각해 본다. 경주마든 야생마든 일단 숨 고르기부터 먼저 하고, 그리고 생각할 수 있는 여유를 갖고 시간과 타협을 하자. 그리고 일상의 시간을 좀 더 효율적으로 운용하자. 우리들의 삶은 어떻게 보면 시간과의 싸움이고 그 시간을 자기 것으로 지배하는 사람들만이 성장하고 계속 발전해 나갈 수 있다. 그런데 삶을 살다 보면 때로는 진짜 중요하게 해야 할 일을 뒷전으로 밀리고 현실에 매이다 보면 주객이 전도된 삶을 살아간다. 살아가면서 반드시 해야 할 일은 따로 있다. 자신이 꿈꾸는 필생의 목표에 초점을 맞추고 사는 것이다.

가을은 천고마비의 계절이고 독서의 계절이다. 그런데 '2023년 국민 독서실태조사'에 따르면, 성인 57%가 1년 동안 책 한 권도 읽지 않았다고 한다. 그동안 미뤄뒀던 책도 보고 쓰고자 했던 글도 마무리하자. 이번 주말은 경주마처럼 달리는 것만 생각하지 말고, 생각하기 위해 달리기를 잠시 멈추고 숨 고르기부터 하자. 생각의 시간은 결코 낭비의 시간이 아니고 더 나은 달리기를 위한 준비의 시간이다. 생각은 달리는 말의 속도보다도 훨씬 더 빠르다. 그 이유는 생각이 우리를 통제하여 행동하게 하기 때문이다. 생각 없이 달리는 경주마가 되지 말고, 생각하고 나서 달리는 야생마가 되자. 그 생각의 주인은 바로 내 자신이기 때문이다.

7. 고령화 사회 극복 방안

　　주요 선진국들은 노인인구증가가 심각한 사회문제로 대두되고 있다. 우리나라도 예외가 아니다. 세계 어느 나라보다 고령화 사회가 빨랐던 일본은 현재 65세 인구가 20%에 도달해 초고령화 사회가 된 것이다. 7%에서 14%가 되는 데는 24년, 14%에서 20% 도달하는 데는 21년이 걸렸다. 그러나 우리나라는 일본보다 훨씬 더 빨라질 것이라고 한다. 65세 노령인구가 7%가 도달한 시점이 2000년이고 2023년에 19%에 도달했다.

　　지난해 우리나라의 출산율은 0.72명으로 일본의 1,18명보다 크게 낮다. 한국의 노령화지수가 일본보다 훨씬 더 빠른 속도다. UN은 한국이 2030년 일본으로부터 노령화지수 1위 자리를 넘겨받으면 재역전은 일어나지 않을 것이라고 전망했다.

이렇게 빠르게 진행되는 우리나라의 고령화사회문제는 여러 가지 문제점을 안고 있다. 그중에서도 가장 심각한 것은 노인 의료비 증가, 노인 빈곤층 확산, 노인 자살률 증가 등이다. 특히 우리나라는 불명예스럽게도 노인 자살률과 노인 빈곤율이 OECD 국가 중에서도 수위를 달리고 있다. 노인들의 황혼이혼이 신혼 이혼율은 이미 추월했다. 한마디로 앞으로 노인들의 삶의 질과 미래의 삶이 우리 사회에 큰 문제로 자리 잡게 될 것이라는 이야기다. 올해 105세인 일본의 '시게아키' 박사는 고령사회를 몸소 겪었다. 그는 신 노인이 지켜야 할 세 가지 덕목을 제안했다. 첫째, 창조적 마음으로 생산적인 생활을 지향해야 한다. 둘째, 사랑을 주고받는 생생한 삶을 이끌어야 한다. 셋째, 역경을 이겨냄으로써 좀 더 인간적인 사람이 되라고 한다. 또한 '시게아키' 박사는 100세가 넘도록 왕성하게 활동할 수 있는 자신의 비결을 이렇게 말한다. 평소 "계획을 세워서 생활하라, 내가 아는 지식을 나눠라. 그리고 일상의 삶에서 계속 움직여라. 지역 사회에 봉사하라."고 이야기한다. 특히 그는 자신이 의사이면서도 "의사에 너무 의존하거나 믿지 말라고 조언한다." 병원을 제집 안방처럼 자주 드나든다. 그리고 약을 매일 아침 한 주먹씩 먹는 노인들이 새겨들어야 할 경구가 아닌가 싶다. 건강 장수는 의학의 문제가 아니라 주변 환경과 생태, 그리고 자기 자신의 마음의 문제라고 말한다.

'시게아키' 박사의 말처럼 건강한 장수의 삶은 자신이 어떤 환경과 생태 속에서 어떤 마음의 자세를 갖고 사느냐가 중요하다는 이야기다. 평소 허송세월하지 말고 하루하루 계획을 세워서 살고, 자신의 삶을 창조적이고 생산적인 삶으로 만들어야 한다. 주변 사람들과 함께 어울리며, 자신이 가지고 있는 지식과 능력을 나누고 봉사하는 삶이 건강한 삶의 지름길이 될 것이다. 결국 건강한 장수의 삶은 세월의 길이가 아니고 얼마나 가치 있고 보람된 삶을 살아가느냐 하는 '삶의 질'이 관건이 될 것이다.

8. 100세 시대 건강관리

　창문을 여니 하얀 서리가 눈처럼 내렸다. 삼봉산과 거북산이 안개 속에 서서히 모습을 드러낸다. 눈이 내려 나뭇가지에 얼어붙은 상고대는 알프스 몽블랑의 겨울 풍광처럼 멋지다. 벌거벗은 앙상한 나무들이 연출한 상고대로 동화 속에나 나오는 한겨울에 만 볼 수 있는 멋진 풍광이다. 흰 순록이 끄는 마차를 타고 산타 할아버지가 금방이라도 나타날 것 같다. 오늘은 크리스마스이브다.

　감기몸살로 약 2주간 고생했으나 이제서야 기침이 잦아들고 몸이 가벼워졌다. 모처럼 헬스장에 아침 운동을 나가서 러닝머신에서 약 30분간 뛰었더니 잔 등과 이마에서 땀이 흐른다. 운동기구들을 이용해 근력운동을 1시간 정도 했다. 몸이 날아갈 듯 가뿐하다. 운동은 건강할 때 시작해야 하고 건강해야만 자신이 원하고 하고 싶은 일을 하면서 남은 삶을 즐겁게 살아갈 수 있다. 사람들은 운동의 중요성을 모두 다 알고 있지만 실천하지 않는다. 얼마 전 어떤 친구가 오른쪽 팔이 어깨 위로 잘 올라가지 않고 조금만 움직여도 통증이 심해졌다고 한다. 그런데 이제는 어깨통증 때문에 아무것도 들 수가 없다고 한다. 흔히 말하는 오십견이라는 진단을 받고 대학병원에 1주일에 한 번씩 다니면서 치료하고 있다고 이야기한다. 이처럼 어깨 통증으로 고생하는 50대 환자가 많다. 그러다 보니 오죽했으면 어깨 통증의 질환을 "오십견"이란 병명까지 붙여졌을까? 한마디로 50내 사람들은 스스로 건강을 자신하면서도 운동은 잘하지 않는 세대라고 볼 수 있다. 아무것도 하지 않으면 건강은 지킬 수 없다. 최소한 하루에 한 번씩 아침에 일어나서 혹은 일과 중이라도 종종 어깨 위로 팔을 들어 올리거나 팔을 돌리는 맨손체조만 해도 된다. 꾸준히 하다 보면 오십견은 피해 갈 수 있다고 의사들은 이야기한다. 이처럼 자신에게 주어진 하루 24시간 중 최소 한 시간은 자신의 건강을 위해 투자해야 하지 않을까 싶다. 건강만 걱정하고 운동을 전혀 하지 않은 사람들은 스스로 입버릇처럼 건강염려증을 입에 달고 산다. 정기적인 건강검진은 필수이고 건강을 위한 운동과 관리는 일상생활이 되어야 한다. 우리나라 성인 인구 세 명 중 한 명이 암 환자라고 한다. 평소 생활 속에서 스트레스 받지 않아야 하고 항상 긍정적인 생각과 진취적인 생각으로 즐겁고 행복하게 살아야 한다. 그래야만 각종 암의 위험에서 벗어날 수 있다. 노년이 되면 남는 것이 시간이다. 삶에서 그 어떤 투자보다 건강을 위한 시간 투자는 특히 중요하다. 그리고 그 시간 투자는 이윤이 가장 많이 남는 투자가 될 것이다. 건강을 잃으면 모든 것을 다 잃는다.

대한민국 사람들은 평균수명이 80살을 넘겼다고 좋아들 한다. 그러나 생명의 기대수명이 중요한 것이 아니고 건강수명이 더 중요하다. 병상에 누워서 100세로 사는 것은 자신에게는 형벌이고 자식들도 극복하기 힘든 짐이다. 기간이 길어지면 가족 간의 평화마저 깨진다. 우리나라는 참 살기 좋은 세상이다. 건강하고 아름답게 살다 가자.

그것이 가족들에게 해줄 수 있는 최고의 선물이 아닐까?

9. 그린카드 Green Card

　세상에는 참으로 다양한 카드가 많다. 맨 처음 떠오르는 카드는 은행에서 발급하는 입출금 카드고, 자신이 소속된 직장에서 발급한 신분카드도 있다. 그리고 국가에서 발급하는 주민등록증과 자동차 운전면허증도 있다. 기타 각종 시험에서 합격 시 발급되는 카드도 있다. 그러나 최근 가장 관심이 집중된 카드는 축구장에서 감독이 꺼내 든 옐로카드다. 옐로카드는 축구나 럭비, 승마 등의 스포츠에서 선수들이 반칙을 했을 때 제시하는 경고를 의미하는 표식이다.

　얼마 전 종결된 2024년 아시안컵에서도 옐로카드가 사람들의 입에 오르내렸다. 원래 옐로카드는 축구 경기 중 선수가 위험하고 비신사적인 행동을 할 때 감독이 경고하는 의미로 꺼내 든다. 한 시합에서 옐로카드를 두 번 받으면 퇴장당한다. 그리고 다음 경기 출전이 정지된다. 때로는 과도하게 위험한 행동을 했을 때는 바로 레드카드를 제시하고 선수를 퇴장시킨다. 축구 경기 도중 자주 보는 풍경이다. 최근에는 레드나 옐로카드가 아닌 블루카드도 조만간 축구 경기장에서 볼 수 있을 것 같다. 이런 경고 카드는 축구 선수들에게 치명적인 타격을 준다. 특히 레드카드를 받으면 다시 선수를 보충시키지 않기 때문에 팀 전체에 치명적인 영향을 미친다. 축구경기장의 다양한 카드를 보면서 사람들의 삶의 궤적도 이와 비슷하다는 생각이 든다. 가족들의 생계를 책임진 가장들은 자신의 일터에서 열심히 근무한다. 그러다가 정년이 되면 직장에서 물러난다. 즉 옐로카드를 받은 것이다. 어떤 사람들은 자신의 의지와는 무관하게 정년 이전에도 이런 옐로카드를 받을 수도 있다. 그리고 퇴직 후 나이 들면 누구나 겪는 가난, 질병, 외로움과 함께 쓸모없는 노인으로 전락한다. 그러다 어느 순간 삶을 마감한다. 축구 경기처럼 레드카드를 받으면서 이 세상을 떠난다. 우리 인생에서 주어지는 옐로카드나 레드카드는 축구장의 심판이 주는 것이 아니다. 신神이 나에게 내려준 카드로 누구나 똑같이 받는다. 우리 삶은 한번 밖에 살지 못한다. 아직도 내 심장의 피가 힘차게 뛰고 있는데, 신神이 주신 카드에만 기대기에는 너무 억울하다. 그래서 나는 내 자신에게 스스로 내가 만든 [그린카드Green Card]를 선물했다. 레드카드를 받기 전까지 내가 쓸 수 있는 [그린카드Green Card]를 만들어 쓰고 가기로 했다.

우리 역사에 가장 오래 살다간 고구려 장수왕은 91세에도 백발을 휘날리면 저 광활한 중원 대륙을 석권했다. 고려의 강감찬 장군은 72세에 귀주대첩에서 거란군을 전멸시키는 대승을 거둔다. 그리고 연세대 김형석 명예교수는 현재 105세에도 글 쓰고 전국을 누비며 강의하고 있다. 김 교수님은 인생은 60세부터라고 한다. 60세에서부터 75세까지는 성장단계다. 그리고 75세부터 90세까지는 연장된 삶이라고 말씀하신다. 이분들은 분명 자신들이 만든 [그린카드 Green Card]를 하나씩 소지하고 있었을 것이다. 당신도 당신만의 [그린카드Green Card]를 가지시길 적극 추천한다.

IV

행복

Happiness

1. 종이비행기

어제는 손주들이 집에 왔다. 4살짜리가 할아버지에게 종이비행기를 접어달라고 한다. 어릴 적 많이 접어봤던 종이비행기를 접어보니 생각이 잘 나지 않아 몇 번의 시행착오를 거듭해 마침내 제대로 된 종이비행기 접기에 성공했다. 종이비행기 날리는 방법을 4살짜리에게 설명해주고 날리는 시범을 보여줬다. 녀석은 혼자서 몇 차례 시행착오를 하더니 제법 잘 날린다.

자신감이 붙은 녀석은 공중에 떠서 날아가는 종이비행기가 무척 신기한 것 같다. 한참을 혼자서 날리더니 아직 말도 못 하는 2살짜리 동생에게 종이비행기 날리는 방법을 설명하느라 무척 바쁘다. 계단 위로 올라가 거실 공간으로 종이비행기를 날린다. 다시 계단을 내려와서 종이비행기를 들고 다시 계단으로 올라가 날린다. 오후 내내 계단을 부지런히 오르내리면서 종이비행기 날리기에 정신이 없다. 생텍쥐페리의 『어린 왕자』를 이야기해 줬더니 그럼 종이비행기 조종사는 어린 왕자냐고 물었다. 그렇다고 대답해주고 그럼 '네가 어린 왕자겠네?' 하고 물었다. 그랬더니 자기는 이제 다 커서 어린 왕자가 아니라고 한다. 동생이 어린 왕자이고, 자기는 어린 왕자의 형이라고 대답한다. 손주 녀석은 종이비행기 하나만 가지고도 온종일 혼자 잘 논다. 이런 신나는 종이비행기 날리기는 전 세계 어린이들이 즐기는 놀이가 된 것 같다. 2006년부터 종이비행기 세계대회가 생겨 3년마다 열리고 있다. 50~80개 국가에서 6만 명 이상의 선수가 참여하고 있다. 우리나라도 참여하는데 1,600여 명의 선수가 열네 번의 선발전을 치러 국가대표를 선발한다. 종이비행기 세계대회는 곡예비행, 오래 날리기, 멀리 날리기 세 종목이 있다. 우리나라 국가대표 이승훈 선수는 2022년 5월 세계대회에서 곡예비행 종목에서 금메달을 획득했다. 어릴 때 친구들과 함께 신나게 했던 종이비행기와 종이배 접기는 내가 선수였다고 자부한다. 그런데 세월이 흐르고 그동안 종이비행기 접을 일이 없다 보니 모두 다 기억의 저편으로 사라지고 말았다. 어렸을 때의 순수한 꿈마저 잃어버리는 것 같아 못내 아쉽다.

4살짜리의 종이비행기에는 어린 동생이 조종사이고 어린 왕자라는 손주의 의견에 동감한다. 4살짜리의 꿈속에는 벌써 우주가 있고, 그 우주 속에서 어린 왕자와 동생, 그리고 자신을 동일시하고 있다. 녀석들의 노는 모습이 무척이나 행복해 보인다. 너희들의 인생은 지금부터가 시작이다. 멋진 꿈을 종이비행기에 담아 하늘 높이 날려 보내거라. 그 꿈이 우주까지 닿아서 모두 이루어지길 바란다. 이 세상에 가장 행복한 사람은 꿈을 가진 사람이다. 꿈은 사람들에게 동기부여와 함께 목표 의식을 갖게 하고 역동적인 삶을 유도한다. 꿈이 없는 사람은 불행한 사람이다.

2. 거울은 내가 웃어야 웃는다

우리 생활 속에 거울은 빼놓을 수 없는 생활필수품이다. 역사 속에서도 거울은 한때 여인들의 가장 귀한 애장품으로 혼수 목록에도 포함된 품목이었다. 그러나 지금은 가정마다 거울이 없는 집이 없고 집안 곳곳에도 많은 거울이 부착되어 있다. 그리고 여인들의 핸드백 속에도 항상 작은 손거울이 들어있다. 건물을 신축하면 축하 의미로 대형 거울이 기증되어 입구 정면에 부착되기도 한다. 그만큼 거울은 이제 우리 생활 속에 필수품으로 자리 잡고 있다.

어떤 회사에서 고층 빌딩에 엘리베이터를 설치했다. 그런데 엘리베이터의 속도가 느리다는 항의가 들어와 속도를 빨리하기 위한 대책 회의를 열었다. 그리고 엘리베이터 시공사와도 협의를 해봤으나 획기적인 대안을 찾지 못했다. 그때 어느 직원이 엘리베이터 벽면에 거울을 부착하자는 의견을 냈다. 회사는 그 직원이 제안한 안을 받아들여 각 엘리베이터 벽면에 거울을 부착하였다. 사람들은 엘리베이터 타자마자 거울 속의 자신을 쳐다보면서 옷매무새도 바로잡고 머릿결도 다듬는다. 그리고 여성들은 화장을 확인하다 보면 시간이 어떻게 흘러가는지 모를 정도로 시간이 빨리 지나간다. 그러다보면 자신이 내릴 해당 층에 도착한다. 거울을 부착하고 난 이후부터는 엘리베이터 속도가 느리다는 항의는 사라졌다고 한다. 이처럼 어떤 사람이라도 최소 하루에 한 번 이상은 거울을 보고 산다. 그리고 그 거울 속의 자기 얼굴과 마주한다. 어떤 날은 기분 좋은 얼굴, 또 어떤 날은 보기 싫은 얼굴을 만날 때도 있다. 때로는 거울 속에 나타난 내 얼굴에 내 마음속의 심상마저 거울 속에 그대로 나타난다. 슬플 때는 슬픈 얼굴이, 즐거울 때는 즐거운 얼굴이 거울에 비추어진다. 웃는 내 모습을 보려면 내가 먼저 웃어야 거울도 웃어준다. 내가 웃지 않으면 거울은 절대 웃어주지 않는다. 이처럼 거울은 그 순간의 내 모습의 투영이고, 내 심상의 표현이다. 그러나 거울 속에만 자신 모습이 드러나는 것은 아니다. 인간관계에서도 나를 대하는 상대방의 모습에서 나 자신의 위상과 나 자신을 대하는 태도를 가늠해 볼 수 있다.

상대방을 통해 나에 대한 선입견과 평판이 그대로 드러난다. 그리고 나에 대한 인식이 상대방의 얼굴에 그대로 묻어나게 되어 있다. 자신의 첫인상과 모습, 그리고 자신의 존재를 올바로 알리고 각인시키는 것은 나의 노력 여하에 달려 있다. 이처럼 거울 속에만 내 얼굴과 내 모습이 비추어지는 것은 아니다. 내가 만나는 주변 사람들의 얼굴에도 자신 모습이 거울처럼 투명하게 비추어진다. 과연 자신은 어떤 모습으로 타인들에게 비추어질 것인지 한번 생각해보자. 타인들은 나의 언행에 따라 나를 판단하고 결정할 것이다. 거울처럼…

거울은 내가 웃어야 웃는다!

3. 행복은 미래의 목표가 아니고 현재의 선택이다

유럽에서 가장 많이 읽힌 책 『꾸뻬씨의 행복 여행』은 영화로도 만들어진 작품이다.

프랑스는 세계에서 정신과 의사가 가장 많은 나라로, 프랑스 파리 중심가에 있는 정신과 의사 꾸뻬씨의 진료실은 환자가 항상 넘쳐났다. 넘쳐나는 환자들 덕분에 수입은 썩 괜찮은 편이다. 그런데도 꾸뻬씨는 자신은 항상 불행하다고 생각한다. 어느 날 하던 일을 모두 뒤로 제쳐두고 행복을 찾기 위해 세계여행을 떠났다. 아프리카 오지부터 미국과 중국 등지의 여러 나라를 여행했다.

여행하면서 얻은 23가지의 행복 교훈을 정리했다. 그런데 그 행복 속에는 놀랍게도 물질적인 것은 하나도 없었다. 정작 가진 것이 아무것도 없는 중국 노승들의 화통한 웃음 속에서 행복 비결을 찾아냈다. 그 행복의 비결은 '미래의 목표가 아니라 현재의 선택이었다.' 지금 주어진 현실에 만족하고 살면 행복은 얼마든지 찾을 수 있다. 그런데 사람들은 현재보다 먼 미래에서 행복을 찾고 있다. 행복은 재산이나 부유함, 가진 자와 못 가진 자, 젊은이나 노인, 누구나 할 것 없이 지금 현장에서 찾으면 된다. 오늘의 일상에서 아침에 눈 뜨고 깨어난 것에 감사하는 작은 행복부터 느끼자. 우리 삶은 그 자체가 바로 행복이고 축복이다. 아무렇지도 않게 어제와 똑같이 아침에 눈 뜨는 오늘은 평범한 일상 같다. 하지만 어떤 사람은 오늘을 살기를 그렇게 갈망했다. 그러나 결국 오늘을 보지 못하고 어제 이 세상과 하직한 사람들이 우리 주변에는 수없이 많다. 그중에는 노인도 있겠지만 젊은이, 어린아이들도 많이 포함되어 있다. 다행히 나는 그 속에서 빠져있다고 좋아한다. 그러면서도 또 하루를 아무런 감정 없이 평범하고 무미건조하게 일상을 보낸다. 어제와 똑같은 오늘, 그리고 내일도 또 똑같은 하루가 올 것이라고 생각한다. 아무런 확신도 없이 막연하고 게으른 생각이 모든 것을 지배한다. 어제와 오늘은 똑같지 않다. 그리고 오늘과 내일도 결코 똑같지 않다. 똑같은 것은 자신의 생각과 사고와 일상이 똑같을 뿐이다. 다리 밑을 흐르는 거대한 강물이나 계곡의 물은 단 한 순간도 같은 물이 아니다. 쉼 없이 흐르고 또 새로운 물이 흐르기 때문이다. 우리네 삶도 결코 정지되거나 고정된 것이 아니다. 나를 중심으로 시간이 흐르고 바람이 스쳐 지나간다. 이 삼라만상에 정지된 것이나 고정된 것은 아무것도 없다. 쉼 없이 흐르고 변화하고 있다. 자신만이 그것을 인지하지 못하고 있을 뿐이다.

　이른 새벽 겨울 아침의 싸늘한 아침 공기를 가슴 깊이 들이마신다. 그리고 하루를 시작한다. 서재에 앉아 음악을 들으며 하루를 마중하는 기쁨을 누린다. 그 누구로부터 방해받지 않고 아침 단상을 정리한다. 이 여유와 이 모든 시간들이 행복이고 축복이다. 행복은 멀리 있는 것이 아니고, 지금 여기에 있다. '행복은 미래의 목표가 아니고 현재의 선택이다!'라는 말에 공감한다. 그 선택은 오로지 당신 몫이다.

　나도 오늘 하루는 행복 하나만 선택하기로 했다.

4. 황혼이혼

군 생활을 오래 했던 어떤 부부의 이야기다. 자녀 교육 때문에 일찍부터 떨어져, 남편은 전방 근무지에서 부인은 서울에서 생활했다. 그리고 1주 혹은 2주 만에 남편의 근무지를 찾아 서로 사는 집을 왕래하며 살아왔다. 그 생활이 어느덧 15년이란 세월이 흘렀다. 이제는 자식들이 대학을 졸업하고 직장생활을 하게 되었다. 그런데 시간적인 여유가 생겨 남편의 근무지를 찾아가도 하루 이상 함께 지내면 서로가 불편하다. 남편은 아내가 서울집에 안 가는지 궁금해 한다. 그리고 아내는 할 일이 없어서 좀이 쑤시고 무료하다고 한다. 15년 이상 떨어져 살다 보니 모처럼 만나도 이처럼 서로가 불편하고 서로 눈치가 보이는 관계가 되고 만 것이다.

유럽과 서구 사회에서는 부부가 특별한 이유 없이 2주 이상 별거하면 그것 자체가 이혼 사유가 된다. 우리나라는 부모 봉양이나 자녀교육을 핑계로 떨어져 사는 사람들이 제법 많다. 그것들이 암묵적으로 용인되는 사회다. 그러다 보니 2012년부터 황혼이혼이 신혼이혼을 앞질렀다는 통계가 나왔다. 이제는 황혼이혼이 당연한 사회현상으로 자리 잡아가고 있다. 이런 현상이 생긴 이유가 무엇일까? 첫 번째 이유는 결혼은 했지만 진정한 부부로 살지 않았기 때문이다. 예전에는 부모 봉양을 이유로 최근에는 자녀교육을 핑계로 자녀 중심으로 살고 있기 때문이다. 그러다가 나이 들어 부부만 남다 보니 서로의 생각과 생활 방식이 달라 함께 살 수 없게 된 것이다. 두 번째는 소통의 부재다. 그동안 부부가 함께 살지 않고 무늬만 부부로 살았다. 그러다 보니 서로 간에 대화가 되지 않는다고 한다. 서로의 삶이 다르고 별도 생활을 하다 보니 공감대가 사라진 것이다. 부부가 함께 살아도 대화 없는 부부, 서로 할 말이 없는 침묵의 부부가 되고 만 것이다. 세 번째는 친밀감의 결여다. 부부라고 법적으로 함께 살기는 살았다. 그러나 서로가 살아가는 세상과 방법이 달랐기 때문이다. 남편은 직장 중심, 아내는 친구들과 자신의 생활 중심으로 살다 보니 의무적인 부부관계만 남게 되었다. 부모님이 돌아가시고 자녀들이 집을 떠나면, 부부는 서로 이방인처럼 대화가 없어진다. 그러다 보니 서로 바깥으로만 돌게 된다. 서로 상대방을 이해해주고 감싸주는 부부의 친밀감은 사라진 지 오래다. 이런 요인들을 안고 사는 무늬만 부부인 사람들이 되고 말았으니 이런 상태에서 오히려 이혼하지 않고 사는 것이 기적이다.

부부는 한 공간에서 같은 생각을 하고, 한 방향을 보면서 함께 살아야 진정한 부부다. 삶의 즐거움과 고난도 함께 극복하면서 살아갈 때 부부애는 더욱 돈독해지고 친밀감도 생겨난다. 황혼이혼은 그동안 두 사람이 진정한 부부로 함께 살지 않았기 때문이다. 백세시대를 맞아 영육靈肉이 일치하는 진정한 부부만이 백년해로百年偕老 할 수 있다. 살아보니 나를 알아주고 이해해 주는 것은 부인과 남편 서로 밖에 없다. 부부만큼 좋은 친구, 편한 친구, 고마운 친구가 없다.

5. 행복한 삶

밤새 내린 비로 대지가 촉촉이 젖었다. 한 무리의 참새떼가 빈 텃밭을 헤집으며 아침 먹이를 찾는다. 모처럼 비가 그치고 난 아침은 겨울답지 않게 포근하다. 음악을 들으면서 글을 쓰고 있는 이 아침이 참 좋다. 행복은 멀리 있는 게 아닌 것 같다. 우선 살아있다는 것이 감사하고, 나를 위해 아침을 준비해주는 아내가 있어서 감사하다. 그리고 수시로 안부를 물어봐 주는 자녀들과 친구, 지인들이 있어서 행복하다.

어느 산골에 '하루살이'와 '메뚜기'가 친구가 되어 아침부터 놀다가 저녁이 되었다. 메뚜기가 하루살이에게 날이 저물었으니 그만 놀고 내일 만나자고 한다. 하루살이가 메뚜기에게 "내일이 뭔데?"라고 묻는다. 하루살이는 하루만 살기 때문에 "내일"을 모른 것이다. 하루살이가 죽고 나서 한참 시간이 지났다. 메뚜기는 외로워 "개구리"와 친구가 되었다. 어느 가을날 친구가 된 메뚜기에게 개구리가 '이제 겨울이 지나고 나서 내년에 만나서 놀자!'고 이야기한다. 그러자 메뚜기가 개구리에게 "내년이 뭐냐?"라고 묻는다. 메뚜기는 1년밖에 살지 못하기 때문에 내년이란 단어를 모른다. 하루 밖에 못사는 하루살이 삶이나 1년밖에 못 사는 메뚜기의 삶이다. 그에 비하면 인간의 삶은 참으로 긴 세월을 살아간다. 그 긴 세월 속에는 수억 마리의 하루살이의 삶과 죽음이 녹아들어 있다. 그리고 1년밖에 못 사는 메뚜기보다는 최소 60년에서 많게는 100년을 더 산다. 그렇다고 이들에 비해 긴 삶을 산다고 모두가 다 행복한 삶이라고 얘기할 수 있을까? 하루밖에 못사는 하루살이가 그 하루에 최선을 다하지 못하고 삶을 마감하지는 않을 것이다. 단 하루밖에 살지 못하기 때문에 자신에게 주어진 하루의 삶에 최선을 다할 것이다. 그리고 1년밖에 못 사는 메뚜기도 자신의 본능에 충실할 것이다. 그리고 수많은 메뚜기 떼들과 함께 치열하게 살다가 생을 마감할 것이다. 인간만 100년이란 긴 시간이 주어진다. 영원할 것 같은 긴 시간 때문에 나태와 게으름에 젖어 시간만 죽이고 있는 것은 아닌지 모르겠다. 오히려 하루살이나 메뚜기보다도 못하는 삶을 사는 것은 아닌지? 자신을 한 번 되돌아보자. 만약 인간의 삶이 하루살이처럼 하루밖에 못 살거나 메뚜기처럼 1년밖에 못 산다면? 과연 어떻게 살아야 할까?

진정한 삶은 생존의 길이의 문제가 아니다. 매 순간을 어떻게 잘 살았느냐 하는 삶의 질이 더 중요하다. 우리들의 삶은 영원할 것 같지만 어느 순간 하루살이처럼 오늘 하루밖에 못사는 삶도 있다. 건강이 허락되지 않으면 메뚜기처럼 내년이 없는 시한부 삶도 있기 때문이다. 주어진 오늘의 삶에 최선을 다하고 순간순간에 가치와 의미를 부여하자. 그리고 그 순간에서 행복을 찾는 삶이 잘 사는 삶이 아닐까? 그래야 훗날 삶을 마감할 때 후회하지 않는 삶이 될 것이다. 이런 하루하루의 순간들이 모여서 우리의 삶이 되고, 그것이 인류의 역사가 되기 때문이다.

6. 행복한 결혼

사람마다 모두 다 똑같을 수는 없다. 하지만 사람은 태어나서 성장하면 결혼하여 가정을 이루고, 자녀를 낳고 키우면서 산다. 그런 과정 자체가 우리네 삶이다. 물론 살다 보면 서로 의견이 맞지 않을 수도 있고, 자녀 키우면서도 부모 뜻대로 자녀들이 성장하지 못할 수도 있다. 그러나 인류 역사에 결혼은 필요한 제도이고 삶의 소중한 방식이다. 국어사전에 결혼식은 "남녀가 부부관계를 맺는 서약을 하는 의식이다."라고 기술되어 있다. 결혼은 인간으로 태어나서 자기 인생에서 가장 행복한 날이 되어야 하고, 가장 축복받는 날이 되어야 한다.

이런 아름답고 행복하고 축복받은 결혼은 영원해야 한다. 그러기 위해서는 부부간에 서로 많은 노력이 필요하다. 그것은 서로 인내와 희생이 동반되었을 때만이 가능하다. 행복하고 성공적인 결혼 생활을 위해서는 이런 마음의 자세가 필요하지 않을까 싶다.

첫째, 주례사의 단골 메뉴로 등장하는 검은 머리 파뿌리 될 때까지 서로 사랑하라. 부부간에 사랑이 없으면 부부가 아니다. 요즘 신혼이혼, 황혼이혼이 우리 사회에 유행병처럼 번지고 있다. 신혼이혼을 하게 되면 인생 전체가 망가진다. 자녀를 가진 상태에서 이혼하게 되면 죄 없는 자녀들의 삶까지 함께 망가진다. 3~40년 이상 함께 산 부부도 황혼이혼을 한다. 그렇게 되면 함께 살았던 모든 과거가 잘못된 삶으로 인정되어 평생 가슴에 한으로 남을 것이다. 이 세상에 "사랑"이란 단어나 행위만큼 소중한 가치는 없다.

둘째, 서로 다르다는 것을 인정하고 살아가라! 30여 년간 각자가 다른 환경, 다른 문화, 다른 생각의 틀 속에서 살다가 서로 만났다. 하다못해 밥 먹는 습관부터 잠자는 시간까지도 서로 다를 것이다. 이처럼 서로가 다르다는 것은 오히려 축복받을 일이다. 나와 똑같다면 굳이 배우자가 필요할까 싶기도 하다. 서로 다르기 때문에 배우자가 필요한 것이 아닐까? 나와 다른 상대방을 인정하고 긍정적으로 받아들일 때 결혼의 진정한 의미가 생길 것이다. 다름 속에서 좋은 것, 아름다운 것을 서로 내 것으로 만들자. 그렇게 되면 부부에게는 엄청난 삶의 시너지가 생길 것이다.

셋째, 서로 배려하고 양보하면서 살아가자! 사랑이 지속되기 위해서는 상대방을 먼저 배려하고 양보하는 삶이 필요하다. 배우자를 내가 이 세상에서 가장 사랑하는 사람이란 생각을 먼저 갖자. 이런 생각을 갖게 되면 배려와 양보는 자연스럽게 생길 것이고, 이런 삶이 가장 행복한 결혼생활이 되지 않을까 싶다.

영원히 사랑하고 서로의 다름을 인정하자. 그리고 배려하고 양보하면서 살아가자. 검은 머리 파뿌리 될 때까지 행복한 결혼생활이 될 것이다. 이 찬란한 봄에 새로운 인생을 시작하는 신혼부부들에게 이 글을 바친다. 영원히 서로에게 부족한 부분을 서로 채워주고 완성해 나가거라.

기나긴 삶의 여정에서 끊임없이 사랑과 행복을 키워가길…

7. 봄날의 행복

집으로 들어오는 진입로와 주변 돌담에는 노란 개나리가 흐드러지게 피었다. 앞산과 현관 앞에도 붉은 진달래꽃이 만개하였다. 8년 전에 심어놓고 그동안 꽃이 피지 않아 걱정했던 벚나무들이 올해는 일제히 꽃망울을 터뜨렸다. 그동안 나무들은 자리를 잡고 뿌리를 내리고 있었던 것 같다. 2년 전 집 옆에 심어놓은 살구나무도 올해는 제법 꽃이 많이 피었다. 뒤뜰에는 묘목 시장에서 구매해 심은 목련이 하얀 꽃을 피워내고 있다. 모두가 내가 구해 심어놓은 꽃나무들이다. 그래서 그런지 더 정이 가고 애착이 간다.

이처럼 집안에서도 찬란한 봄날에 꽃을 보기 위해서는 누군가의 노력과 수고로움이 필요하다. 나무를 심는 마음과 가꾸는 마음, 그리고 기다려 주는 마음이 함께 어우러져야 제대로 된 봄꽃을 즐길 수 있다. 엊그제 식목일날도 소나무 8그루와 사과나무 2그루, 철쭉 10여 그루를 구해다 심었다. 평소 사과나무는 꼭 한 그루 심어서 내 손으로 직접 사과를 따 먹고 싶었다. 그리고 감나무도 한 그루 정도 심어보고 싶은 나무였다. 그러나 감나무는 이 지역이 너무 추워서 키우기가 어렵다는 말을 듣고 그동안 포기하였다. 그런데 겨울철 월동준비만 잘해주면 살 수 있다는 산림조합 직원의 말을 듣고 대봉 감나무 두 그루도 구해 심었다. 나무를 심고 나서 하루 이틀 간격으로 비가 계속 내려주었다. 나무들이 현재까지는 모두 싱싱하게 잘 자라고 있어 고맙고 감사한 일이다. 나무를 심고 나무가 성장하는 모습을 지켜보면서 시간이 지나면 나무는 작은 싹을 틔우고 꽃이 핀다. 그리고 열매 맺었을 때의 수확의 기쁨은 말로 표현할 수 없다. 집 주변에 심어놓은 목련, 조팝나무, 라일락, 철쭉 등의 꽃나무와 사과, 밤, 대추, 감, 살구, 자두, 매화 등의 유실수들을 보면 부자가 된 기분이다. 이처럼 생활 속에서 행복해지기 위해서는 생각보다 많은 것이 필요하지 않은 것 같다.

고대 철학자 '세네카는' "가난한 사람은 가진 게 적은 사람이 아니라, 더 많은 것을 탐내기 때문에 가난한 것이라."고 말한다. 현재 자신이 가진 것에 만족하면 행복할 수 있다는 지족안분知足安分의 진리를 얘기한다.

사람들은 살아가면서 너무 많은 것을 소유한다. 지나친 욕심 때문에 모든 것이 불만족스럽고 항상 부족하다. 이처럼 욕심은 더 큰 욕심을 부른다. 그 욕심 속에 평생 자신의 삶을 모두 탕진해버린다. 그러면서도 그 욕심의 끝을 보지 못하고 삶을 마감한다. 소유욕에 대한 욕심보다 훨씬 더 가치 있고 귀한 것이 있다. 현재 자신이 가진 것에 대해 만족할 줄 아는 마음 자세가 아닐까 싶다. 올해는 뒤뜰에 심어놓은 하얀 목련 꽃잎을 따서 꽃차를 한번 만들어봐야겠다. 그윽한 목련향이 가슴속에 피어오를 것 같다. 행복한 봄날 아침이다.

꽃 피는 봄날은 그래서 더 행복한 것 같다.

8. 일상의 작은 행복

무더위와 장마가 기승을 부리던 7월이 지나고 8월이 열리고 있다. 8월의 첫날 아침은 짙은 안개와 함께 시작되고 있다. 한 치 앞도 보이지 않는 회색빛 짙은 새벽안개가 시야를 가린다. 오늘도 해가 뜨고 나면 또 무더위가 기승을 부릴 것 같다. 그래도 귓가에 들려오는 물소리와 새들의 노랫소리에 행복한 8월의 첫날을 맞이한다. 간밤에 소리 없이 내린 이슬이 고추나무 이파리에 매달려 은빛으로 빛나고 있다.

행복이란 멀리 있지 않고 늘 가까이 우리 주변에 있다. 지나간 과거나 다가오는 미래에서 행복을 찾기란 쉽지 않다. 행복은 늘 현재 이 순간에 존재하고 그 행복은 늘 자신의 마음속에 담겨있다. 100살을 눈앞에 둔 유태인 피아니스트 '알리스 헤르츠 좀머'는 행복에 대해 이렇게 이야기한다. "언제든지 쉴 수 있는 따뜻한 방이 있고, 읽고 싶을 때 읽을 수 있는 책이 서너 권 있고, 하루 두어 시간 걸을 수 있는 운동화가 한 켤레 있고, 아들과 함께할 수 있는 음악이 있고, 침대에 누워 창밖에 서있는 나무만 봐도 행복하다. 그리고 아침에 새들의 노랫소리만 들어도 행복하다." 그녀는 행복을 이처럼 일상의 생활 속에서 찾고 있다. 1943년 그의 나이 40살에 남편, 아들과 함께 나치 수용소로 끌려갔다. 남편은 수용소에 수감되자마자 죽었다. 그러나 그녀는 여섯 살 아들을 껴안고 살아남았다. 그는 수용소에서 피아노를 연주하며 가스실을 면해 지금 100살을 눈앞에 두고 있다. 전쟁을 몸으로 겪고 사랑하는 사람을 잃었다. 빛이 보이지 않는 절망 속에서도 살아남았다. 그리고 그 어렵고 힘든 고통과 절망 속에서도 희망을 잃지 않고 삶을 배우고 현실을 극복해 냈다. 그녀는 지금 이런 삶도 과거 지옥 같았던 삶을 극복하고 이겨냈기 때문에 오늘이 주어졌다고 이야기한다. 고통과 처절한 절망의 구렁텅이에서 희망의 끈을 놓지 않고 살아남았다. 그래서 지금 자신에게 주어진 삶은 아름다운 선물이라고 말한다. 절망 속에서 살아온 사람은 이처럼 일상의 작은 행복도 즐길 줄 알고 감사할 줄 안다. 그러나 오늘을 사는 사람들은 스스로 찾고 즐길 수 있는 행복이 우리 주변 곳곳에 널려 있는데도 찾지 못한다. 당장 현실의 삶은 직시하지 못하기 때문이다. 보이지도 않은 먼 미래에 모든 희망을 걸고 행복을 찾고 있기 때문이다.

우리에게 주어진 삶은 현재다. 아직 오지도 않은 미래나 과거가 아니다. 오늘날 지구에 발붙이고 사는 모든 인간은 산소가 없으면 단 한 순간도 살 수 없으나 그러면서도 소중한 산소의 가치를 평소 모르고 산다. 이처럼 늘 우리 곁에 존재한 행복도 찾아보지 않는다. 그 이유는 그 소중한 가치를 모르고 있기 때문이다. 살아있는 것, 먹을 수 있는 즐거움, 일할 수 있는 기쁨, 사랑하는 가족들의 존재 등 수없이 많은 행복의 조건들이 사방에 널려있다. 이 순간에도 행복은 늘 당신 곁에 머무르고 있다.

단지 당신이 찾아내지 못할 뿐이다.

9. 버려진 세발자전거

　　지난 주말에 일이 있어 1박2일로 지방 도시를 다녀왔다. 일을 마치고 다음 날 출발하기 위해 주차장으로 갔다. 도로와 주차장 사이 공터에 고장 난 어린이 자전거 몇 대가 버려져 있었다. 아파트 관리하시는 분에게 물어보니 버려진 자전거라고 대답한다. 그중에서도 상태가 괜찮아 보이는 자전거 한 대를 골라서 승용차 뒷좌석에 실었다. 자전거 핸들 중앙에는 미키마우스 인형이 부착되어있다. 벨 소리와 음악소리도 들을 수 있도록 음향기기도 함께 장착된 일본 제품이다. 구입 시 제법 고가에 구매했을 것 같다.

　　횡재한 기분으로 집에 도착해 세발자전거를 내려서 굴려보니 뒷바퀴가 움직이지 않는다. 그 모습을 본 아내가 한마디 한다. '그러면 그렇지 멀쩡한 자전거를 누가 버리겠어요.' 순간 괜히 주워서 싣고 왔나 하는 실망감과 허탈감이 들었다. 그러나 일단 주워온 것이니 한번 고쳐보자. 그리고 안 되면 그때 버리면 된다고 생각했다. 바쁜 일정 때문에 그동안 손을 못 봤다. 일주일이 지난 어제 오후 자전거를 수리해 보기로 했다. 정비할 도구인 핸드 드릴, 스패너, 드라이버 등을 가지고 와서 자전거 바퀴를 분해해 놓고 보니 뒷바퀴를 연결해 주는 구동축에 바퀴가 맞물려서 움직이지 않았던 원인을 찾아냈다. 바퀴의 구동축을 몽키 스패너를 이용 분해했다. 그리고 바퀴와 구동축과 간격을 이격시켜 재조립했더니 바퀴가 제대로 굴러간다. 평소 기계치인 내가 고쳤다고 생각하니, 갑자기 내가 맥가이버가 된 기분이다. 그리고 큰일을 하나 해낸 것 같아 기분이 무척 좋았다. 손주 녀석들이 내일모레 추석에 오면, 집 앞 도로에서 즐겁게 타고 놀 수 있을 것 같다. 오늘날 우리 대한민국 사람들은 고가의 제품을 구매해 사용하다가 멀쩡한 제품인데도 유행에 뒤졌다거나 싫증나면 그냥 버린다. 그리고 제품에 조금만 이상이 있어도 고쳐서 사용해 보려고 하지 않고 폐기처분하고 만다. 통계청 자료에 의하면, 우리나라 음식물 처리비용이 연간 18조 원이 들어간다고 한다. 2023년 대한민국 국방예산의 1/3에 해당하는 엄청난 비용이다. 포항 영일만에 낚시꾼들이 버린 쓰레기 처리 비용만도 연간 3억 원이 든다고 한다. 버리지 않고 아끼고 잘 활용한다면 지금보다 예산을 획기적으로 줄일 방안도 있을 것 같은데 아쉽다.

그리고 힘들게 번 돈으로 물건을 구매했으면 잘 사용하는 것이 자신에게 좋은 일이고, 국가 경제에도 도움이 될 것이다. 근검절약은 옛날에만 통용되는 미덕이 아니고 오늘날에도 여전히 유효한 미덕이고 가치이다. 근검절약할 줄 아는 사람만이 풍요로운 삶을 누릴 수 있고, 여유 있는 노후도 준비할 수 있을 것이다. 세계 경제가 침체되고 대한민국 경제도 위축되는 이 시대에 꼭 필요한 화두가 아닐까 싶다. 2023년 "IMF가 올해 한국경제 성장률을 4차례나 하향 조정했다."는 기사가 눈에 무척 거슬린다.

10. 플라톤의 5가지 행복

춘분날 아침 햇살이 거북산을 찬란하게 비추고 있다. 바람 한 점 없는 맑은 가을 아침이다. 뒷밭에 심어진 도라지꽃의 흰색과 보라색 꽃들이 제법 많이 피었다. 따끈한 가을 햇살에 고추와 오미자가 하루가 다르게 익어가고 밤송이와 대추도 점점 굵어지는 결실의 계절이다. 오미자를 수확하는데 잔 등에 내려앉은 가을 햇살이 무척 따사롭다. 오미자와 함께 들으려고 틀어놓은 라디오에서 흘러나온 클래식 음악이 귀를 호강시킨다. 9월의 파란 하늘 아래 아침 햇살을 즐기는 초보 농부의 작은 행복이다.

고대 그리스의 철학자 '플라톤'은 자신이 생각하는 5가지 행복을 다음과 같이 이야기하고 있다. 첫째, 먹고, 입고, 살고 싶은 수준에서 조금 부족한 듯한 "재산", 둘째, 모든 사람들이 칭찬하기에는 약간 부족한 듯한 "용모", 셋째, 자신이 잘생겼다고 자만하고 있는 것에서 사람들이 절반 정도밖에 알아주지 않는 "용모", 넷째, 힘을 겨루어서 한 사람에게 이기고 두 사람에게 질 정도의 "체력", 다섯째, 자신의 연설을 듣고서 청중의 절반은 손뼉을 치지 않을 정도의 "말솜씨", 이 다섯 가지를 이야기하고 있다.

'플라톤'이 생각한 행복의 조건은 차고 넘치거나 완벽한 것이 아니다. 조금은 부족하거나 모자란 상태를 이야기하고 있다. 재산이든 용모든 명예든 모자람이 없는 상태가 되면 그것 때문에 사람들은 쉽게 자만하게 된다. 때로는 그 자만심이 자신의 다른 뛰어난 장점과 능력을 오히려 가려버린다. 그리고 자신을 몰락의 길로 밀어 넣을 수도 있다. 오히려 충만과 만족은 이처럼 자신의 발전을 저해시킬 수도 있다. 때로는 도전을 두려워하고 자신을 정체시키는 굴레가 될 수도 있다. 그러나 적당한 결핍은 그 부족한 부분을 채우기 위해 도전과 부단히 노력하는 삶을 만들어준다. 따라서 자신의 능력이 차고 넘치는 것보다 약간 부족한 듯한 것이 미덕이 될 수도 있다고 '플라톤'은 이야기한다. 약간 부족한 삶 속에서 그 과정을 즐기고 성취감을 느끼는 삶이 오히려 더 행복하다고 '플라톤'은 생각했던 것 같다.

차고 넘치는 충만보다 다소 부족한 듯한 결핍이 오히려 우리 삶을 훨씬 더 풍요롭게 만들어주고 행복하게 살 수 있게 해줄 수도 있다. 대도시에서 교통수단은 교통카드 한 장이면 모두 다 해결할 수 있지만 시골에서는 아직도 현금이 필요하다. 어떤 때는 100원짜리

동전 하나 1,000원짜리 지폐 한 장의 잔돈이 부족할 때도 있다. 그 필요성을 절실히 깨달을 때가 있다. 평소에는 전혀 느끼지 못한다. 그러다가 이처럼 부족할 때 그 필요성과 중요성을 새삼 깨닫는다. 그러다 보니 차고 넘치는 충만과 만족을 경계하는 '과유불급過猶不及'이란 용어는 이럴 때 쓰기에는 참으로 적절한 단어인 것 같다.

부족한 나를 일깨워주고 행복하게 해주는 '플라톤'의 고견에 감사한다.

11. 적자생존 쓰자 불멸 不滅

　　내 삶의 좌우명이다. 적자생존은 다윈의 진화론에서 나온 문구다. 환경에 가장 잘 적응하는 생물이나 집단이 살아남는다는 뜻이다. 한마디로 적자생존은 생존경쟁의 원리에 대한 개념을 가장 간단히 함축한 말이기도 하다. 그러나 여기서 제시한 '적자생존'은 거창한 다윈의 진화론을 언급한 말이 아니다. 우리말 그대로 "적어야만 생존"할 수 있다는 의미다. 그리고 '쓰자 불멸'은 기록해야 만이 그 글은 사라지지 않는다는 뜻이다.

　　적자생존은 어떤 직장이나 조직에서나 상급자의 지시를 잘 알아들어야 한다. 그리고 올바로 이행할 줄 아는 사람만이 생존할 수 있다는 뜻이다. 인간의 뇌는 들을 때는 금방 이해하고 기억한다. 하지만 시간이 지나면 망각한다. 그래서 지시한 내용을 자신의 업무수첩에 정확히 기록해야 한다. 사람들은 듣고 받아 적는 손의 기능을 제 2의 뇌라고 한다. 잘 듣고, 잘 이행하는 사람만이 조직사회에서 인 정받고 살아남는다. 그리고 적다 보면 기억력에도 도움이 되고 치매 예방에도 도움이 된다. 한마디로 적어야만 살아남는다는 뜻이다. 두 번째 화두인 '쓰자 불멸不滅'이다. 인류 역사는 기록의 역사이자 문 자의 역사다. 기록되어 현재까지 남아 있게 된 근거가 역사로 남았 다. 동서양을 막론하고 기록을 남겼던 사람들의 발자취는 그 시대의 시대정신이 되었다. 그리고 그 기록은 불멸의 역사로 이어졌다.

동양 최고의 역사서로 인정받는 '사마천(B.C. 145~86)'의 『사기史 記』가 있다. 한나라 무제 시대에 쓴 역사서다. '사마천'은 아버지 '사 마담'으로 부터 역사서를 저술하라는 유언을 받는다. 그런데 흉노족 을 정벌하러 간 '이릉' 장군이 흉노족에게 투항한 사건이 벌어진다. '이릉' 장군을 변호하는 발언을 했다가 '한 무제'에게 미움을 받아 궁 형을 당한다. 죽음보다 더한 치욕적인 궁형을 당하면서도 살아남아 피로 쓴 책이 『사기史記』다. 130편 52만 6,500자로 죽간에 새겨진 역 사서다. 2008년 베이징 하계올림픽 개막식에서 3천 명의 무희가 죽 간에 새겨진 '사마천'의 사기를 들고 군무를 펼친다. 전 세계에 중국 인이 문화민족임을 자랑하기 위한 연출이었다.

국내로 시선을 돌려보자. 조선 최고의 명장이며 우리 역사에 가 장 큰 족적을 남긴 '이순신 장군(1545~1598)'의 『난중일기亂中日記)』

를 들 수 있다. '이순신'의 『난중일기亂中日記』는 1592년부터 7년간의 임진왜란을 기록한 일기다. 모두 7책 205장으로 기록된 글이다. 1962년 12, 20일 대한민국 국보 제76호로 지정된다. 그리고 2013년에는 유네스코 세계기록문화유산으로 등재된다. 만약 '이순신'이 『난중일기亂中日記』를 기록하지 않았다면 오늘날 우리가 아는 '이순신'의 참모습을 제대로 알 수 없었을 것이다.

그리고 조선 중기 전남 강진으로 유배 간 '다산 정약용(1762~1836)'을 거론하지 않을 수 없다. 우리는 정조 시대에 국정의 핵심 축이었던 영의정, 좌의정, 우의정의 이름을 기억하는 사람은 없다. 그러나 18년 동안 유배 생활했던 '다산 정약용'은 잘 알고 있다. 궁벽한 시골 강진에서 18년간 좌절하고 실의에만 빠져있었다면 아무도 그를 기억하지 못했을 것이다. 그러나 다산은 유배생활 18년 동안 '경집 232권, 문집 267권' 도합 499권의 책을 썼다. 그 덕분에 다산이 쓴 『목민심서牧民心書』는 오늘날 모든 정치인과 공직자들의 필독서가 되었다. 현재 떠오르는 베트남의 국가부흥에도 크게 기여했다. 통일 베트남의 초대 대통령이며 국부인 '호치민'이 전쟁 중에도 지하 벙커 자신의 침상 머리맡에 두고 읽었던 책이 바로 다산 정약용의 『목민심서牧民心書』다.

서양으로 시선을 돌려보면 또 한 사람이 떠오른다. 『군주론』을 쓴 '니콜로 마키아벨리(1469~1527)'다. 원래 '마키아벨리'는 서른 살

도 안 된 나이에 도시국가 피렌체의 제2장관직에 임명된다. 무려 14
년 동안 고위 공직자로 내무, 병무, 외교 등의 임무를 수행한다. 그
러나 공화정이 무너지고 그동안 추방되었던 메디치가가 다시 정권
을 잡는다. 정권이 바뀌면서 파직되어 실의의 나날을 보내다가『군
주론』을 쓰게 된다. 1513년에 쓰기 시작해 19년 만인 1532년에 출판
되었으나 이 책은 로마교황청에서 1592년 금서목록으로 지정되고
만다. 로마교황청은 목적을 위해 수단과 방법을 가리지 않는 비열한
마키아벨리즘을 혐오한 것이다. 그러나 오늘날에는 전 세계 정치인
들의 필독서가 되었다.

잘나가는 사람들은 현실의 영광과 세속의 출세로 당대에는 부귀
영화를 누리고 명성이 지축을 뒤흔든다. 그러나 수천 년 갈 것 같던
영광과 영예도 한 세대만 지나면 아침이슬처럼 사라진다. 역사에 한
획을 긋고 역사에서 영원히 생존하려면 기록하고 써야 남는다. '사
마천'과 '이순신', 그리고 '정약용'과 '마키아벨리'의 기록의 삶이 좋은
본보기다. 세월이 흘러도 푸른 별 지구에 왔다간 기록을 통해 후손
들은 그들을 기억한다. 바로 그들이 쓴 기록이 역사가 되었기 때문
이다.
　"적자생존 쓰자 불멸"의 내 삶의 좌우명을 여러분과 함께 공유하
고 싶다.

"우리는 세 가지 방법으로 지혜를 얻을 수 있다.
사색에 의한 방법, 이것이 가장 좋은 길이고,
모방에 의한 방법, 이것이 가장 수월한 길이며,
마지막으로 경험에 의한 방법, 이것이 가장 힘든 길이다."

– 공자 –

꽃나무의 전성기는 꽃이다.
그러나 꽃이 져야 열매가 맺는다.
그리고 열매가 떨어져야 새싹이 움튼다.

　　자연의 진리이고 자연생태계의 철칙이다. 공자의 가장 힘든 길 경험에 의한 방법에서 삶의 깨우침을 얻는다.
　　왕 대추농장에 참외 모종 5주를 심었다. 물 주고 밤낮으로 돌봐줬더니 줄기가 하루가 다르게 뻗어나가고 꽃이 피었다. 노란 참외꽃을 보면서 참외를 수확하는 맛있는 꿈을 꿨다. 오늘도 줄기는 계속 뻗어나가고 꽃조차 떨어졌는데, 참외가 열리지 않는다. 그 옆에 서있는 키 큰 왕대추나무는 수많은 열매가 매달리고 있다. 왜 대추는 열매가 맺히는데 참외는 빈손일까? 문득 벌이 사라진 농장 주변 일대의 자연생태계가 머리를 스친다.

대추나무는 벌이 없어도 바람에 의해 자체 수정이 가능하다. 그러나 참외는 벌이 꽃에서 꿀을 따면서 수정시킨다. 벌은 전 세계적으로 약 2만 종이 서식한다. 그중에서도 사람들의 혀에 달콤함을 선물하는 꿀벌은 아피스속屬의 10여 종이다.

우리 땅에는 2000여 년 전부터 토종벌을 키웠다. 그리고 100년 전에 서양 벌을 수입해 꿀을 채취하고 있다. 미국에서는 2006년 꿀벌이 떼죽음을 당했다. 우리나라도 10여 년 전 벌의 구제역이라 불리는 '낭충봉아부패병'으로 토종벌의 90%가 폐사했다. '메오니 코티노이드'라는 농약에 오염된 꽃가루를 먹은 꿀벌은 찾기 능력을 잃는다는 사실도 밝혀졌다. 전문가들은 노출된 살충제 영향으로 귀소하지 못했거나, 이상기후로 계절을 착각한 벌무리가 외출했다가 얼어 죽었을 가능성도 이야기한다.

인간과 자연의 공존이 사라진 세상은 인간들 스스로 만든 업보다. 꽃이 피면 열매가 맺는 자연생태계 복원만이 인간의 행복한 삶을 보장 받을 수 있을 것이다. 톨스토이는 "인간은 행복하지 않으면 안 된다. 만일 불행하다면 그것은 그 사람 자신의 잘못이다." 행복하지 못한 인간의 잘못을 지적하고 있다.

꽃이 열매를 맺기 위해서는 벌이 꽃을 수정시켜주어야 한다. [그린카드Green card]에서 얻은 좋은 깨달음도 생각만이 아니고 행동이 수반되어야 내 것이 된다. 삶의 완성을 위한 지속적인 노력과 건강 유지만이 즐거운 삶에 대한 보상을 받을 수 있을 것이다. [그린카드Green card]는 우리에게 최대의 행복과 함께 성취를 안겨줄 것이다.

꽃이 피고 열매가 맺는 [그린카드Green card]의 풍요로운 당신 삶을 응원한다!

2024년 가을 **박영희**朴永熙

첫 번째 이야기

그린카드Green Card

초판 인쇄　2024년 12월 13일
초판 발행　2024년 12월 20일

지 은 이　박영희
발 행 자　김동구
디 자 인　이명숙·양철민
발 행 처　명문당(1923. 10. 1 창립)
주　　소　서울시 종로구 윤보선길 61(안국동)
　　　　　국민은행 006-01-0483-171
전　　화　02)733-3039, 734-4798, 733-4748(영)
팩　　스　02)734-9209
Homepage　www.myungmundang.net
E-mail　mmdbook1@hanmail.net

등　　록　1977. 11. 19. 제1~148호
ISBN 979-11-94314-10-3　(03190)

20,000원